En casa con Dios

COLECCIÓN

ESPIRITUALIDAD

53

Hedwig Lewis, SJ

En casa con Dios

Guía para los Ejercicios Espirituales en la vida ordinaria

EDICIÓN DE BOLSILLO

Título original:
At Home with God

© 1991 Hedwig Lewis
© 1994 Gujarat Sahitya Prakash
Anand, India

Traducción:
María Chopitea

© Ediciones Mensajero, 2025
Grupo de Comunicación Loyola
Padre Lojendio, 2
48008 Bilbao – España
Tfno.: +34 944 470 358
info@gcloyola.com
gcloyola.com

Diseño de cubierta:
Álvaro Sánchez

Impreso en España. *Printed in Spain*
ISBN: 978-84-271-5053-9
Depósito legal: BI-565-2025

Impresión y encuadernación:
Gráficas Fernan – Bilbao (Vizcaya) / graficasfernan.com

Sumario

En casa con Dios

Reserva
media hora (al menos)
en tu día ocupado
para estar **en casa con Dios**.

Dale total prioridad
a esta «cita».
Haz propósito de no estar con nadie,
de no estar con nada,
de no estar en ningún otro sitio
excepto **en casa con Dios**.

Ponte a los pies del Maestro.
Apoya tu mejilla en su rodilla.
Juega con el borde su manto.
Déjate acariciar con ternura por El
cuando su mano se posa en tu cabeza.
Siente el poder de sus palabras:
nota el calor de tu corazón
mientras El te habla.

Escucha sus preguntas silenciosas:
¿Me amas de veras?
¿Me amas más que a ti mismo?
¿Me amas con un amor creciente?

Y deja que todo tu ser
le responda con gozo
y generosidad:
Sí, te amo,
sabes que te amo.

Que el Señor se sienta a gusto contigo
y que tú te sientas **en casa con Dios**.

Prólogo

Un profeta llega a la plaza del mercado con un saco lleno de bolsas. «Hay dentro *semillas especiales*», anuncia.

—¿*Especiales?* ¿Qué tienen de especial? –pregunta la gente que lo rodea.

—Estas semillas no son para sembrarlas a voleo –explica–. Hay que sembrar *cada día solamente una semilla.* Y cada mañana debes regar el sitio donde has sembrado las semillas. Y cada tarde tienes que sembrar una nueva semilla. Y una vez que lo hayas hecho, inclina tu cabeza y da gracias a Dios por su amorosa presencia.

—Está bien –interviene un labrador–. Pero ¿qué hemos de hacer para estar seguros de que van a brotar?

—Oh, no te preocupes. Dios se cuidará de ello –le asegura el profeta.

—Y ¿qué es lo que producen? –pregunta un curioso.

—¡Sólo Dios lo sabe! –replica el profeta–. Los que las han empleado de este modo han descubierto que las semillas contienen poder para transformar el corazón.

La mayor parte de los oyentes se rió para sus adentros, dio media vuelta y se marchó. Sólo unos pocos se llevaron a casa las bolsas con cierta esperanza. Pero, también éstos se sintieron totalmente desilusionados cuando, al abrir las cajas, se encontraron con semillas, aparentemente, *vulgares.*

—¡Se trata de una broma! –se dijeron. Y arrinconaron las bolsas en un trastero.

Solamente Prakash y su esposa Rohini, decidieron utilizar las semillas como era debido.

A la mañana siguiente, muy temprano, limpiaron su patio trasero y lo dividieron en dos parcelas, una para cada uno. Y colocaron unas marcas, en fila, para la siembra. Al volver del trabajo, por la tarde, Prakash cavó un pequeño agujero en una esquina y sembró la primera semilla. Rohini hizo lo mismo en la esquina de su parcela. Permanecieron ambos en silencio, por unos momentos, agradeciendo la amorosa presencia de Dios. A la mañana siguiente regaron los sitios donde habían sembrado las semillas y por la tarde sembraron nuevas semillas, concluyendo la tarea con una breve oración.

Prosiguieron cumpliendo este ritual, con fidelidad, día tras día. Comenzaron a aparecer brotes, después árboles, después flores y frutos —de notable y exótica variedad— ¡toda una fiesta para los ojos y el paladar! La noticia se difundió, y llegó mucha gente de cerca y de lejos para ver este auténtico *Jardín del Edén*, como comenzaron a llamarlo.

Los que regresaban de su visita al *Jardín* no se cansaban de ponderar a sus vecinos las frutas deliciosas que habían probado, el exquisito aroma de las flores, el esplendor de los rostros y el brillo de los ojos de Rohini y Prakash. Estos, por su parte, les indicaban el lugar donde habían sembrado ¡aquellas *semillas especiales* en su patio trasero!

* * *

Esta parábola ilustra, brevemente, el método y los beneficios que obtendrás si sigues el presente programa de Ejercicios Espirituales en la vida ordinaria. Hay abundantes gracias para todos aquéllos que siembren «buenas semillas» y tengan confianza en que Dios se cuidará de ellas y hará que den fruto abundante a su debido tiempo (*Ver* Marcos 4, 26-29).

Este libro contiene *semillas especiales*, en forma de narraciones, anécdotas y poemas, así como también citas de la Escritura y de otras fuentes. No está hecho para ser leído de una sentada sino, poco a poco, una o dos páginas al día. Incluye, también, sugerencias sobre *qué* y *cómo* orar (*ejercicios espirituales)*, que van llevando al lector, paso a paso y día a día, a ser más plena mente humano y a vivir una vida superior. Algunos de los que han utilizado este **En casa con Dios**, han encontrado en él una ayuda para conseguir una enriquecedora experiencia de contacto con Dios, no solamente durante los períodos estrictos de oración («siembra de la semilla»), sino también en medio de la rutina de sus tareas cotidianas *(vida ordinaria)*.

> *«Dos libros nunca deberían faltar en ninguna casa:*
> *la Biblia, que narra los milagros de Dios,*
> *y el catálogo de semillas que los confirma»*
>
> (Burton Hillis).

> *Y así, la vida, para general sorpresa,*
> *descubre que los árboles tienen lengua,*
> *que los raudos arroyos escriben en prosa,*
> *que las piedras hablan a voces*
> *y que hay algo bueno en todas las cosas.*
>
> (W. Shakespeare)

Corta esta pequeña flor y tómala.
¡No lo dejes para más tarde!
No sea que se marchite y caiga al polvo.

Tal vez no haya, para ella,
un lugar en tu guirnalda,
pero hónrala con ese toque doloroso
y córtala.
No sea que se acabe el día
sin que te des cuenta,
y se te pase el tiempo de la ofrenda.

Aunque su color no sea muy intenso
y haya disminuido su aroma,
pon esta flor en tu ofrenda,
y córtala
ahora que estás a tiempo.

R. Tagore

El inestimable presente

El ayer está ya muerto,
el mañana no ha nacido.
No hay, pues, nada que temer
ni nada que lamentar.
Porque todo lo pasado
y todo lo que ha ocurrido
ya nunca puede volver
a ser, de nuevo, vivido

Y lo que ahora nos espera,
todo lo que va a ocurrir,
está aún en manos de Dios.
No depende, pues, de mí
el futuro de mi vida.

Es el misterio de Dios,
quien reclama para sí
el pasado y el presente.

Todo lo que yo he de hacer
es vivir el día de hoy
y esperar que Dios me muestre
el camino y la verdad.

El recuerdo del pasado
y el riesgo del porvenir
es lo único que puede
volver, de nuevo, a turbarme
con temores infundados
e insensatas inquietudes,
mientras, siempre por su parte,
Dios me quiere bendecir.

Todo lo que necesito
es vivir este momento.
Aquí y ahora está la vida,
y, en ella, la eternidad

Helen Steiner Rice

Salmo para gente muy ocupada

El Señor guía mis pasos,
así que no me apresuro.

El hace que me pare y descanse
para reposar tranquilo.

El me inspira imágenes de quietud
que restauran mi serenidad.

El me guía por la senda de la actividad
sin perder la calma.

El me guía en la paz de su Espíritu.

Aunque tenga muchas cosas cada día,
no me turbo, porque El está conmigo.
Señor del tiempo, dueño de las horas,
El me mantiene ecuánime.

Me prepara un almuerzo
y restaura mis fuerzas
en medio de mis quehaceres,
y unge mi mente
con el óleo de la paz.
Mi copa rebosa de energía gozosa.

Esta armonía y esta actividad
son el fruto de mis días,
porque camino
en la paz del Señor
y habitaré en su casa para siempre.

Toki Miyashina

Introducción

El qué

Estos *Ejercicios Espirituales en la vida ordinaria* están pensados para todos aquellos que sientan el deseo de amar a Dios con todo su corazón, toda su mente y todas sus fuerzas, y quieran también amar al prójimo, sin excepción, como nos amamos a nosotros mismos.

Su objetivo es proporcionarte sugerencias, técnicas sencillas de oración y ejercicios de espíritu, con el fin de fortalecer, intensificar y profundizar tu relación con Dios. Durante este proceso, irás descubriendo tus recursos internos y tratarás de utilizar tus propias ideas y experiencias constructivas para la edificación del Reino de Dios.

El porqué

Hay bastantes «principiantes» en la vida espiritual que se sienten atraídos por la oración y desearían emprender un acercamiento más sistemático a Dios, algo que les proporcione una base sólida para la oración.

Hay también cristianos «comprometidos» que desearían asistir a algún retiro organizado, ya sea por las parroquias u otras instituciones, pero no pueden hacerlo debido a sus tareas y responsabilidades. El presente plan, seguido con fidelidad, vendrá a satisfacer esa necesidad porque consiste en una prolongación de los *Ejercicios Espirituales.* De hecho, son los *Ejercicios en la vida ordinaria,* la de cada día.

La principal ventaja de este método, aplicado en lo cotidiano, es que te proporciona una orientación en medio de la vida, te inspira el gusto por la oración, fortalece tu hábito de orar con regularidad, aumenta tu sentimiento de la presencia de Dios a lo largo del día, y así te ayuda a integrar el trabajo con la oración. Cualquier actividad ordinaria del día se convierte, así, en un *ejercicio espiritual*.

Mientras te adentras más profundamente en el misterio del amor, te haces más capaz de dar y de recibir amor. Además, mientras las «resoluciones» de un retiro ordinario se hacen para un futuro teórico, aquí las haces para este presente concreto. Casi inmediatamente surgen situaciones que pondrán a prueba tus decisiones. Tendrás muchas oportunidades de comprobar la efectividad de tu oración y de consultar con Dios muchas cosas, mientras sigues aún en «retiro».

El cómo

San Ignacio nos ayuda a comprender la naturaleza de los *Ejercicios Espirituales* con esta analogía: así como el pasear, caminar y correr son ejercicios corporales, de la misma manera, la meditación, la contemplación y otras formas de oración para preparar y disponer el alma, se llaman «ejercicios espirituales».

Los *Ejercicios Espirituales* contienen un dinamismo objetivo. Poseen una estructura bien definida: temas precisos, meditaciones clave, especial metodología para la oración e instrucciones prácticas de comportamiento. Cada uno de los ejercicios está ensamblado con los demás hacia un objetivo final, hacia una experiencia general. Los *Ejercicios* constituyen, por lo mismo, un todo orgánico. Pero su dinámica interna exige que se vayan realizando paso a paso y en el orden en que van apareciendo, con el fin de que produzcan el efecto que de ellos se pretende.

Este plan, basado en los *Ejercicios Espirituales*, de San Ignacio, sigue la «lógica del corazón» más que la «lógica del cerebro». Está enfocado hacia una experiencia personal, a saborear por ti mismo sus contenidos. Una mera lectura o reflexión sobre sus contenidos podría iluminar nuestra mente para *conocer* más sobre Dios; pero el «paladear» personalmente los contenidos, con la gracia de Dios y en una atmósfera de oración, intensifica nuestra comunión con Dios para poder *conocerle* hasta donde él se nos quiera revelar.

Con el fin de aprovecharnos al máximo de este programa, es muy importante contar con un **«acompañante espiritual»** experto, preferentemente un sacerdote o una «persona de Dios» que pueda seguir tus progresos y proporcionarte una ayuda oportuna cuando la necesites.

El cuándo

Este es un método que exige regularidad. Tienes que dedicarle, por lo menos, media hora al día para poder cumplir con las exigencias del programa. No siempre te será fácil. En gran parte, dependerá de tu generosidad y empeño, y también del «hambre y sed» que tengas de Dios.

Además de los períodos dedicados a la oración, propiamente dicha, debes de mantener tus devociones acostumbradas: la lectura espiritual, la eucaristía diaria, etc. También te puede ayudar mucho aprovechar los ratos desocupados del día –mientras esperas al autobús o al tren, mientras viajas...– para repasar las inspiraciones que has recibido durante la oración.

Tal vez te resulte muy útil fijar en tu memoria las ideas básicas de cada tema, con el fin de poder recordarlas durante el día.

Orientaciones prácticas para la oración

1. Cada actividad del día es un ejercicio «espiritual», siempre que te sientas en la presencia de Dios. Si realizas tus quehaceres diarios con esta actitud de corazón, puede decirse que estás orando durante todo el día. Como contraste, los períodos que dedicas exclusivamente a la oración constituirán unos *momentos íntimos de comunión* con un Amigo entrañablemente unido a tu vida. Una vez que hayas llegado a gozar de esta amistad, no querrás perder estos preciosos ratos una vez al día.

2. Escoge un *tiempo y un lugar* relativamente libres de ruido y distracciones. Emplea, por lo menos, media hora para orar en privado sobre los temas sugeridos cada día en el plan. Añade un tiempo extra para la preparación y el repaso pos-

terior. Todo esto será necesario si quieres ajustarte al método. También te ayudará, psicológicamente y en la práctica, el emplear la misma hora y el mismo lugar, si es posible.

3. La *postura* es importante porque el «cuerpo» es compañero del «alma» también en la oración. Escoge una postura que te permita orar: de pie, sentado, de rodillas, echado... con las manos juntas, con los brazos extendidos o cruzados al pecho o en tu regazo... Procura no cambiar mucho de postura, aunque la postura que hayas adoptado te resulte algo molesta al principio. Una postura ideal será la que combine la reverencia hacia Dios, que está presente, con la relajación corporal.

4. El plan está *estructurado* de la forma siguiente:

— Cada **etapa** tiene un objetivo concreto dentro de la dinámica general de los Ejercicios Espirituales.

— Cada **tramo** contiene un tema específico dentro de la etapa.

— Los **puntos** para cada día ofrece varias sugerencias respecto al tema especificado.

Hay **introducciones** para cada etapa y cada tramo. Tienes que leerlas cuidadosamente. A veces sentirás la inspiración de emplear todo el rato diario de oración utilizando solamente el material dado en la introducción.

Aunque un «tramo» contiene siete unidades, no es necesario que éstas coincidan con los días de la semana. Son flexibles. Puedes comenzar cualquier día, prolongar la «materia» del día durante dos o tres días, si te sientes inspirado, o bien tomar dos «materias» en dos distintos momentos del día.

No obstante, conviene que informes de ello a tu acompañante espiritual y que sigas sus directrices.

5. Los *puntos* no son más que «indicadores de ruta» que te indican la dirección que debes tomar. Te ayudarán para poner en marcha tu oración. Pero lo importante es que sepas advertir las mociones del Espíritu Santo en tu corazón. No sientas ansiedad por completar todas las sugerencias que se te han propuesto para este día. Detente y saborea el punto en el que halles devoción, y déjate llevar por el Espíritu. Que la oración no sea para ti una especie de

tarea o deber que has de hacer, porque, en realidad, se trata de que experimentes la presencia del Dios vivo que guía tus pasos.

6. Como individuos que somos, cada uno de nosotros tiene su manera propia de conocer y comprender a Dios. El objetivo final es el mismo, pero cada uno puede alcanzarlo por distinto camino. Acabarás teniendo tu propio *método* de oración. Una vez más, es el Espíritu quien te ayuda a orar. Deposita tu fe en el Espíritu. Si te parece, puedes seguir los métodos empleados por los que han hecho grandes progresos en la Vida Espiritual. Algunos de éstos los encontrarás esbozados en la última etapa de este libro. Utilízalos, si ves que te convienen y se adaptan a tu estilo de oración.

Esquema diario de oración

Prepárate para orar. En este libro están insinuados brevemente los puntos para la oración de cada día. Echales un vistazo antes de retirarte a dormir (si es que vas a tener la oración por la mañana), o a la mañana, antes de comenzar tu rutina diaria (en el caso de que vayas a tener tu oración a la tarde). Esto te ayudará a que entres con más facilidad en la oración.

> Entraré en este santo recinto,
> en donde, junto al coro de tus amigos,
> cantaré para Ti.
>
> Antes de entrar,
> afinaré mi voz aquí, a la puerta,
> y ensayaré lo que después voy a cantar.
>
> *John Donne*

Tiempo de oración. Dedica entre media hora y una hora a la oración diaria. Te darás cuenta de que se necesita cierto tiempo para pacificar la mente, aquietar el cuerpo, entonar el corazón y entrar en comunión con Dios. Todo ello, desde el punto de vista humano. Necesitamos tiempo para ponernos consciente y exclusivamente en manos de Dios, para progresar en la vida espiritual. Desde una perspectiva divina, estaría bien tener en cuenta el siguiente aviso:

«No penséis que, si disponéis de mucho tiempo, habríais de emplearlo todo en la oración. ¡Quitad esa idea de la cabeza! Que, muchas veces, Dios da más en un momento que en un largo período de tiempo, porque sus acciones no están medidas por el tiempo» (Santa Teresa de Jesús).

Organiza tu tiempo de oración. Distribúyelo, por ejemplo, de esta manera:

1. Dedica un rato a crear un ambiente propicio para la oración. Al comienzo de la misma conviene, tal vez, que emplees unos momentos en algún *ejercicio de relajación*: respirar profundamente, concentrarte en tus sensaciones, etc. Estos mismos ejercicios los puedes utilizar para hacerte consciente de la presencia de Dios en la habitación y en tu corazón. Te servirán como transición desde las otras rutinas del día. Pues no siempre resulta fácil el sumergirse directamente en la oración.

   A continuación, hazte consciente de que Dios te está mirando y te está amando, y por tu parte, acoge esta presencia con unas pocas palabras amables con las que le digas a Dios lo alegre que estás de hallarte en su presencia, mientras le pides su gracia para actuar receptiva y generosamente durante el tiempo de oración.

   Oh Dios, te doy gracias por este rato de oración en el que soy consciente de tu presencia, mientras te presento mis deseos, mis esperanzas y mi gratitud.

   Esta conciencia, esta profunda certeza de tu presencia es mi mayor bendición. Mi vida estaría vacía si no la tuviera, si te hubiera perdido en el laberinto de este mundo, si no me volviera a Ti, de cuando en cuando, para unirme a Ti y sentir la certeza de tu existencia y de tu amor.

   Es bueno que estés conmigo en todas mis dificultades y tribulaciones, y que yo tenga en Ti un amigo cuya ayuda es segura y cuyo amor nunca me falla.

   (de una *Plegaria judía*).

2. A continuación, acude a los puntos para la oración del día insinuados en este libro. Ten a mano un ejemplar de la *Biblia* para poder consultarla fácilmente.

3. Concluye tu rato de oración diciendo el *Padrenuestro*. Esta oración, que nos enseñó Jesucristo, contiene el núcleo de nuestra fe, el motivo por el que fuimos creados y el fin hacia el que todos tendemos: la alabanza, la reverencia y el servicio de Dios.

    Alabanza: Santificado sea tu Nombre.

    Reverencia: Venga a nosotros tu Reino.

    Servicio: Hágase tu voluntad.

    Reconocemos a Dios como Padre providente y le pedimos que vivamos en armonía unos con otros.

Mantén esta estructura a lo largo de todo el programa

Cómo utilizar este libro

San Ignacio no nos indicó cuánto habrían de durar unos «Ejercicios en la vida ordinaria». Este libro proporciona «puntos de oración» para cada día ¡durante treinta y tres semanas!

Este plan se puede realizar de varias maneras:

a)   Un grupo reducido de «ejercitantes en la vida ordinaria» podría acometerlo bajo la dirección de un director experto, al que consultarían individualmente a intervalos regulares. Podrían también celebrar reuniones de grupo.

b)   El «ejercitante en la vida ordinaria» podría escoger un director familiarizado con los *Ejercicios Espirituales* y proceder, en privado, bajo su dirección. Esta podrá ser, en muchos casos, la única solución posible.

c)   Hacer los *Ejercicios* totalmente por su cuenta, siguiendo las normas de este libro. Esta solución, aunque no sea la mejor, podría servir siempre que el «ejercitante diario» ponga toda su confianza en Dios quien, en todo caso, es el que le guía e inspira a través de su Espíritu. En este caso, te recomiendo vivamente que leas el capítulo de *Instrucciones y consejos* y no sólo antes de comenzar, sino también de vez en cuando. Puedes encontrar ayuda en momentos difíciles y en algún que otro atasco.

¿Qué significa y es la oración en tu vida?

Antes de acometer esta aventura de los *Ejercicios en la vida ordinaria* te convendría reflexionar un poco sobre lo que es y significa la oración en tu vida. El siguiente cuestionario no es un *test*. Su propósito es únicamente ayudarte a detectar tu actitud ante la oración y tus hábitos a la hora de practicarla.

—¿Eres sincero cuando dices que *«haces oración»*?

—¿*Cuánto tiempo* dedicas a la oración cada día, cada semana, cada mes?

—¿Puede decirse que la oración es un *hábito* en tu vida? ¿Con regularidad y continuidad? ¿En momentos determinados? Por ejemplo, ¿rezas cada mañana, a la hora de comer, antes de salir de casa... o sólo de manera espontánea, a ratos, en determinados acontecimientos?

—¿En qué *postura* corporal rezas?

—¿Rezas mejor en algún *lugar* concreto o no te cuesta orar en cualquier parte?

—¿Sigues un *método* o técnica para orar? ¿Te interesas por nuevas formas de hacer oración?

—¿En qué *tipo* de oración acabas cayendo casi siempre? ¿Alabanza, petición de perdón, acción de gracias, súplica y petición, meditación, contemplación?

—¿Utilizas alguna *ayuda* para la oración? ¿La Biblia, libros..?

—¿Qué *género* de oración te gusta más? ¿Los salmos, la oración vocal, un canto, «mantras»..?

—¿Rezas en *grupo*? ¿En tu familia?

—¿*Disfrutas* con la oración?

—¿Qué *ventajas* has obtenido por rezar? ¿En qué te ha ayudado?

—Cuando *dejas* alguna vez la oración, ¿notas que te falta algo? ¿Te sientes culpable?

—¿Eres capaz de *entrar en oración* durante el trabajo diario, en medio de los quehaceres rutinarios de cada día?

—¿Cómo te sientes *después* de la oración?

—¿*A quién*, con más frecuencia, se dirige tu oración? ¿Al Padre, a Jesús, al Espíritu Santo, a María..?

—¿Has experimentado alguna vez que la oración era *una pérdida de tiempo*? ¿Por qué?

—¿Con qué frecuencia sientes una gran cercanía, una gran *intimidad* con Dios?

Me despojo de mis vestidos
(mis ambiciones),
me quito el reloj
(mi horario),
me saco la pluma del bolsillo
(mis planes),
dejo, también, mis llaves
(mi seguridad),
para estar sólo contigo
el único verdadero Dios.

Y, después de estar contigo...

... me visto mi ropa
para andar por tus caminos,
me coloco el reloj
para vivir al compás de tu tiempo,
me pongo las gafas
para poder ver el mundo a tu modo,
vuelvo a tomar la pluma
para escribir tus pensamientos,
y tomo mis llaves
para poder abrir tus puertas.

Graham Kings

Hazme ir más despacio, Señor

Acompasa el latir de mi corazón aquietando mi mente.
Apacigua mis apresurados pasos
con la visión del alcance eterno del tiempo.
Ablanda la tensión de mis nervios y músculos
con la música relajante de las melodías
que perduran en mi memoria.
Ayúdame a experimentar
el mágico poder restaurador del sueño.
Enséñame el arte de tomarme pequeñas vacaciones:
detenerme para mirar una flor,
charlar con una amistad, acariciar un perro,
leer unas pocas líneas de un buen libro...
Hazme ir más despacio, Señor,
e inspírame cómo echar raíces profundas
en la tierra de los valores perennes de la vida,
para que pueda crecer
hasta la cima de mi grandioso destino.

Jill Harris

El toque del maestro

Estaba maltrecho y desportillado,
y el subastador pensó que no merecía la pena
perder mucho tiempo con el viejo violín.
Pero lo alzó en sus manos con una sonrisa:
«¿Qué ofrecéis por él, buena gente? —exclamó—
¡Mil pesetas, mil..! Van dos mil pesetas.
¿No hay quien dé más?
Dos mil, dos mil... ¿Quién ofrece tres mil?
Van tres mil a la una, tres mil a las dos,
y tres mil a las... ¡pero no!»

Desde el fondo de la sala
un hombre de cabellos grises
se adelanta y toma el arco,
limpia el polvo del viejo violín,
tensa las flojas cuerdas
y toca una melodía pura y celestial,
celestial como el canto de los ángeles.

Cesa la música, y el subastador,
con voz grave, dice:
«¿Qué dais por el viejo violín?
–mientras lo mantiene en alto–
¡Cien mil pesetas! ¿Quién da doscientas mil?
¡Doscientas mil! ¿Quién ofrece trescientas mil?
Trescientas mil a la una, trescientas mil a las dos,
¡y trescientas mil a las tres!»
La gente aplaudía, pero algunos lloraban.
«No acabamos de entenderlo.
¿Qué ha cambiado su valor?»
Pronto llegó la respuesta:
«El toque de la mano del maestro».

¡Cuántos seres humanos hay, de vida desafinada,
maltrechos y destrozados por el pecado,
que son subastados a precios irrisorios
ante una turba inconsciente!
¡Lo mismo que el viejo violín!

Un plato de lentejas, un vaso de vino,
una apuesta y, luego, sigue tu camino...
A la una, a las dos... casi a las tres...
Pero llega el Maestro...
y la turba insensata nunca puede comprender
el valor de un alma y el cambio que produce
al toque de la mano del Maestro.

Anónimo

Instrucciones y consejos

1. *LOS EJERCICIOS ESPIRITUALES DE SAN IGNACIO*

Introducción

El libro de los *Ejercicios Espirituales*[1] fue escrito por San Ignacio de Loyola, el fundador de la Compañía de Jesús. Y fue aprobado formalmente por el Papa Paulo III, en 1548, después de que hubiera sido utilizado por San Ignacio durante más de veinte años. Lo fue componiendo durante su «largo retiro» en la cueva de Manresa (Marzo de 1522 a Febrero de 1523), en la que vivió como un ermitaño, después de haber renunciado a una prometedora carrera militar.

En la cueva, Ignacio tuvo que luchar contra tentaciones, escrúpulos, desalientos, desánimos, incluso sintió deseos de suicidarse. Pero supo agarrarse a Dios, empleando «siete horas» diarias en oración, absteniéndose de carne, ayunando y practicando duras penitencias. «Ultra de sus siete horas de oración, se ocupaba en ayudar algunas almas, que allí le venían a buscar, en cosas espirituales, y todo lo más del día que le vacaba, daba a pensar en cosas de Dios, de lo que había aquel día meditado o leído. Mas cuando se iba a acostar, muchas veces le venían grandes consolaciones espirituales (...) Le trataba Dios de la misma mane-

---

[1] El texto de los *Ejercicios Espirituales* y el de la *Autobiografía* están publicados en un solo volumen, muy manejable, por Ediciones Mensajero, Bilbao 1996.

ra que trata un maestro de escuela a un niño, enseñándole» (*Autobiografía*, nº 26 y 27).

En Manresa, Dios le otorgó a Ignacio la mayor experiencia mística de toda su vida. Estando sentado y meditando, junto al río Cardoner, «se le empezaron a abrir los ojos del entendimiento; y no que viese alguna visión, sino entendiendo y conociendo muchas cosas, tanto de cosas espirituales, como de cosas de la fe y de letras; y esto con una ilustración tan grande, que le parecían todas las cosas nuevas» (*Autobiografía*, nº 30). De allí salió hecho un hombre nuevo. Todas estas experiencias espirituales forman el núcleo de los *Ejercicios Espirituales*.

Ignacio contaba, a su secretario y biógrafo, que «los Ejercicios no los había escrito todos de una vez, sino que, algunas cosas que observaba en su alma y las encontraba útiles, le parecía que también podrían ser útiles a otros, y así las ponía por escrito» (*Autobiografía*, nº 99).

La versión final del texto, que fue sometida al Papa, para su aprobación, lleva la impronta de posteriores experiencias de Ignacio al dar los *Ejercicios*, así como de los estudios teológicos hechos en París.

La estructura

Los *Ejercicios* están preparados, dialécticamente, para un proceso de conversión, en cuatro fases que conducen a un servicio total de Dios.

Hay una fase introductoria, titulada: *Principio y Fundamento*, en la que el ejercitante (la persona que pone en práctica los *Ejercicios*) se hace consciente de que la humanidad tiene una finalidad superior a sí misma, en el «Creador y Señor» –término éste último que Ignacio utiliza tanto para designar a Dios como para designar a Jesucristo–. Su objetivo es llevarnos a trabajar por la «mayor gloria de Dios» (el conocido lema jesuítico «A.M.D.G.»), expresado en los *Ejercicios* con la frase: «alabar, hacer reverencia y servir a Dios».

La primera línea del *Principio y Fundamento* dice así: «El hombre es criado para alabar, hacer reverencia y servir a Dios nuestro Señor y, mediante esto, salvar su ánima». En *El Dios de las sorpresas*, Gerard W. Hughes define el alma como «mi verdadero yo, la parte de mi ser más profunda y más sensible, el punto donde se une todo lo que soy». El alma se manifiesta en todo lo que experimento, consciente o inconscientemente. Todos mis deseos y esperanzas, mis temores y ansiedades, mis inquietudes y ambiciones son expresiones de mi alma. Hay muchas maneras posibles de describir la frase «salvación de mi alma»; por ejemplo: «la respuesta a los indefinibles anhelos que hay en mí, a mis temores, absurdos y vacío interior, la respuesta a mis sueños más ambiciosos». Yo puedo «salvar mi alma», llevar mi vida a su plenitud, dirigiendo todo mi ser, mis pensamientos y acciones a la alabanza y servicio de Dios.

La primera fase de los *Ejercicios* lleva al ejercitante a un estado en el que él o ella se hace consciente y rechaza su condición pecadora, una condición común a toda la raza humana. Se hace, también, consciente del poder salvador de Cristo y del amor incondicional de Dios. Entonces, se le urge a responder desde la libertad de su mente y corazón.

La segunda fase consiste en una serie de contemplaciones de la vida de Cristo. Abarcan todo el ámbito de la vida de Cristo, desde su concepción, nacimiento e infancia hasta todo su ministerio público. Esta fase incluye, además, algunas meditaciones «clave»: «El llamamiento del Rey», «Las dos banderas», «Las tres clases de personas» y «los tres grados de humildad». El objetivo de esta fase es llevar al o la ejercitante a conocer más íntimamente a Cristo para amarle más profundamente y seguirle más de cerca.

La tercera fase es la contemplación de la Pasión y Muerte de Jesús. La cuarta fase contempla la Resurrección y la Misión de Jesús a sus discípulos.

Hay una fase final llamada «Contemplación para alcanzar amor». Concluye todo el misterio de Cristo y el proceso de los *Ejercicios*, al contemplar que el amor de Dios nos desafía a amarle a él, a nuestra vez, no con palabras sino con obras.

Duración

San Ignacio estructura los *Ejercicios Espirituales* para ser realizados en 30 días de retiro, en lugar apartado y en silencio. Pero no todos los que acudían a él en busca de dirección y deseaban hacer los *Ejercicios* podían cumplir estas condiciones, debido a sus obligaciones y responsabilidades. Por lo que San Ignacio pensó que tales personas hicieran los *Ejercicios* durante un período más extenso y dentro de sus circunstancias familiares. Se les indicó que cada día normal reservaran un espacio fijo de tiempo para la oración. Cada día realizarían una pequeña fracción de los *Ejercicios Espirituales* y, poco a poco, los completarían durante varios meses. Esta adaptación es hoy, comúnmente, conocida como: los *Ejercicios Espirituales en la vida ordinaria.*

Una experiencia extensa de este tipo tiene sus ventajas. Los breves períodos empleados en contacto íntimo con Dios diariamente, ayudan a crear una atmósfera de oración que influye sobre toda la vida de estos ejercitantes y se extiende a sus tareas y al resto del día. Además, dada la estructura y progresión de los *Ejercicios*, pueden aquéllos llegar a una disposición en la que, como dice San Ignacio, puedan «hallar a Dios en todas las cosas y a todas las cosas en Dios».

«Anotaciones»

San Ignacio ofrece al ejercitante algunas aclaraciones introductorias para sacar el máximo beneficio de los *Ejercicios Espirituales.* Ponemos, a continuación, algunas reflexiones basadas en dichas «Anotaciones».

1. Así como los ejercicios corporales nos ayudan a estar en forma y sanos, así también estos *ejercicios espirituales* aumentarán nuestra forma y salud espiritual, preparándonos para recibir abundantes gracias de Dios.

Pero sigue habiendo una diferencia entre los ejercicios físicos y los espirituales. Los físicos exigen ser practicados con cierta rigidez, con un determinado esfuerzo. Los espirituales se llevan a cabo sin esforzarse, sin tensiones o nerviosismos, de una manera fácil y relajada.

En ambos casos, suele ser muy útil tener un entrenador o director.

2. Los *Ejercicios* incluyen varias actividades como la meditación, la contemplación, la oración vocal, etc. Pero hemos de evitar la tendencia a practicar un ejercicio solamente por el empeño de completarlo. Los *Ejercicios Espirituales* no son un proyecto que se ha de culminar sino un proceso que se ha de experimentar. Todo pequeño paso que ayude a este proceso ha de ser valorado y apreciado al máximo.

Se proponen varios «puntos» para cada día de oración, pero no es preciso que todos ellos sean cumplimentados. Lo imprescindible es gustar y asimilar las inspiraciones que nos llegan en la oración, y ello despacio, sin prisa, tratando de sacar provecho de las mismas. Si una idea nos impresiona, hemos de seguir con ella todo el tiempo que nos inspire, empleando, si hace falta, todo el rato de la oración. Puede que, de esta manera, nuestra oración sea más provechosa que cuando está cargada de muchas «brillantes ideas».

3. «Cuando el camino se hace duro, los duros hacen camino». Esto vale también para la oración. En cambio, otras veces todo resultará fácil y gozaremos empleando horas en oración. En «tiempo de desolación» (tentaciones, distracciones, sequedad...), nos parecerá que Dios está lejos. Es importante luchar contra este sentimiento, empleando todo el tiempo designado para la oración y *unos pocos minutos más*, para convencernos de que Dios está presente en la desolación, aunque no lo sintamos, y de que nos ayudará a salir de ella. Indirectamente, es enviar, a nuestro subconsciente, el mensaje de que permanecemos firmes, cuando se trata de orar, y no vamos a ceder. Poco a poco aprenderemos a recuperar el control y a volver al ritmo de nuestra oración, con la gracia de Dios.

4. Hemos de entregarnos a Dios, en la oración, con gran generosidad de espíritu. Hemos de ofrecer a Dios todos nuestros deseos y nuestra libertad, para que él disponga de todo lo nuestro según su santísima voluntad.

A pesar de todo el esfuerzo que pongamos en la oración, hemos de convencernos de que, en último término, depende de la gracia de Dios lo que ocurra en nuestra oración. Hemos de aprender a ser «activamente receptivos» ante la inspiración de Dios. La actividad implica nuestra cooperación con la gracia, empleando nuestros medios de preparar el cuerpo y el alma para «recibir» abiertamente lo que Dios nos quiera otorgar. Ser receptivos es ir a orar sin ideas preconcebidas, abiertos a lo que Dios nos ofrezca durante este tiempo que dedicamos a la oración.

5. Dios está deseando comunicarse con nosotros directamente. Ocasionalmente, si es su divina voluntad, podría comunicarse él mismo personalmente con nosotros, inflamando nuestros corazones en amor y alabanza suyas, e indicándonos cómo servirle y cumplir su santa voluntad. Este es un privilegio especial, un don gratuito de Dios. Pero, normalmente, Dios se queda fuera, «a nuestra puerta», y llama esperando que le invitemos a entrar (Apocalipsis 3, 20).

Es importante que despeguemos nuestras mentes y corazones de las cosas que nos apartan la atención de Dios y nos impiden escuchar la llamada de Dios a nuestra puerta. Cuanto más apegados estemos a cosas y personas, estaremos menos apegados a Dios y menos abiertos y generosos en la oración.

6. Mi entrega al proceso de los *Ejercicios Espirituales,* acabará produciendo «movimientos espirituales» en mi interior. Esto será una prueba de que los Ejercicios estarán operando en mí, de que la «medicina» está produciendo su efecto. Estos movimientos pueden ser de acercamiento o de alejamiento de Dios.

Hay tres factores principales que causan estos movimientos: la concentración, los fuertes apegos y la generosidad. Los tres operan juntamente creando un movimiento en mi corazón. Si uno de ellos falta, no se dará el movimiento. No estaré «ni frío ni caliente». Hay que examinar, con frecuencia, la oración, para ver si existen movimientos y saber en qué dirección me muevo debido a los factores que influyen en mí.

2. GUÍA PROGRAMÁTICA

Oración formal

Existen varios tipos y métodos de oración, unos adaptados a unas circunstancias, otros a otras.

De alguna manera, toda nuestra vida puede ser oración. Pero aquí nos estamos refiriendo a esos «períodos concentrados» de nuestro contacto con Dios, cuando nos hallamos «cara a cara» con él, en comunión íntima. Para entendernos mejor, llamaremos a estos períodos «oración formal», porque los dedicamos totalmente al propósito específico de unirnos exclusivamente con Dios.

Estos contactos íntimos requerirán que busquemos un lugar retirado. Pero puede que esto no siempre sea posible o conveniente. En su defecto, habremos de buscar el ambiente más conveniente, a pesar de sus limitaciones. Después de todo, la oración se hace con el corazón. Y Dios está presente en el corazón de sus amados.

Oremos con espontaneidad. Nada de forzar una situación de oración. Dejémonos llevar: por nosotros y por Dios. La oración espontánea es como un ave en pleno vuelo: se desliza a lo alto y suavemente. La oración forzada es como un pájaro en su jaula; aunque sea una jaula de oro, el pájaro sigue estando en una prisión. La verdadera oración eleva el corazón liberándolo de la fuerza de la gravedad, le confiere ingravidez: no hay pasado que pese sobre el corazón ni futuro que lo inquiete.

Tiempo y lugar

Cualquier lugar que te permita orar, es bueno. Puede que resulte el que te dediques a la oración, meditación o reflexión mientras te trasladas a tu lugar de trabajo. O puede que prefieras un lugar apartado, lo cual si es posible, sería mejor. Recuerda que la oración es asunto del corazón. Puede ocurrir en cualquier lugar.

Ayudará, tanto práctica como psicológicamente, dedicar un tiempo regular a la oración, un rato relativamente libre de distracciones y apropiado para el recogimiento y la oración.

Para sacar el mayor provecho de estos *Ejercicios*, se te pide dedicar no menos de media hora diaria, sin contar el tiempo de preparación y el de examen. Esto sería el mínimo. Lo mejor sería que dedicaras como una hora diaria, dividiéndola, si es necesario, en dos sesiones separadas.

Postura

Recuerda que no sólo el alma es la que ora, sino todo tu ser. Tu cuerpo es un «compañero» en la oración. Una postura apropiada favorece la actitud de oración. Algunas de las posturas más comunes son: de pie, sentado, de rodillas, echado, postrado... con las manos entrelazadas o cruzadas ante el pecho, etc.

Has de adoptar una postura que signifique tu actitud interna, y permanecer en ella todo el tiempo necesario. Esto requerirá cierto autocontrol. No conviene que cambies frecuentemente de postura, aunque la postura que hayas adoptado te parezca, al principio, algo incómoda. El fruto que conseguirás en la oración habrá merecido este esfuerzo. Si el dolor es excesivo y te distrae, entonces evidentemente, habrás de cambiar de postura.

Para la oración, es importante que permanezcas físicamente inmóvil. Sabes, por experiencia, que cuando paseas reflexionando sobre algo, si te sobreviene una intuición, entonces te detienes para profundizar en ella. Lo mismo pasa cuando tratas con alguien de algún asunto, mientras paseáis; cuando sobreviene un punto importante, ambos os detenéis y os volvéis cara a cara para detallar ese punto. Lo mismo ocurre con la oración: al llegar a un punto importante, prefieres quedarte inmóvil. La oración profunda requiere un cuerpo inmóvil.

Toda postura ideal es la que combina la reverencia ante Dios, que está presente, y la relajación corporal.

Al comienzo de cada período de oración, si es posible y te ayuda, haz algún gesto de reverencia ante la presencia de Dios: postrarte, besar el suelo, etc. Pero no lo tomes como un ejercicio difícil. Si lo prefieres, bastaría con una sencilla expresión, vocal o mental, de tu fe en la presencia de Dios.

Tratamiento del tema de cada día

La meditación es un ejercicio de la mente; la oración es una expresión del corazón. La meditación es la base para la oración. Este libro te ofrece puntos de meditación y sugerencias para la oración. Pero, la oración misma, la comunicación íntima con Dios, es algo personal y sólo podrás realizarla si sientes la inspiración y la ayuda de la gracia de Dios. Considera, por tanto, los ejercicios que te propongo sólo como medios para ponerte en contacto directo con Dios. No te preocupes por realizarlos todos, como si fueran un proyecto que has de culminar. En el momento en que sientas la inspiración de comunicarte directamente con

Dios, mientras recorres los puntos, detente, deja el libro y ¡que Dios lo reemplace!

Es importante que emplees una buena parte de tu tiempo de oración en contacto directo y espontáneo con Dios, de corazón a corazón, sin que el libro y sus puntos te lo impidan.

Ayudas para la oración

a) «Descansa en paz» en el Señor. Fuera de este mundo. Cierra la puerta de tu corazón. Toma unos pocos minutos, al comienzo de cada rato de oración, para aquietar el cuerpo y la mente y vaciar el corazón de toda preocupación.

b) Mientras lees o reflexionas sobre el tema de cada día, toma la «idea» o el «sentimiento» que más te impresione y empieza a hablar de ello, directamente, con Dios o bien deja que cale hondo, mientras tú te vas haciendo cada vez más consciente de su amorosa presencia.

c) Podría ocurrir que algún «pensamiento» te atraiga tanto que te enredes en una «diversión mental». Esto sería una distracción. Cuando adviertas eso, usa tu discreción para detener ese ejercicio mental. El objetivo de la oración es llevar tus pensamientos al corazón y comunicarte con Dios. No se trata de emplear el tiempo de oración manteniendo a Dios en la retaguardia mientras nosotros damos vueltas y más vueltas a nuestras «brillantes ideas». En tal caso, la oración estaría centrada en ti, en lugar de estar centrada en Dios. «Saborea» cada bocado «espiritual» –palabra o frase– que te salga al paso y deja que profundice en tu corazón. Podrás, también, rumiarlo durante el día.

Examen de la oración

Después de cada período de oración, dedica algún tiempo a reflexionar, corroborar o examinar lo ocurrido durante la oración.

Podrías haber concluido tu oración lo mismo en éxtasis que en desesperación. Durante la oración, quizá hayas experimentado paz, alegría, inspiración y consuelo; o puedes haber sufrido distracciones, tentaciones y sequedad. La finalidad del examen es, sobre todo, encajar las cosas dentro de ti, sin dejarte desviar por tus emociones.

En tu examen, podrías preguntarte algunas cosas de éstas:

—¿Cuál ha sido mi talante al comienzo de la oración (feliz, triste, pacífico, ansioso, amante, dudoso, confiado...)?

—¿Ha cambiado mi talante durante la oración? ¿Por qué, o por qué no?

—¿Me resultaba atractivo el tema del día? ¿Por qué?

—¿Me disgustaba orar sobre el tema sugerido? ¿Por qué?

—¿Ha habido alguna palabra o frase que me haya resultado interesante, inspiradora?

—¿He percibido continuamente la presencia de Dios?

—¿Hay algún punto sobre el que habré de volver en el siguiente período de oración?

Si tienes tiempo para un examen más largo, te podrías preguntar lo siguiente:

—Mis actitudes, sentimientos, inspiraciones... ¿qué me dicen acerca de mi relación con Dios?

—¿Qué conexiones hallo entre mi vida y mi oración?

—¿Qué he de hacer para intensificar mi presencia de Dios durante todo mi atareado día?

Llevar un diario: Quienes llevan un diario conocen muy bien el valor de los apuntes. En la oración pueden ocurrir cosas que, de momento, pueden parecer insignificantes, pero que, de hecho, pueden constituir piezas importantes de un mosaico que sólo aparecerá cuando se haya completado todo el conjunto. Ya que estás practicando este método, una parte del proceso consistirá en ir diseñando un mapa de tu progreso. Las preguntas arriba propuestas, pueden constituir la base de los apuntes de tu diario. Hay muchas ventajas en llevar un diario así. Te hace más responsable; es un precioso recuerdo de tus Ejercicios; te facilita la evaluación de tu progreso; te clarifica las ideas. Si tienes un director de ejercicios, te será mucho más fácil el comunicarle tu experiencia, a partir de lo que has escrito. Además, te ayuda a recordar ese punto particular que querrías volver a tratar durante tu próximo período de oración.

3. MODOS DE ORAR

Maneras de establecer contacto con Dios

Los antiguos catecismos nos decían que orar era «elevar el corazón a Dios». Esta no es una definición completa. La palabra «elevar» indica los esfuerzos que yo hago, los ejercicios que practico (leer la Escritura, meditar, contemplar, adorar, confesar mis pecados, dar gracias, suplicar). «Elevar» nos sugiere, además, que Dios está «allí arriba» y que tenemos que «subir» hacia él o pedirle que «baje» él hasta nosotros.

Sin embargo, sabemos que Dios está presente en todas partes. «En él vivimos, nos movemos y existimos». Dios está en mi corazón. En la oración, se trata de «estar» con él, más que de «hacer» algo. Hemos de convencernos de que la oración es el Espíritu de Dios que está activo en nosotros.

Métodos

1. Preámbulos

a) No te precipites a la oración. Tómate unos minutos, antes de un período de oración, para tranquilizarte y relajarte. Haz algunas inspiraciones profundas. Ponte en una postura cómoda. Ahuyenta todas tus preocupaciones y cuidados. Sintoniza con el Señor.

b) Si hay ruido, no sientas ansiedad ni inquietud. Acéptalo, siendo al principio consciente del mismo y, después prescindiendo, ofreciéndoselo a Dios y pidiéndole que concentre tu atención en él.

c) Recita una plegaria que exprese tu fe en la presencia de Dios. Dile que lo adoras; dale gracias por sus dones, especialmente por el don de la vida. Pide gracia para responder totalmente al Espíritu que ora dentro de ti.

2. Orar con la Palabra de Dios

He aquí algunos modos de orar sobre un pasaje de la Escritura:

a) Una vez realizados los preámbulos, lee el pasaje de la Escritura que has escogido para la oración; hazlo despacio y atentamente. Lee, una vez más, el pasaje. Habrá palabras o frases que tengan, personalmente, un significado especial para ti. Te parecerá que saltan de la página para salir a tu encuentro, como si estuvieran allí porque tienen algo especial que decirte en este momento. Saborea esas palabras o frases. Luego, considéralas cuidadosamente en tu corazón. No tengas prisa para ir a la siguiente palabra o frase del pasaje, hasta que sientas una completa satisfacción con las anteriores.

b) Mantén contacto con tus pensamientos y, sobre todo, con tus sentimientos, según consideras profundamente la palabra o frase que te ha llamado la atención. Detente para hablar con Dios, para decirle *exactamente* cómo te sientes (con alegría, esperanza, ansiedad, ira, sorpresa, etc.). Sigue en contacto con Dios que te «habla» por medio de su Palabra.

> *«La palabra de Dios es viva y eficaz y más cortante que espada de dos filos, penetra hasta la separación de alma y espíritu, articulaciones y médula, y discierne sentimientos y pensamientos del corazón»* (Hebreos 4, 12).
>
> *«Como bajan la lluvia y la nieve del cielo, y no vuelven allá, sino que empapan la tierra, la fecundan y la hacen germinar, para que dé semilla al sembrador y pan para comer, así será mi palabra que sale de mi boca: no volverá a mí vacía, sino que hará mi voluntad y cumplirá mi encargo»* (Isaías 55, 10-11).

c) Al final de la oración, mantén una conversación íntima con Dios, resumiendo todas las gracias que has recibido al leer ese pasaje de la Escritura.

3. Contemplación

La contemplación es un encuentro profundo e íntimo entre tú y tu Dios, en las profundidades de tu corazón. El secreto de la contemplación está en «gustar y ver qué bueno es el Señor». En la contemplación te adentras en un acontecimiento o un pasaje de la Escritura, por medio de la imaginación, y haciendo uso de todos tus sentidos.

Tratándose de un pasaje de la Escritura, si se trata de un acontecimiento de la vida de Cristo, haz que la escena se te aparezca lo más realmente posible, imaginando que tú estás allí. Imagina los vestidos de la gente, lo que dicen, lo que hacen. Háblales. Háblale a Jesús. Si te parece, imagina que eres tú el personaje que se relaciona con Jesús (Zaqueo, la samaritana, un discípulo...).

Cuando algo llama tu atención, y te afecta profundamente, incluso te mueve a lágrimas... detente. Pondera. Ora. Sé consciente de que Dios está presente contigo. Háblale sencilla e íntimamente. Escucha lo que él te está diciendo.

4. Centrar la oración

«Centrar la Oración», quiere decir ir al centro, al corazón mismo de tu ser, por un momento, y desear y actuar desde ese centro. Es un proceso por el que recoges todos tus pensamientos y sentimientos dispersos, de forma que puedas orar con una sola mente y corazón. He aquí algunas maneras prácticas de hacerlo. Cada vez, utiliza una de ellas, durante un corto rato, tanto para ir al centro, como para prepararte a la oración.

a) Adopta una postura cómoda y orante. Por un momento, enfoca tu atención en tu postura, a fin de situarte. Luego, sé consciente (*no pienses*) de cada parte de tu cuerpo y de las pequeñas sensaciones que allí sientes. Puedes empezar siendo consciente de las sensaciones de la parte alta de tu cabeza, yendo progresivamente hacia abajo, a la nariz, ojos, boca, hombros, pecho... piernas, pies, dedos. O puedes ir hacia arriba, empezando por los dedos de los pies. No te detengas mucho en parte alguna. Si no sientes ninguna sensación, continúa. Gradualmente, irás sintiendo a tu cuerpo como un todo. Solamente sentirlo, mientras estás en pie o sentado ante la presencia de Dios. Cuando te sobrevenga la paz, pasa a la oración.

b) Adopta una postura relajada y orante. Respira con normalidad, ni rápida ni lentamente, ni profunda ni superficialmente. Enfoca la atención en tu respiración. Siente el aire que pasa por tus narices. Sé consciente de su calor o frescura, pero no sigas al aliento hacia adentro. No retengas el aliento ni cambies el ritmo de tu respiración. Sólo respirar normalmente y ser consciente de tu respiración. Poco a poco, tu respiración se hará más profunda y pacífica. Sé consciente de ello.

c) Puedes añadir algunos sentimientos espirituales, durante el ejercicio de respiración arriba descrito. Cada vez que tomas aliento, sé consciente de que el aire que tomas es un *don* de Dios creador y dador de la Vida, dador del Amor. Inspira y espira con gratitud hacia él.

También puedes, suave y amablemente, decir alguna o algunas palabras, según respiras: Padre, Madre, Creador... Sé consciente de los sentimientos que surgen en ti mientras dices estas palabras.

O puedes inspirar con los dones del Espíritu Santo: amor, gozo, paz, paciencia, amabilidad, bondad, fidelidad, humildad y autocontrol (Gálatas 5, 22); y espirar con sus contrarios: odio, tristeza, ansiedad, inquietud, etc.

O puedes, también, decir el *Padrenuestro*. Puedes decir «Señor Jesucristo» e inspirar, y «ten compasión de mí» al espirar. Te ayudará el realizar todo esto rítmica, uniformemente y haciendo que las palabras resuenen en tu cabeza.

d) Relájate. Toma una postura orante. Gradualmente, hazte consciente de lo que estás oyendo. Escucha con atención todos los sonidos audibles aquí y ahora. Escucha cada sonido, distinguiendo los sonidos que oyes: sonidos cercanos y lejanos, familiares y extraños. Oyelos, nada más. ¿Son fuertes o débiles? No trates de averiguar de dónde vienen. No los interpretes. Deja, conscientemente, que los sonidos sigan su curso, sabiendo que no te perjudican en nada y que no dependen de ti. Según los dejas que sigan su curso, toma conciencia de que te hallas presente a Dios, tu Creador y Señor.

e) Relájate. Como lo hiciste con los sonidos, puedes hacerlo con los demás sentidos. Por ejemplo, date cuenta de todo lo que está a la vista; date cuenta de los olores y aromas que hueles. Date cuenta del viento, del frío, del calor... en tu piel.

f) También puedes realizar gestos para ir al centro de tu ser. Puedes alzar y descender las palmas de tus manos en un movimiento de ofrenda o utilizar algún movimiento de danza, si es que ello te ayuda.

5. El «mantra»

Esta es otra manera de centrarse. Se trata de una palabra o grupo de palabras o sonidos que se utilizan para producir en ti un determinado efecto, según se van repitiendo, una y otra vez, ya sea en silencio o en alta voz.

Las palabras o sonidos pueden tomarse de la Escritura o adoptar las que surjan espontáneamente del corazón. Han de articularse sílaba a sílaba. Al principio, el mantra resonará en tu cabeza; pero poco a poco, arraigará en tu corazón. He aquí algunos pasos prácticos:

a) Relájate. Escoge una palabra, frase o sonido que te guste.

b) Reflexiona un rato sobre su significado.

c) Repítelo despacio, muy despacio, continuamente, dejando que cale su significado. Gradualmente, la mente quedará más y más centrada y experimentarás un silencio mental.

d) Deja que la palabra se repita dentro, por sí misma. No tenses tu mente o tu imaginación. Lo importante es la ausencia de esfuerzo, la entrega.

Se puede rezar el mantra en todas partes y en todo momento. Puede servir como escape de energía en tiempo de estrés, tristeza, pérdida, miedo, tensión. Por ejemplo, una persona ante un cometido importante puede repetir: «El Señor es mi ayuda y mi fuerza».

El mantra es muy efectivo para llevarte a un silencio profundo. Te ayuda a «orar sin cesar» (1 Tesalonicenses 5, 17). «Yo duermo, pero mi corazón vela» (Cantar de los Cantares 5, 2).

6. La imaginación

Con frecuencia, hemos de usar la imaginación para orar. Puedes imaginar lugares en los que nunca has estado o, incluso, que no existen. Puedes imaginar acontecimientos que nunca han ocurrido o que jamás pueden ocurrir. La imaginación se explaya con toda libertad. Puedes permitir que el Espíritu te lleve adonde él quiere.

Puedes imaginar que eres un río o una flor, y ver el mundo desde esa perspectiva. Puedes imaginar que padeces de parálisis.

Comienza suavemente cada ejercicio de imaginación y deja que desaparezca, también suavemente, al final. Normalmente, saldrás con intuiciones o imágenes y con algunas convicciones reforzadas. Entonces, has de volverte a Dios, comunicarle tus intuiciones y pedirle su gracia y fortaleza.

4. EL EXAMEN DE CADA DÍA

¿Tienes verdadero interés en «hallar a Dios en todas las cosas y a todas las cosas en Dios»? San Ignacio te ofrece, para ello, una sencilla técnica. Te ayuda a desarrollar, día a día, tus recursos espirituales. Te conduce allá donde está la acción.

Por medio del *Examen de cada día*, repasas los acontecimientos de cada día para ver si has sentido, en ellos, la presencia de Dios. En este proceso te adentras en tu interior para revelar el verdadero significado de las palabras que has usado, de las acciones que has hecho y de los pensamientos y deseos que han ocupado tu mente y corazón. Este ejercicio te pone en contacto con tu Yo profundo y, poco a poco, vas descubriendo el «Yo» real que eres. Te adentras en las profundidades de tu Yo consciente e inconsciente.

El proceso de consciencia que persigue esta técnica, te lleva a conseguir una mayor libertad espiritual. Te das cuenta de qué o quién te está conduciendo en la vida, y así te permite eliminar todo lo que te estorba en el camino de progreso hacia Dios.

La técnica es un sistema de *«feedback»*, una «consciencia» incorporada que registra tus progresos en un ambiente de oración. No es una técnica puramente psicológica. Está dirigida al «discernimiento» de tu relación con Dios. Como siempre, es la gracia de Dios la que te ayuda en este proceso y te capacita para cambiar tu vida de acuerdo con las intuiciones recibidas.

Procedimiento

Has de realizar este ejercicio, al menos una vez al día; por lo general, al terminar la jornada. Puede durar unos quince minutos.

Para hacer el Examen de cada día hay cinco pasos tradicionales, que los desarrollo a continuación.

1. Dar gracias

Has de comenzar este ejercicio con la convicción de que todo lo que eres y tienes es un don que Dios te ha hecho. Se lo debes todo. Por consiguiente, querrás reconocer sus dones y darle gracias. Esta convicción profundizará tu fe en Dios. Te darás cuenta de lo «pobre» que eres, de lo dependiente que eres de Dios. Descubrirás lo bueno que ha sido Dios contigo y se lo agradecerás.

Cuando se evoca con frecuencia este sentimiento de gratitud, se convierte en una actitud que te acompañará durante todo el día. Poco a poco, irás experimentando que *todo es don*. Esta convicción puede transformar toda tu vida en agradecimiento.

Ejercicio: Suscita sentimientos de gratitud en tu corazón, al comprobar que todo lo que tienes y eres es un don de Dios. Agradécele a Dios todo, pero *específicamente* los dones del día que acaba de terminar. Al repasar los acontecimientos del día, puede que descubras dones de Dios de los que no te habías dado cuenta.

2. Pedir luz

No te será posible el ver claramente las cosas espirituales o lo que pasa en tu interior, solamente con los ojos y la mente humanos. Para ello necesitas la luz divina. Dependes de la gracia de Dios para todo pero, especialmente, cuando se trata de tus relaciones con el mismo Dios.

Ejercicio: Pídele a Dios que te envíe su Espíritu para que te dé un conocimiento creciente del misterio que tú eres. Pide tener, cada vez, mayor apertura hacia todos los caminos que el Espíritu te indique, para que así tu vida sea cada vez más dirigida por el Espíritu.

Pídele al Espíritu que te haga ver cómo él te ha dirigido, desde la mañana, a través de todos los acontecimientos, personas, etc. Pídele ser sensible a sus dones: paz, amor, amabilidad, gozo, paciencia, fidelidad, autocontrol. Pídele conocer mejor tus actitudes negativas, que son signos claros de tu falta de respuesta a la voluntad y al amor de Dios, a saber: ansiedad, inquietud, ira, envidia, resentimiento...

3. Examinar tus experiencias y acciones

Repasa despacio los acontecimientos, personas y circunstancias del día. Escucha al Señor y deja que te diga él mismo dónde te salió al paso, te dirigió y estuvo presente ante ti. No te esfuerces por recordar cosas, deja que ellas se te presenten. ¿De qué manera estaba Dios presente en ellas?

¿Te has comportado siempre como se comportaría Cristo? Tus actitudes, sentimientos y acciones ¿han estado en la línea de los valores evangélicos? ¿Has desperdiciado oportunidades de servir o de hacer algo por la gloria de Dios?

He aquí una lista de preguntas que, para este ejercicio, nos propone un autor espiritual:

— ¿Me he sentido hoy, en algún momento, llevado por Dios: por motivo de alguna persona, acontecimiento, un buen libro, la naturaleza...?

— ¿A dónde me ha llevado Dios?

— ¿Qué he aprendido hoy acerca de Dios y de sus caminos (en la vida ordinaria, en momentos especiales)? ¿Cómo le he buscado: en mis temores, alegrías, malentendidos, trabajo, sufrimiento?

— ¿Cómo me ha llegado hoy su palabra: en la oración, Escritura, liturgia?

— ¿Por qué caminos he hallado a Cristo a través de las personas con las que convivo? ¿He sido signo de la presencia y del amor de Dios ante mis compañeros, mis amigos, la gente con la que trabajo?

— ¿Me he preocupado de los solitarios, los tristes, los desalentados, los necesitados? ¿Me he sentido cada vez más consciente del Reino de Dios: en la Iglesia, en mi país, en todos los países del mundo?

— ¿He experimentado una mayor conciencia: sentir el amor de Dios, sentir mis pecados, sentir mi dependencia, desear devolver mi amor a Dios? ¿Hay algún área en la que Jesús no es, todavía, mi Señor?

4. Manifestar arrepentimiento

Al ser consciente de tu falta de correspondencia al amor de Dios, surgirán en ti algunos sentimientos encontrados:

— tristeza por tus pecados y, a la vez, asombro de que Dios te ofrezca constantemente su perdón

— creciente desconfianza en ti y firme confianza en Dios

— reconocimiento humilde de tus debilidades y un sentido de profunda alegría y gratitud al sentirte salvado/a por Cristo.

Ejercicio: Hallarás siempre que has tenido actitudes egoístas, de acción u omisión, que demuestran tu falta de respuesta al amor de Dios. Manifiesta tu arrepentimiento por todo ello.

5. Proponerte ser y obrar mejor

Has de tomar la determinación de mantener tu espíritu lleno de gratitud, y de deshacerte de todo planteamiento que se interponga entre Dios y tú. Y adoptar una gran apertura para aceptar los desafíos que Dios pone ante ti.

Ejercicio: Toma conciencia de lo que ahora mismo sientes: tristeza, desánimo, miedo, esperanza, agradecimiento... ¿Por qué? Pide la gracia de reconocer los caminos por los que Dios te llama en cada situación, de ahora en adelante, y de responder a su llamada con fe, humildad y valor crecientes, sobre todo si te llama a una conversión dolorosa en algún área de tu corazón. Pide que te llene de esperanza y optimismo, sabiendo que Cristo ha resultado victorioso sobre el pecado y sobre la muerte.

Termina con una oración de confianza en Dios. Y con el *Padrenuestro.*

PRIMERA ETAPA

Dios,
nuestro fundamento

Dios, nuestro fundamento

Hay, en China, una vieja narración taoísta acerca de un labrador de una humilde aldea. La gente le tenía por rico, porque poseía un caballo que utilizaba para labrar la tierra y para el transporte. Un día, el caballo huyó. Los vecinos se compadecieron del labrador por su tragedia. La respuesta del labrador fue, simplemente, ésta: «¿Tragedia? ¡Quién sabe!»

Un par de días más tarde, volvió el caballo trayendo consigo dos caballos salvajes. Los vecinos se acercaron a la casa del labrador, para felicitarle por su buena suerte. «¿Suerte? —dijo él— ¡Quién sabe!». Al día siguiente, el hijo del labrador montó en uno de los caballos salvajes que lo derribó, rompiéndose una pierna. Vinieron, de nuevo los vecinos a expresarle su pesar. Pero, con toda ecuanimidad, él respondió: «¡Quién sabe!»

Una semana después, aparecieron por la aldea los militares encargados de hacer el reclutamiento de los mozos para el ejército. Rechazaron al hijo del labrador porque tenía la pierna rota. Cuando se enteraron de ello los vecinos, le dijeron al labrador que había tenido mucha suerte. También entonces les respondió: «¡Quién sabe!»

* * *

Cada acontecimiento adquiere un determinado significado que depende del contexto en el que lo recibimos. Si cambia el contexto, cambia el significado. Poseer dos caballos más es algo bueno, hasta el momento en que sucede el accidente del joven. La pierna rota parece algo malo: impide que el hijo ayude a su padre. Pero contemplada en el contexto del reclutamiento y de la guerra, de pronto se convierte en algo bueno.

En este plan de *Ejercicios en la vida ordinaria* descubrirás el arte de «contextualizar» tu vida. Aprenderás a contemplarte a ti, a los demás, a toda la realidad creada y a todos los acontecimientos en el *contexto de Dios*. Dios será, para ti, el punto central de referencia para todo. Y entonces, todas las cosas adquirirán un nuevo significado. En consecuencia, se verán, también, afectadas tus respuestas, tu conducta, tus actitudes y tus acciones. Te hallarás centrado, cada vez más, en Dios.

¿Quién te ha creado?
Dios me ha creado.

Esta idea que te inculcaron en las clases de catecismo, en tu niñez, ha quedado grabada en tu corazón y en tu mente. «Dios me ha creado» es la respuesta correcta acerca de tu origen, pero no es la respuesta completa. Dios te ha creado y *continúa* creándote, te mantiene en plena vida y creatividad.

Es importante que profundices bien en esta verdad. Dios no solamente te creó, al principio, para entregarte luego a tus padres y a su responsabilidad. Dios interviene mucho en tu crecimiento. Dependes de él en cada instante de tu vida. Día tras día, continúa alentando nueva vida en ti, plasmando tu «personalidad», proporcionándote los talentos y cualidades que posees.

* * *

¿Por qué Dios se interesa tanto por mí? La respuesta es tan simple como profunda: porque ¡me ama! «Dios es amor». Me hace participar de su misma naturaleza; me ha creado a su «imagen y semejanza». Puede que no me haya dado cuenta de ello y que haya vivido como si no fuera su imagen, pero Dios continúa sosteniéndome con su amor. En el relato de la creación, en el Génesis, Dios creó el mundo a partir «del caos», puso orden dentro del desorden. Puedo pensar lo mismo acerca de mi vida. La gracia de Dios está operando en mí de muchas maneras, cambiando mis propios «desórdenes» por su «orden», haciendo que mi vida sea más amable y armoniosa.

Este proceso dura toda la vida. Dios sigue requiriéndome para que salga de las tinieblas, del egoísmo, de la esclavitud, de las malas costumbres y de las paralizantes ataduras... para que vaya a la luz, al amor y a la libertad. A través de mí, conmigo y en mí, Dios está extendiendo su Reino sobre la tierra, siempre que yo coopere con su amor de forma abierta y generosa.

He de persuadirme de que, lo mismo que mi propia vida es un don de Dios y está constantemente sostenida por Dios, eso mismo es lo que ocurre con toda la creación. El universo y toda la realidad creada son un reflejo de la presencia misma y providencia de Dios en todas partes y en todo momento. «En él vivimos, nos movemos y existimos» (Hechos 17, 28). Nosotros estamos en Dios, y Dios está en nosotros. Dios está también presente, en carne y hueso, por medio de su Hijo Jesús, que es «Emmanuel»: un nombre que significa «Dios-con-nosotros» (Mateo 1, 23). Cristo «lo es todo para todos» (Colosenses 3, 11). «El Reino de Dios está entre vosotros» (Lucas 17, 21).

En los ratos de oración diaria de las próximas cinco semanas, te concentrarás en el misterio del amor de Dios. Considerarás a Dios como el Fundamento de toda la creación. Meditarás sobre los innumerables dones que te ha hecho, y tratarás de buscar la forma de darle una respuesta adecuada

Oración fundamental

Señor y Dios mío, tú me has creado
porque me amas inmensamente.
Cada vez que he respondido a tu amor,
he experimentado que tu vida
llena mi corazón a rebosar.
Que sea cada vez más consciente
de que tu amor, sin condiciones,
me ha sustentado desde el principio
hasta este preciso momento de mi vida.

Padre, todas las cosas que has creado
me las has ofrecido, amorosamente, como dones
para que, más fácilmente, te reconozca en ellas siempre
y te ofrezca mi alabanza y acción de gracias.

Enséñame a usar sabiamente estos dones
para que te ame cada vez más.
Que su atractivo no me aleje de ti,
que no haga de ellos el objetivo principal de mi vida.
Quiero que seas tú, Señor, el centro de mi ser.
Mi objetivo, en la vida, es estar contigo para siempre.

Dame tu amor y tu gracia para que mi corazón
y mi mente sean totalmente libres
para saber interpretar toda la realidad.
Que no sienta preocupación
por mi salud o enfermedad, por mi riqueza o pobreza,
por mi vida larga o corta. Que sienta profundamente
que todas las cosas que has creado
y todo lo que encuentro en mi camino
son una revelación de tu amor.
Que sepa siempre verte presente en todo.

Que siempre elija solamente aquellas cosas
y personas que me llevan hacia ti,
y que rechace todo lo que a ti no me lleva
para que sienta que tu Espíritu
me invade en toda su plenitud,
conformándome a la imagen de tu Hijo.

Amén

TRAMO 1
Su poder en acción

Un día, un profesor le confesó a su esposa que, a pesar de ser especialista en muchos campos, sus conocimientos eran muy limitados. «Tiendo a aceptar las cosas tal y como se presentan. Por ejemplo –le dijo–, me da vergüenza admitir que no sé ni cómo funciona una bombilla eléctrica».

«Eso es increíble –exclamó su esposa–. Es tan sencillo, querido –le dijo en tono comprensivo–. Aprietas el conmutador ¡y ya está!»

* * *

Muchos de nosotros creemos que, con la oración, ocurre lo mismo. Pensamos que funciona de la misma manera que muchos de nuestros aparatos: aprietas un conmutador, y se pone en marcha. ¿Cuándo nos hemos parado a pensar en el «poder» que la hace funcionar?

Durante los próximos siete días, vas a experimentar el poder de Dios en acción sobre ti. «Porque no sabemos orar como es debido, el Espíritu mismo intercede por nosotros con gemidos no articulados» (Romanos 8, 26). En la oración descubrirás a Dios y te darás cuenta de que orar sólo es posible con la gracia de Dios.

Enséñame, Señor, cómo llegar hasta ti. Yo no puedo hacer otra cosa que desearlo... Cómo llegar hasta ti, no lo sé. Inspírame tú, enséñame, dime qué necesito para este camino. *San Agustín*

Los puntos para esta semana te ayudarán a descubrir o aclarar tus motivos, dentro de este plan que has comenzado, y te ayudarán a decidir el nivel y grado de tu compromiso.

Pide al Señor que aumente tu fe en su poder que actúa en ti.

Vengo a ti para que me acaricies
antes de comenzar el día.
Que tus ojos se posen un momento sobre mis ojos.
Que acuda a mi trabajo sabiendo
que me acompañas, Amigo mío.
¡Pon tu música en mí
mientras atravieso el desierto del ruido!
Que el destello de tu Amor
bese las cumbres de mis pensamientos
y se detenga en el valle de mi vida,
donde madura la cosecha. *R. Tagore*

1 / 1 La suave iniciativa de Dios

El Padre llama a mi puerta buscando un hogar para su hijo.

—*El alquiler es barato, de verdad* –le digo.

—No quiero alquilarlo, quiero comprarlo –dice Dios.

—*No sé si querré venderlo, pero puedes entrar y echarle un vistazo.*

—Sí, voy a verlo –dice Dios.

—*Te podría dejar una o dos habitaciones.*

—Me gusta –dice Dios–. Voy a tomar las dos. Quizá decidas algún día darme más. Puedo esperar.

—*Me gustaría dejarte más, pero me resulta algo difícil; necesito cierto espacio para mí.*

—Me hago cargo –dice Dios–, pero aguardaré. Lo que he visto me gusta.

—*Bueno, quizá te pueda dejar otra habitación. En realidad, yo no necesito tanto.*

—Gracias –dice Dios–. La tomo. Me gusta lo que he visto.

—*Me gustaría dejarte toda la casa, pero tengo mis dudas.*

—Piénsalo –dice Dios–. Yo no te dejaría fuera. Tu casa sería mía y mi hijo viviría en ella. Y tú tendrías más espacio del que has tenido nunca.

—*No entiendo lo que me estás diciendo.*

—Ya lo sé –dice Dios–, pero no puedo explicártelo. Tendrás que descubrirlo por tu cuenta. Y esto sólo puede suceder si le dejas a él toda la casa.

—*Un poco arriesgado, ¿no?*

—Así es –dice Dios–, pero ponme a prueba.

—*Me lo pensaré. Me pondré en contacto contigo.*

—Puedo esperar –dice Dios–. Lo que he visto me gusta.

Margaret Halaska, O.S.F.

Mira que estoy a la puerta llamando. Si alguien escucha mi llamada y abre la puerta, entraré en su casa y cenaremos juntos.

Apocalipsis 3, 20

Sugerencias para la oración ❤

1. Cierra los ojos, tranquiliza el cuerpo, acalla la mente.
   Oyes que alguien llama a la puerta. Al abrir, te encuentras allí con Dios.
   ¿Cuál es tu primera reacción? Invítale a entrar. Ofrécele un asiento. Inicia una conversación. Háblale de tus intenciones, deseos, planes, temores... acerca de estos Ejercicios que estás ahora empezando.
   Escucha lo que él te diga; después, respóndele.

2. Si se te acaban las palabras, no te apures. El te comprende. Observa, en silencio, cómo te mira con amor, y aguarda a que te hable una vez más.

3. Lee y medita: 2 Corintios 5, 1-10.

4. Pídele al Señor valor para dejar que El tenga un lugar permanente en tu corazón. Ruega para que te sientas con El como si Dios estuviera en casa. ❤ ❤ ❤

> **¿No has oído sus pasos callados?**
> **El viene, viene... siempre viene.**
> *R. Tagore*

Toma nota

Con el fin de que te acuerdes de seguir los pasos oportunos para que tu oración resulte más centrada en Dios, te haremos, todos los días, algunas indicaciones.

Al comienzo de las **Sugerencias para la oración,** verás un corazón (❤). Es para que recuerdes lo que dijimos antes en *Organiza tu tiempo de oración,* y te pongas en la presencia amorosa de Dios.

Al final de las sugerencias para cada día, hallarás tres corazones (❤ ❤ ❤). Están ahí para que te acuerdes de que tienes que hacer tres cosas muy importantes al final de tu período de oración:

— Concluir tu rato de oración con el *Padre nuestro.*
— Hacer un *examen* de tu oración.
— *Anotar,* en tu diario, las iluminaciones que has tenido.

Señor Jesucristo, quisiera ofrecerte
una casa bien limpia y barrida
para que la habites, pero no puedo.
Ahora sí que puedo exclamar sabiendo lo que quiere decir:
«Señor, yo no soy digno de que entres en mi casa...»

¡Pero tú ya estás aquí!
Viviendo entre los ídolos que antes aquí reinaron.
El suelo está sucio y, a veces, la habitación mal ventilada,
¡incluso para mí!
Tu presencia aquí me avergüenza,
sin embargo, tu dormiste en una cueva,
tú pasaste noches enteras
bajo el manto de las estrellas.
Pero, aunque no pueda acomodarte mejor,
sentiré, de igual manera, la alegría
de que tú estás presente.

Tengo que creer firmemente, Señor,
y no puedo tener la menor duda
de que tú te sientes, como en casa, con los pecadores.
Y *mi mayor pecado*, Señor Jesús,
¡es que no quiero contarme entre los pecadores!
Me cuesta mucho aceptar esto,
aunque es absolutamente evidente.
Pero la esperanza es como un rayo verde
en medio de un mundo ahogado y en desorden.
Y esta esperanza viene de tu Espíritu.
Ahora puedo descansar, Señor, en esta esperanza.

William Breault, S.J.

**El Señor es clemente y compasivo,
paciente y misericordioso.
El Señor es bueno con todos,
se compadece de todas sus criaturas.**
Salmo 145, 8

Sugerencias para la oración ❤

1. Jesús te visita hoy. Haz que se siente junto a ti o frente a ti. El está observando tu habitación y también tu corazón. ¿Habrá descubierto alguno de tus «ídolos»? ¿Qué te dice? ¿Qué le respondes?

2. Lee y medita: Lucas 5, 27-32. Observa cómo Jesús visita las casas de los pecadores y, con toda libertad, se mezcla con ellos. ¿Por qué demuestra, hacia ellos, tanto amor y preferencias? ¿Qué te inspira esta escena?

   Siente que Jesús desea hacerse amigo tuyo. Pasa por alto todas tus limitaciones porque te ama profundamente. Dile que agradeces su amistad y cómo vas a estrechar tu intimidad con él.

3. Pídele a Dios que te dé la gracia de insistir en el aspecto positivo de tu vida, y de sentir que Dios te acepta y te elige. ❤ ❤ ❤

«Un amigo es alguien que sabe quién eres,
que sabe por dónde has andado,
que sabe a dónde has venido a parar
y, a pesar de todo, te invita a ser mejor».

Necesitaba paz, y El me llevó aparte,
a una penumbra donde tener nuestras confidencias.
Lejos del tráfago en el que, todos los días,
me afanaba y preocupaba
cuando me creía hábil y fuerte.

Necesitaba paz, aunque al principio, me rebelé,
pero suave, muy suavemente, El sostuvo mi cruz
y, dulcemente, me susurró cosas espirituales.
Mi cuerpo estaba débil, pero mi espíritu voló
a una altura jamás soñada cuando me creía fuerte y feliz.
Suavemente me amó y me arrebató lejos.

Necesitaba paz, no la prisión de mi lecho,
sino un hermoso valle de abundancia,
un lugar donde enriquecerme y ocultarme en Jesús.
Necesitaba paz, y El me llevó aparte.

Cardenal Cushing

Una noche tuve un sueño:

Soñé que paseaba a lo largo de la playa con el Señor,
y, en el cielo, se reflejaban escenas de mi vida.
Por cada escena, advertí dos series de huellas en la arena.
Unas eran las mías, las otras las del Señor.

Cuando se reflejó, ante mí, la última escena de mi vida,
miré atrás, a las huellas de la arena.
Y noté que, muchas veces en el trayecto de mi vida,
sólo había una serie de huellas.
Y me di cuenta de que coincidían
con los momentos más bajos y tristes de mi vida.

Me sorprendió y fui a preguntárselo al Señor:
«Señor, tú me dijiste que, si te seguía,
harías tú conmigo todo el camino,
pero he advertido que,
en los momentos más difíciles de mi vida,
sólo hay una serie de huellas.
No comprendo por qué, cuando más te necesitaba,
me abandonaste».

El Señor me respondió: «Querido, querido hijo mío,
yo te quiero y jamás, jamás te abandoné
en tus momentos de prueba y sufrimiento.
Cuando has visto sólo una serie de huellas,
es porque, entonces, yo te llevaba en mis brazos».

Anónimo

El Señor es tu guardián; está a tu derecha.
El Señor te guarda de todo mal,
El protege tu vida.

Salmo 121, 5.7

Sugerencias para la oración ❤

1. *Oración gráfica:* Hoy puedes hacer lo siguiente, a fin de
    tener constancia de lo cerca o lejos que has estado de
    Dios durante toda tu vida.

Toma una hoja de papel. Traza tres rayas horizontales: la primera a tres centímetros del borde superior, la segunda en el medio y la tercera a tres centímetros del borde inferior. (Puedes, también, utilizar el espacio que queda aquí abajo). Divide tu edad en espacios de diez años y haz una marca, cada diez años, en la línea del medio. Examina los primeros diez años de tu vida, año por año. Los años en que estuviste cerca del Señor indícalos con una flecha que apunte hacia arriba, indicando la edad que entonces tenías. La longitud de la flecha indicará el alcance de tu cercanía. Por ejemplo, si te sentiste muy cerca Dios, tu flecha deberá alargarse hasta tocar la raya de arriba. En los años en que estuviste lejos de Dios, traza una flecha que apunte hacia abajo, teniendo como límite la raya inferior.

2. Haz oración con las palabras del Salmo 139: «Señor, tú me sondeas...»

3. Pide al Señor que te conceda un profundo deseo de él y un mayor impulso de amor y confianza en su presencia.

❤ ❤ ❤

Dios te abraza.
Te rodean los brazos del misterio de Dios.
Hildegarda de Bingen

San Benito viajaba montado a caballo. Llegó junto a un campesino que, fatigado y a duras penas, avanzaba a pie. El monje desmontó para entablar conversación.

—Eres afortunado al tener un caballo –le dijo el campesino con envidia–. Si yo hubiera dedicado mi vida a la oración, estoy seguro de que ahora no tendría que viajar a pie.

¿Crees tú que podrías ser un hombre de oración?

—¿Por qué me lo preguntas? ¿No es eso bien sencillo?

Vamos a hacer una apuesta. Si eres capaz de decir un *Padrenuestro* sin ninguna interrupción, te daré mi caballo.

—Me lo has puesto fácil –dijo el campesino–. Allá voy.

Se detuvo, cruzó sus manos, cerró sus ojos y comenzó a recitar la oración:

—Padre nuestro que estás en el cielo, santificado sea tu nombre, venga...

Se detuvo, alzó los párpados y le preguntó al santo:

—¿Me darás el caballo con su silla y sus arreos?

¡Se dio cuenta, ya tarde, de que había perdido la apuesta!

Este pueblo, dice Dios, me honra con los labios, pero su corazón está lejos de mí.

Mateo 15, 8

Sugerencias para la oración ❤

1.   ¿Qué tal haces tu oración a Dios? ¿Te resulta fácil la oración? ¿No tienes distracciones?
Hoy conviene que revises tu vida de oración.
¿Quién te enseñó a orar? ¿Qué clase de oraciones decías entonces? Describe las distintas maneras con las que orabas a Dios, según ibas creciendo. ¿Cómo oras a Dios en este tramo de tu vida? ¿Crees que necesitarías cambiar el esquema o la calidad de tu oración?

2.   Ora con las palabras del Salmo 139, 1-12. Siente la cercanía de Dios en tu vida.

3. Pide gracia para sintonizar con el Espíritu, dentro de ti,
    a fin de que te prepare para orar con profunda fe y con-
    fianza en Dios. ❤ ❤ ❤

**Veo que mi corazón es lento para ir hacia Dios;
y cuando va a él, parece
que no quiere quedarse con él;
de forma que, muchas veces en mis oraciones,
me veo forzado a empezar pidiendo a Dios
que tome mi corazón y lo ponga junto a él,
y cuando ya está con él, que lo mantenga allí.**
John Bunyan

---

1 / 5   **Mi imagen de Dios**

En casa del matrimonio Casado,
él y ella estaban viendo la televisión
sin cruzarse, jamás, una palabra,
hasta el día en que se averió el aparato.
Entonces, él le dijo a ella:
«¿Cómo está usted?
Creo que no nos conocemos.
Mi apellido es Casado.
¿Cuál es el suyo?»
Y ella le dijo:
«Yo también soy la señora Casado.
¿Será que, por ventura...?»
De pronto, el aparato volvió a funcionar,
y ellos no continuaron averiguándolo.

**El Señor hablaba con Moisés, cara a cara,
como habla un hombre con su amigo.**
Éxodo 33, 11

Sugerencias para la oración ❤

1. ¿Es tu Dios un «apagafuegos» al que acudes sólo en los
    momentos de crisis? ¿Has tenido tus más y tus menos en
    tu relación con Dios... temporadas de total «apagón»?
    La calidad de tu oración depende mucho de la «ima-

gen» que tengas de Dios. ¿Cómo visualizas a Dios: como Padre, Señor, Amigo..?

Describe las diversas imágenes de Dios que has tenido desde tu infancia. Por ejemplo, ¿cuál era tu imagen de Dios en tu niñez, tu primera adolescencia, a tus veinte años, etc.? ¿Por qué era así? ¿Quién o qué te influyó para que así fuera? ¿Cuál es tu actual imagen de Dios? ¿Cómo influye ella en tu relación con Dios?

2. Ora las palabras del Salmo 115.

3. Pide gracia para profundizar tu relación con Dios. ❤ ❤ ❤

**A Dios se le han dado nombres
como *motor inmóvil, energía eterna,
inteligencia suprema, esencia de la vida...*
La lista no tiene fin.
Pero Jesús nos dice:
Si queréis saber bien quién es Dios,
dentro de vuestra capacidad humana para conocerlo,
seguid mi ejemplo y llamadle, simplemente, Padre.**
James F. Colaianni

1 / 6	Vive tu oración

Me puse de rodillas para orar, antes de acostarme,
y oré así: «Señor, bendícelos a todos;
alivia el dolor de cada corazón entristecido
y haz que los enfermos vuelvan a estar sanos».
Al día siguiente, me desperté
y reanudé mi vida, sin ninguna preocupación.

Durante todo el día, no intenté
enjugar ninguna lágrima de ningún ojo.
No intenté compartir la carga
de ningún hermano, en su camino.
Ni tan siquiera fui a visitar
al enfermo que yacía en la casa de al lado.

Sin embargo, otra vez, al acostarme,
oré así: «Señor, bendícelos a todos».

Pero, mientras así oraba, oí junto a mi oído,
una clara voz que me decía:
«Detente, hipócrita, antes de orar.
¿A quién has tratado de ayudar hoy?»
«Las mejores bendiciones Dios las da siempre
por medio de las manos de los que aquí le sirven».
Entonces, cubrí mi cara con las manos y lloré:
«Perdóname, Dios, porque te he mentido;
permíteme vivir un día más,
que yo trataré de vivir de acuerdo con mi oración».

A Dios nunca lo ha visto nadie; si nos amamos unos a otros, Dios permanece en nosotros, y el amor de Dios está en nosotros consumado. *Juan 1, 12*

Sugerencias para la oración ❤

1. Examina tu oración. ¿Sientes, de veras, lo que oras? ¿Pones en práctica tu oración? ¿Tu oración está cambiando tu vida? Tu estilo de vida ¿contribuye a la calidad de tu oración?
2. Lee y medita 1 Juan 4, 7-21, o Santiago 2, 14-24.
3. Pide gracia para que tu oración fructifique en servicio.
❤ ❤ ❤

**Nada tiene sentido
si no amas a alguien.**
E.E. Cummings

| 1 / 7 | En paz y silencio |

Preguntaron al gran maestro Zenerin:
—¿Qué es lo que haces con tus discípulos?
El respondió:
—Nada. No hago nada.
—Pero –le insistieron–, realizan muchas cosas admirables. Cierto que tú eres el responsable.
El maestro explicó:

—En paz y en calma, sin que hagamos nada, llega la primavera y la hierba crece por sí misma.

Dejadlo ya y sabed que yo soy Dios.
Salmo 46, 10

Sugerencias para la Oración ❤

1. Examina esta semana transcurrida. ¿Has experimentado mayor intensidad en tu oración, cuando tu mente y tu cuerpo se hallaban en paz? ¿Puedes pacificar, fácilmente, tu cuerpo y tu mente? ¿Qué más puedes hacer, no sólo durante la oración, si no a lo largo del día, para crearte un ambiente de recogimiento?

2. En tu búsqueda de Dios puede que, inconsciente o deliberadamente, estés buscando *algo:* sea felicidad, paz, algún favor... en lugar de estar buscando a *alguien:* a Dios. ¿Está tu oración *centrada en Dios?* Examina tu corazón, indaga tus deseos y motivos. ¿Qué es lo que, en realidad, buscas en la oración?
   Ora con el Salmo 63, 1-8.

3. Pide la gracia de querer, de veras, *conocer* a Dios íntimamente, a través de tu personal experiencia, y de amar a Dios con todo tu ser. ❤ ❤ ❤

> Estar ahí ante ti, Señor, eso es todo.
> Cerrar los ojos de mi cuerpo,
> cerrar los ojos de mi alma,
> y permanecer quieto y en silencio,
> para abrirme hacia ti, que estás ahí
> abierto hacia mí.
> Estar ahí ante ti, Presencia Eterna.
> Quiero, Señor, no sentir nada,
> no ver nada, no oír nada.
> Vacío de toda idea, de toda imagen,
> en la penumbra.
> Estar, simplemente, aquí
> para encontrarte sin obstáculos
> en el silencio de la fe,
> delante de ti, Señor.
> *Michel Quoist*

TRAMO 2
Mi Dios y yo

El petirrojo le dijo al gorrión:
«Me gustaría, de veras, saber
por qué estos afanosos seres humanos
se apresuran y se preocupan tanto».
Y el gorrión le dijo al petirrojo:
«Amigo, estoy seguro de que tiene que ser
porque ellos no tienen un Padre Celestial
que se cuide de ellos como se cuida de ti y de mí».

* * *

En una noche de luna, una madre paseaba por un prado junto a su niño pequeño. Este iba observando todo lo que aparecía a la vista: flores, árboles, casas, pájaros, mientras comentaba cada una de estas cosas.

Se pusieron a descansar sobre la hierba, tendido el niño cuan largo era, con la cabeza apoyada en el regazo de su madre. El niño miraba hacia el cielo, lleno de admiración y asombro. Al poco rato, la madre rompió el silencio: «¿En qué piensas, hijo?»

El trató de buscar palabras para expresarlo y, por fin, dijo: «Si la parte de abajo del cielo es tan bella, ¡qué maravilloso tiene que ser el cielo mismo!»

* * *

En su novela *1984*, George Orwell describe una «fábrica de niños» en la que éstos eran reproducidos totalmente en una probeta. De esta manera, el Estado controlaba y dirigía la reproducción de los niños, con el fin de conseguir que nacieran únicamente los mejores de la especie y fueran destruidos los defectuosos.

Cuando Dios crea a los hombres no los produce masivamente, como se producen los objetos en las actuales cadenas de montaje. Dios no es un «productor» sino un artista, algo así como un alfarero que nunca se repite. Entre todos los innumerables millones de hombres y mujeres que Dios ha creado, nunca ha habido dos iguales. ¡Cada uno es único! Y Dios ama a cada una de sus creaciones porque le parece que «todas son buenas».

**Si no hubieras amado alguna cosa,
no la habrías creado.**

Sabiduría 11, 24

Esta semana dedicarás tus ratos de oración, así como el resto del tiempo, a admirar la Creación de Dios, sumergiéndote en el abrazo de su amor y recordando, con gratitud, los muchos beneficios que Dios derrama constantemente sobre tu corazón. Ahondarás en el misterio del amor que Dios tiene por ti. Te acordarás, una y otra vez, de que Dios te considera como a un hijo o una hija. Tú también le puedes llamar como le llamaba Jesús: *¡Abba - Papá!*

Pide la gracia de que te sientas a ti mismo como arraigado en Dios, rodeado y penetrado totalmente de su presencia y de su amor. Pídele fe para ver todas las cosas creadas como brotando de Dios y derramadas como dones sobre ti para volver, después, a Dios a quien en última instancia pertenecen.

Querido Señor, tu presencia me llena de alegría.
Mi mayor deseo es orientar
todos mis esfuerzos, físicos y mentales,
durante este período de oración,
sólo a tu mayor gloria.

Padre, quiero que tú seas el centro de mi ser.
Acreciéntame este deseo para que pueda estar
totalmente junto a ti, mi Creador y Maestro,
en todo tiempo y en todo lugar.

Quiero alabarte y honrarte
todos los días de mi vida.
Aumenta mi espíritu de generosidad.
Dame un corazón lo bastante generoso
como para ofrecerte toda mi libertad
y todo cuanto poseo,
de manera que tú puedas disponer de mí
como te agrade,
y me concedas hacer tu santa voluntad en todo
dentro de un espíritu de amoroso servicio.

2 / 1   El don de la creación de Dios

Bholabhai estaba de vacaciones en el campo. Alquiló un bungalow cerca de un reserva natural de aves. Una gran variedad de pájaros cantaba alegremente, al otro lado de su ventana, durante todo el día. Bholabhai se sentía tan emocionado que, cada vez que salía de casa, daba las gracias en voz alta a los pájaros por sus encantadoras melodías. Un día, el casero salió a su encuentro y le dijo:

—¿No creerás que esos pájaros cantan para ti?

—Claro que lo creo –le respondió Bholabhai.

—Pues estás muy equivocado. ¡Los pájaros cantan para mí!

Se enzarzaron en una disputa tan acalorada, que decidieron ir a juicio. El juez escuchó el caso cuidadosamente, y luego, con enorme sorpresa de ambos, les impuso a cada uno una multa.

—¿Por qué? –preguntó Bholabhai.

—Porque –declaró solemnemente el juez– esos pájaros ¡siempre han cantado sólo para mí!

Cantaré al Señor mientras viva; tañeré para mi Dios mientras exista. Que le sea agradable mi canción.

Salmo 104, 33-34

Sugerencias para la oración ❤

«Cada persona tiene derecho a pensar que el mundo ha sido creado para él» (Talmud).

¿Qué opinas de esta afirmación? ¿Crees que Dios habría creado el universo en el caso de que tú fueras el único ser humano? Si lo crees así, ¿cómo va a influir esto en tu vida?

En más de una ocasión, has experimentado la maravilla de la creación: un amanecer o atardecer asombroso, unas flores bellísimas, el firmamento en una noche estrellada...

Recuerda esas experiencias, una por una, sin prisa. *Saboréalas* una vez más (es decir: no sólo pensar en ellas, sino disfrutarlas profundamente), situándote enteramente en la escena.

Ora sobre las palabras del Salmo 19.

Pide a Dios que te haga comprender que toda la Creación es un don que te hace a ti. Respóndele con alabanza y acción de gracias. ❤ ❤ ❤

2 / 2   Experimentar la creación de Dios

Un maestro japonés de Zen, Eido Tai Shimano, observó en cierta ocasión:

—La gente me pregunta muchas veces cómo responden los budistas a la pregunta: «¿Existe Dios?» El otro día estaba yo paseando a lo largo de la orilla del río. De pronto, me di cuenta de que el sol brillaba a través de los árboles desnudos. Su calor, su luz y todo ello era totalmente libre, totalmente gratuito. Estaba allí, simplemente, para que yo disfrutara de ello. Y, sin darme cuenta, en un gesto totalmente espontáneo, se juntaron mis manos, y comprendí que estaba haciendo *gassho*. Y entonces supe que eso era lo verdaderamente importante: que pudiéramos inclinarnos, inclinarnos profundamente. Sólo eso. Sólo eso».

* * *

Robert Louis Stevenson nos dice que, a veces en sus viajes, después de echar un sueño reparador al amparo de un seto y antes de marcharse, solía dejar unas pocas monedas al borde del camino. Pensaba que estaba en deuda con alguien por la hospitalidad que le había brindado la Naturaleza. Era consciente de que unas pocas monedas nunca podrían pagar su deuda, pero sí suponían un gesto.

> **Digno eres, Señor Dios nuestro, de recibir la gloria y el honor y el poder, porque creaste el universo. Por tu voluntad fue creado y existió.**   *Apocalipsis 4, 11*

Sugerencias para la oración ❤

Imagina que estás a la orilla de un tranquilo lago.

El ambiente es pacífico, la atmósfera refrescante. Siente la presencia de Dios en torno a ti, dentro de ti. Respira profundamente, mientras sientes que el amor de Dios fluye a lo largo de tus venas, desde tu corazón. Siente que hay una nueva vida en cada fibra de tu ser.

¿Cómo piensas pagar la «deuda» que tienes con Dios, por su don de la Creación?

¿Eres un co-creador con Dios o un destructor de la Creación?

Haz oración sobre el Salmo 104.

Pídele a Dios que te conceda comprender su Amor que es gratuito, incondicional. Es decir, que Dios no ha hecho las cosas porque tú te las merezcas, sino porque se preocupa de ti. ❤ ❤ ❤

> **Se puede escribir sobre la poesía de las rosas,**
> **pero, una manzana, hay que morderla.**
> *Goethe*

2 / 3   Yo soy una creación especial de Dios

Se estaba celebrando un banquete de gala en honor del célebre poeta Carl Sandburg, con ocasión de su 75 cumpleaños. Varios personajes importantes exaltaron los méritos del poeta. Entre ellos, un famoso fotógrafo dijo: «El día en que Dios hizo a Carl, ya no hizo ninguna otra cosa en todo el día sino *descansar y sentirse satisfecho*».

> **Te aprecio y eres valioso y yo te quiero... Aunque una**
> **madre se olvide de su criatura, yo no te olvidaré...**
> **Llevo escrito tu nombre en la palma de mis manos.**
> *Isaías 43, 4; 49, 15-16*

Sugerencias para la oración ❤

Lee el Salmo 139, 13-18: «Tú has creado mis entrañas, me has tejido en el seno materno (...) Haces portentos y son maravillosas tus obras».

A continuación, completa esta frase: *El día que yo nací, Dios se sintió tan .... que ....*

Luego, trae a la memoria los primeros días de tu niñez, cuando aprendiste a rezar. ¿Quién te enseñó? ¿Cuáles eran tus sentimientos para con Dios? Y ahora, cuáles son tus sentimientos para con Dios? ¿Por qué? Comenta con Dios tus pensamientos y tus sentimientos.

Ora, una vez más, sobre el Salmo 139.

Dale gracias a Dios por sentir fuertemente su presencia; pídele gracia para continuar respondiéndole con amor. ❤ ❤ ❤

> **Chispa de Infinitud,**
> **germen de Divinidad,**
> **fuego de Prometeo oculto bajo el polvo;**
> **condenado a la mortalidad,**
> **presa de la fatalidad,**
> **hijo de la eternidad, gusano de un día.**
> **Mente que puedes alcanzar las estrellas con la mano;**
> **criatura misteriosa: ¡maravilloso ser humano!**

2 / 4   Dios está creando constantemente

«Ponte a pensar, por ejemplo, en los rostros humanos. Cualquiera que se pare un momento a pensarlo se dará cuenta de la maravilla que supone que los rostros humanos sean, a la vez, tan parecidos y tan diferentes. En medio del enorme número de hombres y mujeres del mundo, cada rostro es como cualquier otro rostro, y no hay dificultad en distinguir la especie humana de las demás especies animales. Pero, al mismo tiempo, cada rostro humano es distinto a otro rostro humano y no tenemos dificultad en distinguir a una persona de otra.

Decimos que los rostros son todos iguales y, sin embargo, vemos que son todos diferentes. Parece que todos los rostros tendrían que ser iguales, puesto que todas las personas participan de la misma naturaleza humana. Nuestra gran sorpresa es la variedad: el que hallemos que todos rostros son diferentes» *(San Agustín).*

> **Entonces el Señor Dios modeló el hombre de arcilla del**
> **suelo, sopló en su nariz aliento de vida, y el hombre se**
> **convirtió en ser vivo.** *Génesis 2, 7*

Sugerencias para la oración ❤

Lee, meditando: Jeremías 18, 1-6.

Ejercicio de imaginación:

Imagina que eres un trozo de barro. ¿De qué color eres?

¿Qué clase de barro eres? ¿Seco, húmedo, moldeable?

Siente que la mano de Dios te está dando forma. El es quien te escogió (este trozo de barro). El te está moldeando, purificando, quitando tus imperfecciones. Siente sus suaves manos sobre ti. ¿Qué clase de vasija está haciendo de ti? ¿Una copa, un jarrón o..?

¿En qué eres reflejo del rostro, del amor, de la creatividad de Dios?

¿Sabes apreciar las cosas «ordinarias» que te rodean (como el alfarero de Jeremías), y que te recuerdan la constante presencia de Dios en tu vida?

Pide gracia para ser suave barro que permita a Dios moldearte a imagen de su Hijo. ❤ ❤ ❤

> **Si, pues, eres tú hechura de Dios,**
> **deja obrar a la mano del artista**
> **que hace todas las cosas a su debido tiempo.**
> **Ofrécele tu corazón, suave y moldeable,**
> **y conserva la figura que te ha dado el artista.**
> **Que tu barro sea húmedo,**
> **que no se endurezca y pierda la huella de sus dedos.**
> *San Ireneo*

2 / 5	Aprender de la creación de Dios

En cierta ocasión, un maestro de Zen se sentó ante sus discípulos para darles una charla. Apenas había abierto su boca para hablar, cuando un pájaro comenzó a cantar. El maestro quedó en silencio, escuchando el canto. Cuando concluyó el pájaro, dijo: «La charla ha terminado». Se levantó y abandonó la estancia.

> **Vitorea al Señor, tierra entera...**
> **Retumbe el mar y cuanto contiene,**
> **el orbe y cuantos lo habitan.**
> **Batan palmas los ríos,**
> **aclamen juntas las montañas al Señor,**
> **que ya llega a regir la tierra.**
> *Salmo 98, 4-9*

Sugerencias para la oración ❤

Jesús les dijo a sus discípulos que aprendieran de «los pájaros y de las flores del campo» (Mateo 6, 25).

Imagínate que estás en el campo. Te detienes a mirar una flor silvestre, te pones a reflexionar sobre ella y a hacer aplicaciones para tu vida. A continuación, van algunas reflexiones para que te pongas en marcha:

¿Escogió la flor este lugar particular para crecer? ¿No se encontró, más bien, a sí misma en este campo, en este tipo de terreno y en este momento?

¿No podría decir lo mismo de mí: del tiempo, el lugar y el entorno en que nací y he crecido?

Esta flor silvestre no controla lo que crece a su alrededor. Puede que haya tenido que luchar para sobrevivir en medio de matas espinosas; puede que sea inferior a otras flores del entorno, que son mayores y tienen colores más bellos.

Yo ejerzo muy poco control sobre lo que me rodea: estructuras sociales, procesos políticos, palacios suntuosos, chozas miserables. Me hallo dentro de una rutina diaria de estudio, trabajo, relaciones, etc.

Ora sobre el Salmo 148.

Si aún te queda tiempo, lee Job 38, 39.

Pide gracia para sentir la presencia de Dios en torno a ti, y para sacar enseñanzas de toda la realidad creada. ❤ ❤ ❤

> **Gracias al corazón humano, por el que vivimos,**
> **gracias a su ternura, sus alegrías y sus temores,**
> **la más pequeña flor**
> **me trae emociones que me conmueven**
> **hasta las lágrimas.**
> *W. Wordsworth*

2 / 6	Mi dependencia de Dios

Bholabhai había conseguido una importante suma de dinero y decidió pasar una luna de miel excepcional. Se fue, con su reciente esposa, a una playa de lujo, sin ahorrar nada a fin de que aquella estancia fuese memorable. Apenas dos días después de su llegada, su esposa salió sola a nadar y, por poco, se ahoga. Al enterarse, Bholabhai corrió hacia la playa. Vio que había un grupo de gente, se abrió paso y quedó estupefacto al ver que había un hombre que se inclinaba sobre su yaciente esposa.

—¿Qué estás haciendo? –inquirió Bholabhai.

—Le estoy practicando la respiración artificial –le respondió el otro.

—¿Respiración *artificial*? –dijo Bholabhai, exasperado–. ¡No le apliques nada artificial! Aplícale la auténtica. ¡Puedo pagarla!

Nada trajimos al mundo,
y nada podemos llevarnos.
1 Timoteo 6, 7

Sugerencias para la oración ❤

Meditación escrita. Toma una hoja de papel y traza una raya vertical que la divida en dos columnas. Encabeza la primera columna con la palabra **NATURAL** y la segunda con la palabra **ARTIFICIAL.**

Debajo de la primera columna anota las cosas «naturales» que necesitas para vivir (aire, agua, sol, etc.), y debajo de la segunda columna, las cosas hechas por el hombre, que también necesitas para sobrevivir.

Examina cada una de las cosas de la lista y pregúntate por cuánto tiempo podrías vivir sin ellas.

Considera cuánto dependes de Dios y de sus innumerables dones.

Ora sobre las palabras del Salmo 8.

Da muchas gracias a Dios por lo mucho que has descubierto en tu oración de hoy. Pídele la gracia de saber mostrarle tu agradecimiento. ❤ ❤ ❤

Mira el sol, mira la luna y las estrellas.
Admira la belleza del verdor de la tierra.
Ahora, piensa en todo el gozo
que Dios da a la humanidad con estas cosas...
Toda la naturaleza está a disposición de la humanidad.
Nosotros hemos de colaborar con la naturaleza.
Porque, sin ella, no podemos sobrevivir.
Hildegarda de Bingen

2 / 7   **Confianza total en Dios**

Una mujer de 86 años, que tomaba un avión por primera vez, escuchó el siguiente aviso a través de los altavoces interiores: «Habla el capitán. Nuestro motor número cuatro acaba de quedar fuera de servicio, debido a un fallo mecánico. Sin embargo, no hay por qué preocuparse. Continuaremos volando con tres motores y aterrizaremos conforme al horario. También tengo que darles otra noticia tranquilizadora: Tenemos cuatro sacerdotes a bordo».

La anciana pasajera, que escuchado el mensaje un tanto alarmada, llamó a la azafata: «¿Sería usted tan amable de decirle al capitán que, por mi parte, preferiría que tuviéramos cuatro motores y tres sacerdotes?»

**Encomendad a Dios vuestros afanes,
que él se ocupará de vosotros.**
1 Pedro 5, 7

Sugerencias para la oración ❤

Has completado dos semanas de este programa. Si echas un vistazo hacia atrás, ¿has notado algún progreso en tu vida, debido a tus experiencias en la oración? ¿En qué aspectos y hasta qué punto?

Consulta tu *diario.* Recuerda las experiencias que te han impresionado más. Como un «*mantra*», puedes usar este versículo del Salmo 40, 11: «Señor, que tu amistad y fidelidad me acompañen siempre».

Dios te conforta con sus palabras. Escúchale en silencio, aceptando el amor que redunda en cada frase:

«No temas, que te he liberado,
te he llamado por tu nombre, tú eres mío
Cuando cruces las aguas, yo estaré contigo,
la corriente no te anegará;
cuando pases por el fuego, no te quemarás,
la llama no te abrasará...

Porque te aprecio y eres valioso y yo te quiero.
No temas, que yo estoy contigo.

Isaías 43, 1-5

Ora sobre las palabras del Salmo 62.

Agradécele al Señor que haya estado contigo, de una manera especial, durante estas dos semanas, y por su amor y protección constantes. Ruega para que tu confianza en él siempre vaya en aumento. ❤ ❤ ❤

Para unos, Dios es el último recurso.
Para otros, un chaleco-salvavidas.

TRAMO 3
Buscar y hallar a Dios

Un perrito le dijo a un perro viejo: «Durante un curso de filosofía, aprendí que lo mejor para un perro es la felicidad, y resulta que esa felicidad está en mi rabo. Por eso, trato de atraparlo; en cuanto lo atrape, la tendré».

El viejo perro le replicó: «También yo pienso que la felicidad es algo bueno para un perro, y que esa felicidad está en mi rabo. Pero me he dado cuenta de que, cuando voy tras él, se aparta de mí; pero cuado marcho a cumplir mi deber, él viene detrás de mí».

* * *

En *El Dios de las sorpresas*, Gerard W. Hughes dice: «Constantemente, tenemos la tentación de modelar a Dios a nuestra imagen y semejanza. Queremos controlarlo y domesticarlo, dándole —eso sí— un lugar de honor en nuestros corazones, en nuestro hogar y en nuestra país, pero somos nosotros los que nos quedamos en el centro de control. Dios es incontrolable; está más allá de todo lo que podamos imaginar».

* * *

Todos buscamos la felicidad. Y son muchos los que han comprobado que la verdadera felicidad la encontramos sólo en Dios. Este es el don que Dios concede a los que en él confían, le abren sus corazones y le sirven. La felicidad está en una vida centrada en Dios, en dejarle a Dios que asuma el control de nuestras vidas.

> **Yo salía al encuentro de los que no me buscaban.**
> **Les decía: «Aquí estoy, aquí estoy».**
> **Mantenía mis manos extendidas todo el día**
> **hacia un pueblo rebelde.**
>
> *Isaías 65, 1-2*

Un hecho que ya habrás comprobado es que, en tu corazón, se da una innegable atracción hacia Dios. A veces, te sorprenderá, hasta te turbará el que Dios te haga sentir su presencia en «circunstancias extrañas», cuando tú menos lo esperas o cuando estas muy lejos de todo «ambiente espiritual».

Dios parece buscar caminos misteriosos para aflorar en tu vida: una llamada de tu conciencia, un rayo de luz en tu sombría mente, como un sol en la noche cerrada, como un fuego que calienta tu gélido corazón. El está siempre allí donde más lo necesitamos: suscitando, animando, confortando.

Quizá, con frecuencia, has tratado de jugar al escondite con Dios. A veces, por vergüenza, como Adán y Eva, «ocultándote tras las matas», otras veces, por pura negligencia, olvidando el hecho de que no puedes sobrevivir sin Dios. Pero Dios te busca siempre, y te encuentra... Y se termina el juego.

Pero ahora, por el mero hecho de que has emprendido este plan de oración diaria, has decidido ya buscar y hallar a Dios a un nivel mucho más profundo del que habías logrado en otras ocasiones.

> «Muchas veces, todo lo que Dios nos pide es que nos pongamos, en silencio, ante él. Moderando nuestro afán consciente de estar siempre haciendo algo por él. A veces, este empeño de estar siempre «haciendo cosas», proviene no tanto de un deseo de hacer su voluntad, como de que vean y oigan lo que hacemos; es más una proyección de nuestra propia imagen buscando la aprobación de los demás, que una actuación de Dios en nosotros. Todo ello nos deja una sensación de insatisfacción, a veces amarga, que afecta a nuestro proyecto de vida.
>
> «Dios no nos trata como a esclavos o siervos. Somos nosotros los que nos vapuleamos implacablemente y, al hacerlo así, destruimos esa voz tranquila y suave que habla desde el fondo de nuestro ser.
>
> «El trabajo es precioso. El descanso y la paz son necesarios. Pero el escuchar y obedecer a esa voz tranquila y suave de nuestro Creador, supera a todo lo demás, pues no tiene precio»
>
> *Patricia Vardigans*

Este es, precisamente, el objetivo de la oración de la siguiente semana: extender y profundizar la conciencia de la presencia de Dios en tu vida, asegurándote de que tienes que mirar en la dirección correcta si quieres dar con él: ni hacia arriba ni hacia abajo, sino hacia adentro de tu corazón. El Reino de Dios no siempre viene de forma visible. Que nadie diga: «¡Míralo aquí o míralo allí! Porque está dentro de vosotros» (Lucas 17, 21).

Pide tener ojos de fe, de manera que puedas ver dentro de tu corazón; ruega para saber abrirte y reconocer la presencia de Dios en ti.

Señor Dios, enséñame dónde y cómo buscarte,
dónde y cómo encontrarte...
Tú eres mi Dios, tú eres mi Señor,
y yo nunca te he visto.
Tú me has modelado y me has remodelado,
y me has dado todas las cosas buenas que poseo,
y aún no te conozco...
Enséñame cómo buscarte...
porque yo no sé buscarte a no ser que tú me enseñes,
ni hallarte si tú mismo no te presentas a mí.
Que te busque en mi deseo,
que te desee en mi búsqueda.
Que te busque amándote
y que te ame cuando te encuentre.

San Anselmo de Canterbury

3 / 1   Nuestros corazones inquietos

El libro *Tres hombres en una embarcación*, de Jerome K. Jerome, es un libro delicioso. Contiene una escena en la que el narrador cuenta que, mientras comían, echaron en falta la mostaza. Lo cuenta así:

«Estábamos comiendo fiambre, y nos dimos cuenta de que nos habíamos olvidado de traer mostaza. No recuerdo que, en toda mi vida, haya sentido tantas ganar de tomar mostaza como las que sentí entonces. Normalmente, no suelo añadir mostaza a los alimentos y casi nunca la tomo, pero en aquella ocasión hubiera dado lo que sea por tomarla. No sé cuántos mundos hay en el universo pero, entonces, al que me hubiera traído una cucharada de mostaza, se los habría dado todos. Me pongo así de impaciente cuando deseo una cosa y no la puedo lograr».

Oh Dios, tú eres mi Dios, tengo ansia de ti; mi carne te desea.

Salmo 63, 1

Sugerencias para la oración ❤

¿Has tenido, alguna vez, experiencias como la descrita más arriba?

¿Por qué motivo? ¿Cuándo? ¿Dónde?

Si no ha sido así, ¿qué te indica esto acerca de tu actitud ante la vida?

San Agustín decía: «Nos has hecho, Señor, para ti, y nuestro corazón está inquieto hasta que descanse en ti».

¿Has sentido alguna clase de inquietud con respecto a Dios? No un simple deseo, sino un ansia, un ardor, una urgencia. ¿Puedes describirla? ¿Sientes esto a menudo? Si no es así, ¿por qué no?

Ora las palabras del Salmo 63.

Pide la gracia de desear sentir, cada vez más, la Presencia de Dios en tu vida y de responder a ella desde lo más íntimo de tu ser. ❤ ❤ ❤

**Oh, Trinidad Eterna, oh, Divinidad,
tú eres un mar profundo
en el que, cuanto más me sumerjo
encuentro más,
y cuanto más encuentro
busco más...
El alma nunca queda satisfecha en tu profundidad,
pues sigue teniendo hambre de ti,
iluminada por la luz de tu luz.**

Santa Catalina de Siena

| 3 / 2 | Buscar a Dios en la quietud |

Un grupo de trabajadores estaba apilando serrín en el almacén de una fábrica de hielo, cuando uno de ellos advirtió que se le había caído el reloj de su muñeca. Inmediatamente, sus compañeros interrumpieron el trabajo para buscarlo. Acabaron tomando la búsqueda como una diversión, lanzándose el serrín unos a otros y armando una polvareda con el serrín que antes habían amontonado. Pero no dieron con el reloj. Entonces, decidieron dejarlo y se fueron a tomar un café.

Un joven, que había estado observando toda la faena, entró en el almacén y, al poco rato, se presentó ante el grupo con el reloj en su mano.

—¿Dónde estaba? –le preguntaron.

—¿Dónde? Pues, en el almacén –les dijo el joven.

—No puede ser –dijeron ellos–, lo hemos buscado por todas partes. ¿Cómo lo has hecho?

—Me he puesto a ello en silencio completo hasta que he oído el suave tic-tac del reloj y lo he sacado de donde estaba enterrado bajo el serrín.

**Deja de hacer ruido
y reconoce que yo soy Dios.**

Salmo 46, 10

Sugerencias para la oración ❤

Reflexiona sobre tu experiencia de oración. ¿Has observado que el silencio y la quietud te ayudan a entrar en contacto con Dios, mucho más que el ruido y la inquietud?

El ejercicio espiritual de hoy será *escuchar a Dios.*

Emplea los primeros cinco minutos en escuchar los sonidos que te vienen de tu entorno, tanto lejano como cercano. Según se van desvaneciendo estos sonidos hacia el fondo de tu mente, te harás consciente del profundo silencio de tu corazón. Permanece en ese silencio. Escucha. No esperes que pase algo muy pronto. Ten paciencia.

Si te parece, puedes recitar un «mantra». Por ejemplo: *«Habla, Señor, que tu siervo escucha».*

Pide la gracia de sentir una mayor conciencia de la presencia de Dios en ti y en torno a ti. ❤ ❤ ❤

> **Sólo podrás ver reflejada tu imagen**
> **en las aguas quietas,**
> **nunca en las movidas.**
> **Sólo en la quietud podrás hallar**
> **ese lugar de paz**
> **que se da en el silencio.**
> *Lao-Tse*

3 / 3   **Buscar a Dios en el silencio**

Bholabhai creyó que su esposa Anita se estaba quedando sorda y un día decidió comprobarlo. Entró calladamente por la puerta de delante, y se quedó allí oculto a su vista. Ella estaba sentada en un sofá haciendo punto.

—¡Anita! –dijo– ¿puedes oírme?

No hubo respuesta; entonces, avanzó hasta quedarse a seis metros detrás de ella.

—¡Anita! –repitió–, ¿puedes oírme?

Tampoco ahora hubo respuesta. Avanzó hasta tres metros, y preguntó:

—Y ahora, ¿puedes oírme?

—Sí, querido –respondió Anita amablemente–. ¡Por *tercera* vez, sí!

> **Te llamo, Dios, porque me respondes;**
> **inclina tu oído y escucha mis palabras.**
> *Salmo 17, 6*

Sugerencias para la oración ❤

Lee cómo el Señor se muestra y habla a Samuel, en 1 Samuel 3, 1-10. Y, a continuación, **oye que Dios pronuncia tu nombre.**

¿Con qué nombre te llama Dios? ¿Nombre de pila, diminutivo, sobrenombre, u otro apelativo cariñoso..?

¿Con qué tono de voz pronuncia tu nombre? ¿cariñoso, amable, serio, suplicante..?

Escúchale en silencio, recibiendo su amor.

Pide la gracia de estar siempre atento a lo que te hable el Señor (ya sea dentro de tu corazón, ya sea por medio de otras personas, de los acontecimientos...). ❤ ❤ ❤

> **Cuando no me siento tan cerca de Dios**
> **como cuando era niño,**
> **reconozco que soy yo quien me he movido.**
> **Dios no se ha movido nada.**
> *Erwin J. Toner, S.J.*

3 / 4   Buscar a Dios en la sencillez

Regresé a mi celda... La noche anterior a mi juicio, decidí rezar una oración. Tenía que ser de rodillas... Iba en serio. Esperé a que el muchacho flaco estuviera dormido, y entonces bajé de mi litera superior y doblé mis rodillas...

Me arrodillé al pie de la cama y ¡abrí mi corazón a Dios! Lo hice como si él estuviera allí, en carne y hueso, conmigo. Le hablé con toda sencillez... Nada de palabras o invocaciones solemnes... Le hablé como me gustaba hablar a mi padre, hace ya tantos años. Le hablé como un niño y le conté mis deseos y mis necesidades, mis esperanzas y mis desilusiones. Le pedí que me ayudara en mi camino... Me sentía como si estuviera ante alguien que se preocupaba por mí. Supe que podía echarme a llorar, algo que no había hecho hace muchos años.

—Dios —le dije por fin—, tal vez no me vaya a portar como un ángel, pero voy a tratar de no ser un perdido. Te pido esto por tu nombre y por el nombre de Cristo. Amén.

Una voz suave añadió otro amén al mío. Miré hacia arriba y vi al muchacho flaco, apoyado en el codo, con la cabeza sobre su mano. En la semioscuridad, traté de ver su cara para saber si se estaba burlando de mí. Pero su rostro estaba como el mío, buscando la ayuda de Dios... Entonces, el muchacho susurró:

—Yo también rezo a Dios. Tal vez no lo creas, pero yo solía ir a la iglesia, y la mano de Dios me protegía. *Me solía sentir como tú y yo nos sentimos ahora: seguros, tranquilos y en paz, como si no hubiera dolor en nuestros corazones».*

—¿Qué es, chaval, esto que sentimos ahora? —le pregunté bajito.

—Es obra del poder del Espíritu Santo —me dijo el muchacho.

Ya no pregunté más. Allí, en la semioscuridad, había hallado una nueva conciencia (Piri Thomas, *Andando por malos caminos*).

Cuando recéis, dejaos de palabrerías
Mateo 6, 7.

Sugerencias para la oración ❤

Lee acerca de la oración el pasaje de Mateo 5, 5-13. ¿Le hablas a Dios con sencillez? ¿Hasta qué punto es *auténtica* tu oración? Emplea algún tiempo examinando esto.

Háblale a Dios como si estuviera, «en carne y hueso», ante ti. Cuéntale los acontecimientos corrientes de este día. Si te parece mejor, escríbele una carta a Dios, diciéndole lo que ahora sientes acerca de él. Hazlo con un estilo personal.

Ruega para que tu oración sea siempre auténtica, como salida del corazón. ❤ ❤ ❤

La oración no es algo que nosotros le damos a Dios
(¡a Dios no podemos darle nada!).
Más bien, es abrirle nuestro corazón
para que Dios mismo se nos dé a nosotros.
H. Alphonso, S.J.

3 / 5	Buscar a Dios en la tribulación

Eileen Egan era una laica que había colaborado con las Misioneras de la Caridad durante 30 años. Nos describe sus experiencias con la Madre Teresa, en su libro *Esta visión de la calle*:

Un día, después de haber estado hablando de toda una serie de problemas, la Madre Teresa me dijo: «Todo es un "problema". ¿Por qué no llamarlo un *regalo*?». Y así, hicimos un pequeño cambio en el nuestro vocabulario.

Poco después, teníamos que volar de Vancouver a Nueva York. Me llevé un disgusto cuando nos dijeron que el vuelo iba a sufrir una larga demora, y fui a comunicarle este «problema». Entonces, me di cuenta y le dije: «Madre, tengo que hablarle de un regalo. Tenemos que aguardar aquí cuatro horas, y no llegará usted al convento hasta muy tarde». La Madre Teresa, allí mismo, en el aeropuerto, se puso a leer su libro favorito de meditaciones.

Desde entonces, las noticias que suponían contratiempos o dificultades se transmitían diciendo: «Tenemos un pequeño regalo» o «Hoy tenemos un regalo muy especial». Aparecían sonrisas, a veces forzadas, ante situaciones que antes hubieran sido mencionadas con la amarga palabra, *problemas*.

Estad siempre alegres, orad sin cesar,
dad gracias a Dios por todo.
1 Tesalonicenses 5, 16

Sugerencias para la oración 💙

¿Estás en disposición de aceptar los «problemas» como «regalos»?

¿Recurres, generalmente, a Dios, en tus momentos de oscuridad, duda, tristeza...? ¿Qué te induce a hacerlo así?

¿Das gracias a Dios en *todas* las circunstancias?

Lee y medita Oseas 11, 9.

Ora con el Salmo 89, 1-18.

Agradécele a Dios su constante presencia y providencia.

💙 💙 💙

Desde el caos tenebroso de un mundo desconcertado,
buscaré y hallaré algo maravilloso.
Ante mis ojos ensombrecidos por las lágrimas
brillará una Luz que me guíe,
y en la hora de la tristeza
me invadirá un valor supremo.
Hallaré el tesoro
de una infinita paciencia y una fe tranquila
que vendrán acompañadas de gozo y paz.
En medio del tumulto,
marcharé en pos del Amor
y hallaré unos brazos acogedores
abiertos en gesto de bienvenida.
Todos mis días buscaré la belleza
y no cejaré jamás en su búsqueda.
Hallaré a Dios.
Minnie Aumonier

3 / 6	Una búsqueda interminable

Charles Lindbergh nos describe así el fin de su vuelo solitario, a través del Atlántico, en 1927:

«Voy a aterrizar dentro de una hora y, cosa extraña, no siento ninguna prisa por que llegue ese momento. No tengo ningunas ganas de dormir. No me duele nada en todo el cuerpo. La noche es fresca y tranquila. Quiero estar sentado pacíficamente en esta cabina y dejar que se complete el éxito de mi vuelo

«Es como esforzarse en escalar una montaña en busca de una flor rara, y luego, cuando ya está al alcance de tus manos, darte cuenta de que *la satisfacción y la felicidad están más en buscarla que en arrancarla*. Porque, arrancar y marchitarse son algo inseparable (...) Quisiera que París estuviera unas cuantas horas más lejos. Es una vergüenza aterrizar en una noche tan clara y con tanto combustible aún en mis tanques».

Oh Dios, mi boca tiene sed de ti...
Y quedará saciada.
Salmo 63, 1 y 5

Sugerencias para la oración ❤

¿Eres capaz de leer una novela, de una sentada, para saber cómo acaba?

Tu «enamoramiento» de Dios es un proceso que nunca acaba. Cuanto más lo «conozcas», será mayor tu deseo de conocerlo más y más, si es que realmente has experimentado el amor de Dios. Emplea algún tiempo reflexionando sobre esto.

Ora, una vez más, con el Salmo 63.

Pídele a Dios perseverancia para seguir buscándole siempre, en la confianza de que él se te revelará cada vez más. ❤ ❤ ❤

Dios no sería Dios
si pudiera ser completamente conocido por nosotros;
y Dios no sería Dios
si no pudiéramos conocerlo de alguna manera.
H.G. Wood

---

3 / 7　　　　　　　　　　　**La buscadora intrépida**

Una curiosa salió temprano, una mañana, en busca de Dios. Llegó al pie de una torre tan alta, que parecía que besaba el cielo. Una Voz la invitó a entrar, y ella empujó la puerta y miró en la oscuridad. Arriba, había una luz suave que dejaba entrever una escalera en espiral.

Resuelta y atrevida, y confiando en el Señor, empezó a subir. Peldaño tras peldaño, subía más y más. La torre parecía que no tenía fin. La duda y la ansiedad entorpecían sus pasos. En su corazón, la esperanza dejó paso al miedo. ¿No sería mejor volverse atrás? Se detuvo, ya dispuesta a bajar. Apenas echó abajo su pie, se llevó el susto de su vida. Debajo no había escalones.

Entonces se dio cuenta de que, a cada paso que había dado hacia arriba, el escalón de abajo se había caído dejando un vacío.

Volvió, otra vez, a mirar hacia arriba. La luz seguía invitándola, pero la escalera parecía sin fin...

**Porque yo, el Señor, tu Dios, te agarro de la mano
y te digo: «No temas, yo mismo te auxilio».**

Isaías 41, 13

Sugerencias para la oración ❤

Repasa la última semana. ¿Qué día, crees, que tu oración resultó mas satisfactoria e inspirada? Vuelve sobre aquello mismo. Y, si tienes tiempo, vuelve sobre los otros puntos que trajeron mayor alegría a tu oración. Después, háblale a Dios acerca de tu empeño en seguir esta experiencia.

¿Has sentido algunos temores o ansiedades acerca de tu oración? ¿Se trataba de temas que no te atraían mucho o que los evitabas conscientemente? ¿Por qué?

Vuelve a recordarlos, para ver si ahora te pueden inspirar algo.

¿Te impresionó algún salmo o alguna oración, de una manera especial? Repítelos.

Pide gracia para mantener siempre encendida, en tu corazón, la llama de la fe y para que jamás ceses en tu búsqueda de Dios. ❤ ❤ ❤

Cada vez que te pones a orar,
entras en la guarida de un león.
No pienses que vas a tener
una salida segura de allí.
No obstante, reza con calma, reza con paz.
No reces ligera y frívolamente.
No trivialices a Dios.
William McNamara

TRAMO 4
Hacerle sitio a Dios

Me levanté temprano una mañana,
y me lancé a aprovechar el día.
Tenía tantas cosas que hacer,
que no tuve tiempo para rezar.
Se me amontonaron los problemas
y todo se me volvía cada vez más difícil.
«¿Por qué no me ayuda Dios?» —me preguntaba.
Y él me respondió: «No me lo has pedido».
Quería sentir la alegría y la belleza,
pero el día continuó triste y sombrío.
Me preguntaba por qué Dios no me las había dado.
Y él me dijo: «Es que no me las has pedido».
Intenté abrirme paso hasta la presencia de Dios,
y probé todas mis llaves en la cerradura.
Y Dios me dijo suave y amorosamente:
«Hijo mío, no has llamado a la puerta».
Pero esta mañana me levanté temprano
y me tomé una pausa antes de arrostrar el día.
Tenía tantas cosas que hacer,
que tuve que tomarme tiempo para orar.

Anónimo

* * *

La oración no es un proyecto ni una competición. Es tener una experiencia personal de Dios. Estos días pasados, hemos estado rezando, repetidas veces, para pedir la gracia de estar totalmente centrados en Dios, tanto en la oración como en la vida. Sabemos que esto no es fácil. Hay muchas cosas atractivas que distraen nuestro corazón, que apartan nuestra atención de Dios.

Sería aquí conveniente reflexionar sobre la «teoría del *corazón dividido*». Muchos de nosotros tendemos a crear compartimentos estancos en nuestro «corazón». Somos lo suficientemente generosos para concederle a Dios algunos de nuestros mayores compartimentos (tiempo para orar, devociones, Eucaristía, obras de misericordia y caridad, etc.). Esto nos produce cierta satisfacción de haber cumplido nuestros «deberes religiosos». Y así, nos sentimos justificados para dedicar el «resto de nuestro corazón» a éste o a aquél otro de nuestros «amores»: una amistad, un amor, un hobby...

Pero, para estas alturas, ya hemos visto que el verdadero reto está en darle a Dios *todo* nuestro corazón, y amar a todas las personas y a todas las cosas en y a través de Dios.

Esta semana vas a dar un cambio deliberado en esa dirección. Vas a ofrecerle a Dios un lugar permanente en tu «casa», en lugar de alquilársela (¿recuerdas lo que se contaba en 1/1?), y vas a *hacer guardia* junto a la puerta. Estarás alerta a todo lo que intente entrar: personas, afectos, actitudes, honores, insultos, riquezas, pobreza, deseos, muerte... Y no permitirás que cruce tu umbral nada ni nadie, excepto aquello que agrade a Dios. Todo lo demás, ¡que se quede fuera!

Pide la gracia de estar alerta a todo en la vida; y de no implicarte con personas o cosas más que en la medida en que te permitan vivir de acuerdo con la voluntad y el plan de Dios.

Esta la oración que te dirijo, Señor:
Sacude, sacude las paupérrimas raíces de mi corazón.
Dame fuerza para llevar con garbo
mis alegrías y mis tristezas.
Dame fuerza para que mis amores
fructifiquen en servicio.
Dame fuerza para no abandonar al pobre
y para no doblar mi rodilla
ante ningún poder insolente.
Dame fuerza para elevar mi mente
por encima de las trivialidades de cada día.
Y dame fuerza para rendir mi fuerza
a tu voluntad, con amor.

R. Tagore

Bholabhai padecía extrañas pesadillas. Noche tras noche, el espacio de debajo de su cama se convertía en una verdadera selva infestada de serpientes venenosas y fieras devoradoras de hombres. Temiendo ser atacado por ellas en cualquier momento, tenía que permanecer despierto y alerta durante toda la noche. Consultó a los mejores psiquiatras, pero sin resultado.

Una mañana, cuando salió para ir al trabajo, sus vecinos advirtieron un cambio notable en su aspecto. Aparecía descansado y feliz. ¿Qué había ocurrido? Querían saberlo.

—Anoche me visitó un viejo amigo —explicó Bholabhai— y me curó de mis pesadillas.

—¿Se trata de algún célebre psiquiatra? —le preguntaron.

—Oh, no. Es un buen carpintero. Serró las patas de mi cama. ¡Y resultó! Ya no dejó espacio para la selva. Y así, anoche pude dormir en paz.

**Todo barranco se rellenará,
montes y colinas se abajarán.**
Lucas 3, 5

Sugerencias para la oración ❤

Jesús nos dio un «gran mandamiento»: que amemos a Dios con todo nuestro corazón. ¿Hasta qué punto has sido fiel a este mandamiento? ¿Hay, tal vez, cosas en tu vida: actitudes, amistades, posesiones, etc., que te impiden entregarte a ti mismo a Dios con toda generosidad?

Sin proceder a un serio examen de conciencia, trata de identificar estas parcelas de tu vida.

Lee y medita Génesis 22, 1-19, cuando Abraham se entregó a Dios hasta el punto de tratar de sacrificar lo más precioso que Dios le había dado.

Pídele a Dios que te dé el poder de transformar tus «querencias» o de abandonarlas, si fuere necesario, para que puedas amarle a él con todo tu corazón y en todo momento. ❤ ❤ ❤

> **Hemos de caer en la cuenta**
> **de que, dentro de nosotros, lo queramos o no,**
> **hay un ser caprichoso;**
> **y de que tenemos que apartarnos de su camino,**
> **porque no tendremos paz**
> **hasta que lo hayamos expulsado**
> *Mary Richards*

4 / 2   Una visión equilibrada de las riquezas

Leo Buscaglia, el popular «doctor del amor» americano, relató una interesante experiencia de lo que él llamaba la «miserable comida» familiar: una comida preparada por su madre, después de que la familia recibió una trágica noticia.

«Papá llegó a casa una tarde, nos reunió a todos y nos dijo que su socio se había escapado con todo, y que él iba a la bancarrota. Al día siguiente, mi madre salió a vender algunas joyas y, cuando mi padre volvió a casa, todavía destrozado, y volvimos también nosotros pensando qué podríamos comer, nos encontramos con un banquete increíble. Fue como un banquete de Navidad».

Nuestro padre estaba totalmente desconcertado. Miró a su esposa y le preguntó ásperamente con su acento italiano: «Pero, qué pasa? ¿Te has vuelto loca?» A lo que ella respondió: «Es ahora cuando necesitamos estar alegres. No la semana que viene».

Con esto, la familia comenzó a reaccionar como una piña. Leo, que aún era muy joven, se propuso salir a vender periódicos. Su hermana decidió trabajar horas extraordinarias. El ambiente cambió totalmente, desde la tristeza hacia la decisión de lograr el éxito. Todo, gracias a la sabiduría de la señora Buscaglia.

> **Que sean ricos en buenas obras,**
> **generosos y solidarios.**
> *1 Timoteo 6, 18*

Sugerencias para la oración ❤

¿Cuál es tu actitud hacia la riqueza, hacia las cosas que posees?

¿Eres consciente de que el dinero no te puede dar la felicidad, la paz o el amor? Cuando tienes que tomar decisiones económicas, ¿eres capaz de comparar tus ganancias pecuniarias con el valor de lo que te lleva a amar a Dios y a amar a tus prójimos?

Medita en la escena del joven rico, en Lucas 18, 18-25. Dialoga con Jesús sobre el tema de las riquezas, posesiones, ambiciones...

Pide al Señor que te llene de sabiduría para que sepas elegir, entre riqueza o pobreza, aquello que más te conduzca a servir mejor a Dios y establecer su Reino. ❤ ❤ ❤

> **No es preciso
> que te deshagas de tus posesiones,
> sino de tu afán de poseer.**

4 / 3   Estimar los honores con objetividad

Bárbara McClintock fue una investigadora de primera línea en el campo de la ciencia durante cuarenta largos años, al cabo de los cuales fue galardonada con el Premio Nobel. Durante estos años tuvo que superar hartas dificultades. Varios científicos escépticos cuestionaron sus hallazgos y, durante décadas, negaron su validez. «Me motejaban de insensata y, a veces, de loca de remate» –nos recuerda. Pero ella continuó impertérrita, no dudando jamás de que tenía algo que aportar a la humanidad.

Por fin, a sus 79 años, cubierta de honores y recompensas materiales, comentaba: «Estas cosas nunca fueron importantes para mí. Nunca quise que el dinero me estorbara. Siendo mucho más joven, solía decir que deseaba dos cosas: un automóvil y unas gafas. Ahora sólo me interesan mis gafas».

> **Quien se ensalza será humillado,
> y quien se humilla será ensalzado**
> *Lucas 14, 11*

Sugerencias para la oración ❤

¿Hasta qué punto eres sensible respecto a que reconozcan tu trabajo y hasta qué punto te preocupas por tu «posición» o tus «honores»?

¿Piensas que posees una actitud lo suficientemente equilibrada, de forma que si tuvieras que elegir entre una situación honorable que, por otra parte, no te diera la suficiente libertad para servir a Dios con todo tu corazón, te decidirías a favor del Reino de Dios? Medita en las siguientes palabras de Jesús, acerca de la verdadera grandeza: Lucas 9, 46-48.

Pide al Señor que te dé un corazón de niño. ❤ ❤ ❤

**Si quieres hacer feliz a un hombre,
no añadas nada a la suma total de sus posesiones;
más bien, réstale de la suma total de sus deseos.**
Séneca

---

4 / 4	Sentido del sufrimiento

En su obra, *Una voz sobre el agua*, el autor William Breault relata un suceso emocionante. Un sacerdote recién ordenado visitó, en la UCI de un hospital, a una niña de 11 años que yacía en cama paralítica. Le embargaba un sentimiento de impotencia, al tratar de acompañar el sufrimiento silencioso de la niña. Entonces, se dio cuenta de que la madre de la niña había ideado un medio de comunicación simple pero maravilloso. Cuando la niña movía los párpados, significaba «sí». Cuando movía el dedo pequeño de su mano derecha, significaba «no». Las demás partes de su cuerpo carecían de movimiento. Todo era un sí y no; además del dolor.

Haciendo lo posible por comunicarse con ella, el sacerdote se inclinó sobre el borde de la cama y le habló al oído a la niña: «Judy, ¿puedes oírme?» Hubo un ligero movimiento en los párpados de la niña. «Sí». El sacerdote, sabiendo entonces que podía comunicarse con la niña, le contó la vida de Jesús, empleando toda la expresividad posible. Le contó cómo Jesús amaba a todos con todo su corazón. «¿Lo comprendes, Judy?» Nuevo movimiento de los párpados. «Sí».

El sacerdote continuó, día tras día, contándole cosas a la niña, que se iba debilitando cada vez más. Un día le preguntó: «Te duele mucho ahí dentro, ¿verdad, Judy?». La respuesta fue «sí». «¿Ya sabes que el Señor ama a los niños de una manera especial?» Los párpados se movieron. «¿Sabes, Judy, que él te quiere a ti de una manera muy especial?». Hubo una pausa, y los párpados volvieron a moverse. ¡Sí, ella lo sabía! Cercada por la incomunicación, corroída por el dolor, incapaz de moverse, ¡Judy sabía que Jesucristo la amaba!

**Para que no me envanezca,
me han clavado en las carnes un aguijón.**
2 Corintios 12, 7

Sugerencias para la oración ❤

¿Cuál es tu actitud ante el sufrimiento y el dolor? ¿Les tienes miedo y tratas de evitarlos? ¿Deseas aceptar que se cumpla, en ti, la voluntad de Dios?

Ejercicio de Imaginación: Imagina que has sufrido un ataque o que has tenido un accidente que te ha inmovilizado en cama, incapaz de mover tus miembros y tus labios. ¿Cuáles son tus sentimientos? ¿Cómo te conduces con Dios? ¿Cómo te portas con los que vienen a visitarte? ¿Hay algo que querrías hacer ahora, respecto a tu vida?

Agradécele a Dios el don de la salud. Pídele fuerzas para servirle cuando falle tu salud. ❤ ❤ ❤

**Un viejo rabino decía:
La buena salud es una bendición.
La mala salud es un regalo.
Todo depende de lo que hagas con él.**

4 / 5   La actitud correcta ante la muerte

Sucedió un fenómeno curioso en la vida de Alfred Nobel, el inventor de la dinamita. Una mañana de 1888 quedó estupefacto al leer su propia necrológica en el periódico en lugar de la de su hermano, que era quien acababa de morir. Evidentemente, se debió a un error en la redacción del periódico.

Lo que el periódico decía de él hizo que Alfred Nobel se diera cuenta de la terrible imagen que había ofrecido al mundo. Le proclamaban «rey de la dinamita», un hombre que había amasado una inmensa fortuna gracias a la producción y venta de armas devastadoras. Nadie pareció advertir sus esfuerzos humanitarios para conciliar pueblos e ideas. Se sintió muy desgraciado. Y decidió hacer algo para remediar esa imagen. En su testamento legó su inmensa fortuna para establecer el prestigioso Premio Nobel de la Paz. ¡Hoy apenas lo recordamos por su invención de la dinamita!

> **Muerte, ¿dónde está tu victoria?**
> **Muerte, ¿dónde está tu aguijón?**
> *1 Corintios 15, 55*

Sugerencias para la oración ❤

¿Piensas, a veces, en la muerte? ¿En la tuya? ¿Qué sientes? ¿Sueles rezar para tener una «larga vida», una «vida llena»? ¿Estás en disposición de abandonar tu vida y tu muerte en las manos de Dios?

Ejercicio de imaginación: Contempla tu misma persona, lo más realísticamente posible, en tu lecho de muerte. ¿Quiénes están allí presentes? ¿De qué hablan?

¿Cuáles son tus sentimientos y tus actitudes en los últimos momentos de tu vida? ¿Te sientes feliz, sientes pesar?

Lee la impresionante narración de los tres jóvenes condenados a ser quemados vivos en el horno, por su fe, en Daniel, 3.

¿Tendrías valor para afrontar la muerte antes que renunciar a tus convicciones religiosas?

Agradécele a Dios el don de la vida. Pide la gracia de que tu vida sea fructífera. ❤ ❤ ❤

Recuerde el alma dormida,
avive el seso y despierte
contemplando
cómo se pasa la vida,
cómo se viene la muerte
tan callando;
cuán presto se va el placer,
cómo, después de acordado,
da dolor;
cómo, a nuestro parecer,
cualquier tiempo pasado
fue mejor.

Nuestras vidas son los ríos
que van a dar en la mar,
que es el morir;
allí van los señoríos
derechos a se acabar
y consumir;
allí los ríos caudales,
allí los otros medianos
y más chicos;
y, llegados, son iguales
los que viven por sus manos
y los ricos.
Jorge Manrique

4 / 6	Tu relación con los demás

Un frío día de invierno pudimos observar un divertido comportamiento en un grupo de puercoespines. Los puercoespines se apretaban unos contra otros para defenderse del frío. Pero pronto sintieron sus mutuos pinchazos y se separaron. La necesidad de calor hacía que se acercaran unos a otros, pero las espinas los forzaban a mantenerse aparte. Estuvieron así, acercándose y alejándose, a merced de sus sensaciones, hasta que hallaron la distancia ideal entre uno y otro, para conseguir el máximo de calor y el mínimo de dolor.

* * *

Para mantener vivo un fuego, no hay más regla que ésta: colocar los leños lo suficientemente juntos para que se transmitan el calor, y lo suficientemente separados para que corra el aire.

Este es mi mandamiento:
que os améis unos a otros
como yo os he amado.
Juan 15, 12

Sugerencias para la oración ❤

¿Cómo te relacionas con la gente? ¿Eres demasiado dependiente o excesivamente dominante? ¿Respetas la libertad de cada cual? ¿Cuál es tu reacción cuando te han «traicionado» o «rechazado»? ¿Abandonarías una amistad que te suponga un obstáculo en tu camino hacia la perfección?

Lee la bella y práctica definición del *Amor* en 1 Corint. 13, 1-7.

Pide valor para amar a todos en y a través de Dios. ❤ ❤ ❤

Cada rosa viene con sus espinas.
Amar es el arte de saber
cómo dar y cómo recibir una rosa
sin que nadie se lastime.

4 / 7	Saber dónde está la fuente

Pedí salud para poder hacer cosas grandes;
　　y recibí enfermedad, para poder hacer cosas mejores.
Pedí riquezas para poder ser feliz;
　　y recibí pobreza para poder ser prudente.
Pedí poder para conseguir que me adulara la gente;
　　y recibí debilidad para poder sentir la necesidad de Dios.
Pedí todas las cosas para poder disfrutar de la vida;
　　y recibí vida para poder disfrutar de todas las cosas.

No conseguí nada de lo que pedí
    pero más de lo que podía esperar.
Casi a pesar de mí,
    hubo respuesta a mis ruegos no expresados.
Me considero uno de los hombres más dichosos.

Anónimo

Sabemos que todo concurre
al bien de los que aman a Dios,
de los llamados según su designio.
Romanos 8, 28

Sugerencias para la oración ❤

Reconoces que tu vida está en las manos de Dios? ¿Te preocupa saber cuántos años vas a vivir? ¿Te has sentido triste, cuando Dios no ha respondido a tus «plegarias»? ¿Resultó que ello redundó en bien tuyo? ¿Qué te enseña el pasaje anterior respecto a tus actitudes hacia las cosas? ¿No crees que una visión «serena» te ayudaría a vivir tu vida más constructivamente?

El Salmo 136 es una *letanía de acción de gracias*. Léelo meditando. Prepara tu propia «letanía de acción de gracias». Hay muchas cosas que agradecer a Dios. Toma cada una de ellas y di:

Gracias, Dios mío, por ....
Gracias, Dios mío, porque es eterna tu misericordia.

Agradécele a Dios haberte hecho consciente de sus muchos beneficios, así como de su constante presencia y providencia.

❤ ❤ ❤

No te pido que cada amanecer sea radiante
ni que el sol brille siempre en mi camino.
Pido que, aunque haya nubes que me cubran,
mi fe haga de hoy un día soleado.
No te pido continuas alegrías
en el camino que han de abrir mis pies.
Sólo pido gozar del contento
que tu amor ha esparcido hoy a mi paso.
Betsy Buttles

TRAMO 5
Valores y prioridades

Un político estaba hablando con Dios acerca de los valores y le preguntó: ¿Qué valor tiene un minuto en el cielo?

Dios le respondió: Un billón de años.

A continuación, le preguntó: ¿Qué valor tiene un penique en el cielo?

Dios le respondió: Un billón de dólares.

Por último, le preguntó: Dios, ¿puedes darme un penique?

Y Dios le dijo: «Aguarda un minuto».

En el diálogo anterior podemos observar dos perspectivas muy distintas y, en consecuencia, dos sistemas de valores. No es infrecuente que «regateemos» con Dios a partir de valoraciones humanas, sin darnos cuenta de que los valores del «ámbito» de Dios suelen ser opuestos a los valores del «ámbito» de los egoísmos humanos. Por eso advertía Jesús a sus más cercanos seguidores:

«Si el mundo os odia, sabed que primero me odió a mí. Si fuerais del mundo, el mundo amaría lo suyo. Pero, como no sois del mundo, sino que yo os elegí sacándoos del mundo, por eso os odia el mundo» (Juan 15, 18-19).

Hemos visto cómo, en el acto de la creación, Dios imprimió en el corazón de cada ser humano un deseo, una tendencia hacia su objetivo supremo: Dios, su Creador y Señor. «Porque sabemos que, hasta ahora, la humanidad entera está gimiendo con dolores de parto» (Romanos 8, 22).

Los hombres y las mujeres gozamos de una posición privilegiada en el universo, puesto que hemos sido creados a imagen y semejanza de Dios. Estamos destinados a entregarnos, libre y amorosamente, al plan de Dios, a ser cooperadores de Dios, compañeros en la obra de proseguir la creación y la salvación.

Dios, tal y como lo hizo, creó un mundo *inacabado*, y encomendó a los humanos la tarea de completar la obra de la creación: «Creced, multiplicaos, llenad la tierra y sometedla» (Génesis 1, 28).

Hemos de colocar a Dios en el centro de nuestras vidas, y someternos enteramente a su santa voluntad. Una entrega total de nuestra parte, conferirá una nueva profundidad, una mayor urgencia y un valor transcendental a nuestras tareas humanas.

Después de estas semanas de oración, estamos en situación de clarificar nuestras prioridades, sopesar nuestras preferencias y reordenar nuestro sistema de valores, de manera que busquemos lo que es correcto y nos movamos en la dirección apropiada, a partir de las rectas motivaciones, y con una profunda conciencia de nuestra total dependencia de Dios.

Esta semana habrás de pedir la gracia de hacer de Dios la principal prioridad de tu vida y de tu oración: llegar a comprender la anchura, la largura, la altura y la profundidad del plan de Dios. Debes pedir, muy especialmente, generosidad y magnanimidad para responder a Dios con todo tu corazón, de manera que en todo tiempo sientas la alegría de hacer su voluntad en todas las cosas.

Dios, Padre nuestro,
no podemos nada sin tu ayuda.
Si tú no nos ayudas,
podremos ver el ideal, pero no podremos alcanzarlo;
podremos conocer el bien, pero no podremos hacerlo;
podremos reconocer nuestro deber,
pero no podremos realizarlo;
podremos buscar la verdad, pero no podremos hallarla.
Nuestra vida estará confusa
sin caer en la cuenta de la diferencia
entre lo que deberíamos hacer
y lo que, realmente, podemos hacer.

Ilumina nuestras mentes con tu Santo Espíritu,
para que pasemos del suponer al saber,
y de la duda a la certeza.
Purifica nuestros corazones
para que los malos deseos
no sólo los tengamos bajo control,
sino que los arranquemos completamente.
Fortalece nuestra voluntad, para que pasemos
del proponer al hacer, de la intención a la acción.

Dios, Padre nuestro,
hoy depositamos nuestra debilidad en tu fortaleza,
y nuestra insuficiencia en tu plenitud.
Acógenos y haz por nosotros lo que no podemos.
Por Jesucristo, nuestro Señor.

William Barday

5 / 1 **Aclarar mi vista**

En el gran poema épico indio, *Mahabarata,* hay una narración interesante acerca de la habilidad que desplegó Arjuna con el arco en una competición celebrada para comprobar la destreza de cada uno.

Sobre un poste elevado se colocó un pez de madera, cuyo ojo serviría de blanco. Un grupo de príncipes valientes aceptó el reto de disparar al ojo del pez. Momentos antes de que cada uno arrojara su flecha, su «guru» le preguntaba qué es lo que veía, y todos ellos respondían, invariablemente, que veían un pez sobre un poste muy alto... y describían la cabeza del pez, su color y cosas por el estilo. Cuando le hicieron esta misma pregunta a Arjuna, mientras éste apuntaba, dijo: «No veo nada más que el ojo del pez». ¡Y fue el único que consiguió perforar el blanco con su flecha!

El hombre planea su camino,
pero el Señor le dirige los pasos.
Proverbios 16, 9

Sugerencias para Oración ❤

Temas de Reflexión:

¿Tengo puesta la mira en Dios, en todo lo que hago?
¿Todas mis actividades tienen un único propósito?
¿Es Dios el objetivo de mi vida?
¿En qué dirección va mi vida?
En mi «vocación» o en mi «carrera», ¿estoy haciendo la voluntad de Dios?
¿Sigo aún tratando de hallar la voluntad de Dios sobre mí?

¿Tengo un objetivo claro en la vida? Conviene que lo exprese ahora, en una fórmula: *Mi principal objetivo en la vida es* .... Y he de comprobar si mi fórmula tiene en cuenta la finalidad de Dios en la Creación y si está orientada a edificar el Reino de Dios.

Si, realmente, quiero realizar este objetivo, ¿qué es lo que ello me exigiría, en términos de tiempo, entrega, responsabilidad? ¿Qué determinaciones concretas e inmediatas habré de tomar para ponerme en camino de alcanzar este objetivo?

Pide al Señor que te dé una visión clara y una voluntad fuerte para amar, adorar y servir a Dios en todas las cosas. ❤ ❤ ❤

**Antes de morir, todos deberían saber
a dónde van, de dónde vienen y por qué.**
Thurber

5 / 2   Valorar mis cualidades

En cierta ocasión, un amigo le preguntó a Samuel B. Morse, el inventor del telégrafo:

—Profesor, durante sus experimentos, ¿se encontró alguna vez en situación de no saber cuál habría de ser su siguiente paso?

—Sí, y más de una vez –respondió Morse.

—Y en esas ocasiones, ¿qué es lo que hacía?

—Le voy a responder en confianza, pues es algo que nunca he revelado en público –le dijo el inventor con toda sencillez–. Cuando no sabía qué camino tomar, me ponía de rodillas y le pedía a Dios luz y conocimiento».

—¿Y le venían la luz y el conocimiento? –le preguntó el amigo.

—Sí –le declaró Morse–. Y tengo que decirle que, cuando me llegaron honores y alabanzas, de América y de Europa, a cuenta del invento que lleva mi nombre, nunca creí que me las merecía. He dado con una aplicación valiosa de la electricidad, no porque fuera yo superior a otros hombres, sino únicamente porque Dios, que quería concedérsela a la humanidad, tenía que descubrírsela a alguien, y le pareció bien descubrírmela a mí.

Cada uno, como buen administrador de la multiforme gracia de Dios, ponga al servicio de los demás el carisma que haya recibido.
1 Pedro 4, 10

Sugerencias para la oración ❤

Haz una lista de, al menos, cinco de los más importantes talentos que Dios te ha dado.

Observa estas tres diferentes actitudes ante una misma situación:

Un hombre fue a ver las obras de una presa, y vio que había tres hombres labrando unas piedras.

—¿Qué estáis haciendo? –les preguntó.

—Tallando piedras –respondió el primero.

—Tratando de ganarme la vida –respondió el segundo.

—Construyendo una presa que proporcionará agua a todos los labradores de la comarca –dijo el tercero.

Ten en cuenta cada uno de los talentos que Dios te ha concedido y pregúntate: «¿Qué he hecho con él?» Examina tus actitudes en orden a la construcción del Reino de Dios.

Lee y medita: 1 Pedro 4, 7-11.

Agradece y alaba a Dios. Pídele la gracia de usar todos los dones que te ha dado para la construcción de su Reino ❤ ❤ ❤

> **Los mayores dones de Dios**
> **caen sobre los corazones vacíos.**
> *San Juan de la Cruz*

5 / 3　　　　　　　　　　　Apreciar la intimidad humana

«Hay dentro de mí un amor cálido que me impulsa ahora, mientras escribo: mi esposa y mis hijos que duermen en las habitaciones de al lado. Es la presencia, en mi interior, de todos los que amo; toda esta red de relaciones, esta base de afecto que está en el fondo de mi propio gozo.

«No hace mucho, estando visitando una universidad, un estudiante me dijo: Usted demuestra siempre un extraordinario "saber estar", ¿cómo lo consigue?» Tuve que reflexionar un rato antes de responderle, y entonces me di cuenta, por primera vez, del encanto que ejercía, en mi interior, la presencia de mi familia y de mis amigos. "El pájaro tiene un nido; la araña, una tela, y el hombre tiene la amistad", escribió Blake. Me identifico con él»

(Peter Marin).

A Dios nunca lo ha visto nadie; si nos amamos unos a otros, Dios permanece en nosotros y el amor de Dios está en nosotros consumado.

1 Juan 4, 12

Sugerencias para la oración ❤

¿Das mucha importancia a amar y ser amado? ¿Te resulta fácil amar? ¿Por qué?

Recuerda pasadas experiencias en las que te sentías muy presente a personas a las que amabas profundamente, aunque no estuvieran, físicamente, presentes ante ti.

Recuerda, una por una, a las personas con las que ahora tienes «intimidad».

Tu relación con ellas ¿te ayuda a acercarte más a Dios y a contribuir a la edificación del Reino?

Da gracias a Dios por cada una de tus grandes amistades.

Reflexiona, una vez más, sobre 1 Corintios 13, 1-7 (revisa 4/6).

O bien, reflexiona sobre la promesa de Jesús: «Donde hay dos o tres reunidos en mi nombre, allí estoy yo en medio de ellos» (Mateo 18, 20).

Pide la gracia de comprender la naturaleza espiritual de las relaciones humanas. ❤ ❤ ❤

**Si amo de veras a una persona,
amo a todas las personas,
amo al mundo, amo la vida.
Si puedo decirle a alguien: «Te amo»,
tengo que ser capaz de decir:
«En ti amo a todos,
a través de ti amo al mundo,
en ti me amo también a mí mismo»**
Erich Fromm

5 / 4   Sacar provecho de los fracasos

Se corrió la voz de que el famoso inventor Thomas A. Edison andaba buscando un sustitutivo al plomo para la fabricación de pilas. Un periódico solicitó una entrevista al científico. Edison le informó al periodista que había hecho 20.000 experimentos, pero que ninguno de ellos había dado resultado.

—¿Y no le desanima a usted todo ese esfuerzo inútil? –le preguntó, asombrado, el periodista.

¿Inútil? –exclamó Edison–. No existe nada inútil. He descubierto 20.000 cosas que no funcionan.

Estoy contento con las debilidades...
pues cuando soy débil, entonces soy fuerte.
2 Corintios 12, 10

Sugerencias para la oración ❤

¿Cómo te has enfrentado con tus pasados fracasos? ¿Te inspira la postura de Edison?

Contempla a Jesús en la cruz y escucha sus palabras: «Dios mío, Dios mío, ¿por qué me has abandonado?» (Mateo 27, 46). Dile a Jesús lo que tu corazón te inspire. Lee y medita: 2 Corintios 4, 7-12.

Recita un «mantra» que exprese la constante ayuda y protección de Dios. Por ejemplo: «A ti me acojo, Señor; no quede yo nunca defraudado» (Salmo 31, 1). «Yo confío en ti, Señor, digo: tú eres mi Dios. En tu mano está mi destino» (Salmo 31, 15-16).

Reza el Salmo 40.

Pide la gracia de ser fiel a la voluntad de Dios, aun en los aparentes fracasos. ❤ ❤ ❤

En lugar de derrochar energía estando a disgusto contigo mismo,
acepta tu fracaso y dile a Dios:
«Bueno, a pesar de todo lo que pueda decir o pensar,
esto es lo poco que yo valgo;
de manera que, ayúdame en mi debilidad».
Y esto no es estar disgustado con uno mismo;
esto es verdadera y provechosa humildad.
Evelyn Underhill

Mientras un hombre preparaba, en su estudio, una conferencia sobre la crueldad hacia los animales, escuchó las estrofas de una canción infantil: *«Todas las cosas agradables y bellas, todas las criaturas grandes y pequeñas, todas las cosas sabias y maravillosas, todas ellas las ha hecho Dios»*. Era una canción que venía de la cocina de la casa. La bonita voz de su esposa sonaba tan cálida y convincente, que pensó que tenía que agradecerle la inspiración que le había proporcionado.

Atravesó la sala y abrió la puerta de la cocina, tratando de darle una sorpresa. Pero se detuvo, cuando vio que ella estaba echando insecticida debajo de la fregadera.

Por fuera parecéis honrados a la gente,
por dentro estáis llenos de hipocresía e iniquidad.
Mateo 23, 28

Sugerencias para la oración ❤

¿Has descubierto si existen contradicciones entre los «ideales» o «convicciones» que profesas, y tu conducta real cuando se trata de ponerlos en práctica?

Medita sobre la parábola de los dos hijos: Mateo 21, 28-32. ¿Te da luz acerca de tu acercamiento a Dios y a los prójimos?

Examina la vida de Jesús. ¿Hallas contradicciones en ella? Si te parece, lee Mateo 23, 13-28 y compara la conducta de Jesús con la de los demás rabinos de su tiempo.

Pide la gracia de ser auténtico y de ser honesto al evaluar cada aspecto de tu propia vida. ❤ ❤ ❤

Tu conducta habla tan alto,
que no puedo oír lo que dices.
R.W. Emerson

El mendigo se acercó a un hombre en la calle y le pidió dinero para poder comer algo. Y el hombre le dijo:

—Si quieres, te convido a un trago.

El mendigo le dijo: «No bebo».

—Está bien –le dijo el hombre–. Te voy a comprar un buen puro.

—Es que, no fumo –dijo el mendigo–. Todo lo que quiero es algo de comer.

—Tengo una buena información sobre las carreras de caballos de esta tarde –le dijo el hombre– y voy a hacer una buena apuesta para ti... Tú te quedarás con las ganancias.

—Pero es que yo no creo en las apuestas. Lo único que quiero es comer.

—En ese caso –dijo el hombre–, me gustaría que vengas a mi casa para comer conmigo. Quiero que mi esposa te conozca, porque quiero que sepa cómo es un hombre que ni fuma ni bebe ni juega» (Revista *Quotes*).

Nadie puede servir a dos señores
Lucas 16, 13

Sugerencias para la oración ❤

Haz una lista de tus «hábitos» normales, y examina hasta qué punto son productivos, especialmente a la luz de tu decisión de contribuir a la construcción del Reino de Dios.

Reflexiona sobre la parábola de la viuda y el juez, en Lucas 18, 1-8.

Lee, meditando, la parábola del administrador astuto, en Lucas 16, 1-13. ¿Qué conclusiones sacas de ella para tu vida?

Pide al Señor que te ayude a tomar las decisiones correctas, por difíciles que éstas sean, de forma que elijas solamente aquello que tiene más valor para el Reino de Dios. ❤ ❤ ❤

**Si hacemos un ídolo de la riqueza, creamos pobreza;
si hacemos un ídolo del éxito, creamos injusticia;
si hacemos un ídolo del poder, creamos esclavitud.
Todos estos procesos son inevitables.**
Thomas Cullinan OSB

5 / 7	Comprobar mis prioridades

Puska, el jardinero, arrancó de su estanque el último loto que había quedado después de las inclemencias del invierno y fue a vendérselo al rey a la puerta del palacio. Allí se encontró con un viajero, quien le dijo: «Pídeme lo que quieras por ese último loto, pues voy a ofrecérselo a Buda». Puska le dijo: «Si me das una onza de oro, será tuyo». Y el viajero se dispuso a pagársela.

En ese preciso momento, salió el rey y quiso comprar la flor pues iba entonces a hacer una ofrenda a Buda... El rey le ofreció diez onzas de oro, pero el viajero dobló el precio. El jardinero, que era avaro, imaginó que podría sacar todavía más, al ver lo que ofertaban. Se inclinó ante ellos y dijo: «No puedo vender este loto».

A la sombra del huerto de mangos, fuera de los muros de la ciudad, Puska se presentó ante Buda... Puska miró su rostro, puso el loto a sus pies e inclinó la cabeza hasta el polvo. Buda sonrió y le preguntó: «¿Cuál es tu deseo, hijo mío?» Puska exclamó: «El más leve contacto de tus pies»

R. Tagore

**Tú, Señor, eres mi dueño,
no hay bien alguno fuera de ti.**
Salmo 16, 2

Sugerencias para la oración ❤

¿Podrías decir, con sinceridad, que Dios es la suprema prioridad en tu vida? ¿Por qué?

Reflexiona sobre algunas de las decisiones vitales que has tomado en la vida. ¿Fueron tomadas con vistas a tu objetivo y misión como cristiano/a? ¿Las tomaste por agradar a Dios y en contra de tu propio egoísmo?

Escoge algo que sea muy precioso para ti, y ofréceselo al Señor.

Ruega para que cualquier cosa que sirva para colaborar con la Creación de Dios tenga prioridad en tu vida. ❤ ❤ ❤

El amor da siempre, perdona, sobrevive.
Y siempre está con las manos abiertas.
Mientras vive, da.
Porque ésta es la prerrogativa del amor:
dar y dar y dar.
John Oxenham

Vuestra soy, para vos nací:
¿Qué mandáis hacer de mí?

Soberana Majestad,
eterna Sabiduría,
Bondad buena al alma mía,
Dios, Alteza, un Ser, Bondad:
la gran vileza mirad
que os hoy os canta amor así:
¿Qué mandáis hacer de mí?

Vuestra soy, pues me creasteis;
vuestra, pues me redimisteis;
vuestra, pues que me sufristeis;
vuestra, pues que me llamasteis;
vuestra, pues, porque me esperasteis;
vuestra, pues no me perdí:
¿Qué mandáis hacer de mí?

Veis aquí mi corazón,
yo lo pongo en vuestra palma:
mi cuerpo, mi vida y alma,
mis entrañas y afición.
Dulce Esposo y Redención,
pues por vuestra me ofrecí:
¿Qué mandáis hacer de mí?

Dadme muerte, dadme vida,
dad salud o enfermedad,
honra o deshonra me dad,
dadme guerra o paz crecida,
flaqueza o fuerza cumplida,
que a todo digo que sí:
¿Qué queréis hacer de mí?

Dadme riqueza o pobreza,
dad consuelo o desconsuelo,
dadme alegría o tristeza,
dadme infierno o dadme cielo,
vida dulce, sol sin velo,
pues del todo me rendí:
¿Qué mandáis hacer de mí?

Si queréis que esté holgando,
quiero por amor holgar;
si me mandáis trabajar,
morir quiero trabajando:
decid dónde, cómo y cuándo,
decid, dulce Amor, decid:
¿Qué mandáis hacer de mí?

Sta. Teresa de Jesús

SEGUNDA ETAPA

Re-orientar
nuestros corazones

Dios en huelga

Es una buena cosa, que Dios, allí arriba,
nunca se haya declarado en huelga.
Porque no ha recibido buen trato
en muchas cosas que no le han gustado.
Podría haber decidido quedarse sentado
y decir: «¡Ya está bien; se acabó!
Estoy harto de esta gente de la tierra.
Y esto es lo que voy a hacer:

Voy a ordenar al sol:
Corta el abastecimiento de calor.
Y a la luna: Ya no des más luz.
Y voy a dejar que se sequen los océanos.
Y, para hacer las cosas más difíciles
y aumentar los problemas,
voy a suprimir el aire y el oxígeno,
hasta que todo aliento desaparezca».

Lo cierto es que estaría en su derecho,
si hablamos de juego limpio,
porque nadie ha sido más atropellado
o tratado con más desprecio
que Dios; y Él aún sigue
regalándonos, a ti y a mí,
todos los dones de su gracia,
y todo ello, gratuitamente.

La gente dice que quiere un mejor trato,
y por eso suelen ir a la huelga.
Pues, ¡vaya trato que le hemos dado a Dios,
después de todo lo que le debemos!
No nos importa herir o dañar a nadie,
con tal de conseguir lo que queremos.
Pero, ¿en qué lío nos hallaríamos todos,
si Dios fuera a la huelga?

Anónimo

Re-orientar nuestros corazones

Pecado es una palabra que hoy no está de moda. La gente prefiere hablar de crímenes, atrocidades y errores, antes de utilizar la palabra «pecado» cuando se trata de estas realidades. Pero, sea cual sea la palabra que empleemos, el pecado es un componente real de la vida. A decir verdad, fue una de las grandes preocupaciones de Jesús: «No son los sanos los que necesitan médico, sino los enfermos. No he venido a llamar a los virtuosos, sino a los pecadores» (Marcos 2, 17).

Para Jesús, como para los judíos de su tiempo, el «pecado» era concebido dentro del contexto griego de *hamartía,* que es el término usado en el Nuevo Testamento y que, a la letra, significa «errar el blanco» (por ejemplo, en el tiro con arco). Sin embargo, hoy *hamartía* ha venido a significar una «mancha trágica» o una falta moral. Desde el momento en que Dios nos creó para ser buenos, el ser malos se considera como un haber errado el blanco del objetivo de la creación. Para un judío, el objetivo principal de la vida era ser fiel a sí mismo y a los demás, y de esta manera ser fiel a Dios. Pecar, por lo tanto, significaba ser egoísta y odioso, apartarse de Dios y del prójimo, en lugar de dedicarse a modelarse a sí mismo como imagen y semejanza de Dios.

San Pablo nos dice que Jesús fue semejante a nosotros en todo, menos en el pecado. Hay quien se extraña de que Jesús, siendo hombre, haya podido permanecer sin pecado. En el caso de Jesús, esto fue posible porque su vida estuvo siempre orientada «hacia el blanco». El objetivo de su vida fue permanecer íntimamente unido a su Padre Celestial y cumplir la misión que le había sido encomendada. Jesús jamás se desvió de este objetivo ni se apartó por caminos de placeres egoístas, de búsquedas de poder, honores y riquezas.

Sin embargo, siendo como era verdadero ser humano, Jesús era capaz de pecar. Es decir: tenía libertad para tomar decisiones pecaminosas. Y sabemos que «fue probado en todo, excepto el pecado» (Hebreos 4, 15), pero siempre eligió ser recto y fiel a la voluntad de su Padre.

Ahora bien, si es verdad que Jesús mismo nunca pecó, también lo es que no permaneció alejado de la realidad del pecado que le rodeaba por todas partes. Sintió su aguijón cuando fue odiado por sus enemigos y traicionado por sus amigos. Sufrió cruelmente a manos de los que le flagelaron, le escupieron y acabaron clavándolo en una cruz. Los pecados de los demás jamás quebraron el espíritu de Jesús ni consiguieron que se revolviera contra sus enemigos con venganza u odio. Con toda serenidad, retó a sus acusadores: «¿Quién de vosotros me puede acusar de pecado?» (Juan 8, 46). Jesús murió como había vivido, convencido de que el amor es el supremo poder humano y el único medio para alcanzar la verdadera felicidad.

Siguiendo el ejemplo de Jesús, también nosotros hemos de esforzarnos en mantener nuestras vidas siempre orientadas al «blanco». Hemos de avanzar siempre en la dirección que nos hemos propuesto durante las pasadas semanas de oración.

Hemos visto cómo cada uno de nosotros ha sido creado por Dios, como individuos únicos, con nuestros especiales dones y talentos. Además, somos capaces de progresar y desarrollarnos. Y el «pecado» es, precisamente, lo que malogra aquello que podemos y debemos ser, como queda muy bien explicado en la inspirada parábola de los talentos (Mateo 25, 14-30).

El progreso y crecimiento personal no ha de ser una empresa egoísta. Un verdadero discípulo de Jesús debe «olvidarse de sí mismo» y «servir» a los demás. Jesús nos enseñó que el pecado es un fallarles a los demás, olvidando responder a las necesidades de la gente. Abandonar al hambriento o al sediento, al desnudo, al enfermo o al encarcelado, es considerado como un pecado que nos aparta de los demás y rompe nuestra relación con Dios. «Cuando hicisteis esto con uno de los menos importantes de mis hermanos, ¡me lo hacíais a mí!» (Mateo 25, 40).

Dentro del plan de Jesús para nosotros, nuestro progreso interior tiene lugar cuando dejamos de ser egoístas y nos convertimos en generosos de corazón. Según Jesús, pecado es también: no perdonar a los demás (Mateo 18, 21-35), no respetar a los demás (Lucas 18, 9-14) e inducir a los demás a pecar (Mateo 18, 6-7).

* * *

Durante las próximas semanas tendrás ocasión de examinar tu situación de pecado. El pecado ha sido excesivamente considerado, durante mucho tiempo, en el pasado, como mera transgresión de una norma o ley (los Diez Mandamientos). Ahora habrás de profundizar en la verdadera esencia del pecado; porque es algo «personal» que rompe tu relación con Dios, con tus prójimos y también con tu auténtico Yo. Por lo mismo, tu principal preocupación ha de estar dirigida a la «calidad» de tu vida, de tus actitudes, de tus valores. Por ejemplo, sigo sintiendo antipatía hacia fulano, no he ayudado a un compañero de trabajo en un caso de injusticia, no he cumplido éstas o las otras responsabilidades que tengo como cristiano...

La pregunta vital que tienes que hacerte es ésta: ¿Voy a seguir reforzando los efectos del pecado dentro de mí, en mi entorno, en el mundo, en general; o voy a hacer todo lo que pueda para edificar, con la ayuda de Dios, ese reino de amor que es el Reino de Dios? ¡Hacer «libres» a los demás! ¡Liberarme a mí y a los demás de la esclavitud del pecado!

El primer paso para responder a esta pregunta es hacernos conscientes de la naturaleza del pecado en todas sus dimensiones: cósmica, social y personal. Y has de hacer esto en el contexto de la experiencia que tienes del amor incondicional que nos da Dios. Has de contemplar este amor reflejado en el Crucificado, expresión de la total entrega de Dios para que los pecadores puedan alcanzar su liberación. Has de responder a ese Dios que te reta a abandonar tu egoísmo, en orden a llevar a cabo la finalidad y el plan de Dios en su creación.

En muchos momentos de tu oración has de contemplar a Jesús, con sus brazos extendidos en la cruz, y has de hablarle de amigo a amigo. Trata de escuchar lo que él te dice y de considerar cuán profundo es su amor hacia ti, que le ha llevado a dar su vida por ti. Y, en el fondo de todas estas reflexiones, has de hacerte estas preguntas:

¿Cómo he respondido al amor de Cristo en el pasado?
¿Cómo suelo responder normalmente?
¿Qué más me pide que haga por él?

Alma de Cristo

Alma de Cristo, santifícame.
Cuerpo de Cristo, sálvame.
Sangre de Cristo, embriágame.
Agua del costado de Cristo, lávame.
Pasión de Cristo, confórtame.
Oh, mi buen Jesús, óyeme:
dentro de tus llagas, escóndeme;
no permitas que me aparte de ti;
del maligno enemigo, defiéndeme;
en la hora de mi muerte, llámame,
y mándame ir a ti,
para que, con tus santos, te alabe
por los siglos de los siglos. Amén.

TRAMO 6
Un mundo de pecado

West Side Story es una película interesante. Y hay, en la misma, un pequeño diálogo que da mucho que pensar. Tiene lugar en un supermercado donde se han reunido los miembros de una de las bandas. Hablan y se jactan de un crimen horrible que han cometido. De pronto, el viejo dueño del local no puede aguantarlo más, se vuelve hacia ellos y les grita: «Habéis hecho de este mundo, una porquería». A lo que, uno de los de la banda le replica: «Es que... lo hemos encontrado así».

Cuando Dios hizo el mundo, vio que todo lo que había en él era bueno. Lo repugnante no viene de Dios, sino del corazón del hombre. «No hago el bien que quiero, sino que practico el mal que no quiero. Pero, si hago lo que no quiero, ya no soy yo quien lo ejecuta, sino el pecado que habita en mí» (Romanos 7, 19-20).

El amor de Dios es una realidad. Hace que la vida merezca vivirse. El amor divino nos invita a una vida superior. Pero, dada nuestra humana fragilidad, con frecuencia, fallamos al no responder debidamente al amor de Dios. Somos arrastrados por la «gravedad de la tierra», atraídos por las cosas materiales más que por los valores del Reino de Dios, que tantas veces son opuestos a los valores «de este mundo».

También el mal es una realidad. Y lo es el pecado. Estamos rodeados de libertinaje, materialismo irreligioso, egoísmo, carencia de amor y disciplina, opresión e injusticia. Además de toda una serie de otros males.

Emplea, esta semana, tu tiempo de oración reflexionando sobre la naturaleza del mal, en el mundo y en ti. «No miremos atrás con ira ni adelante con miedo, sino en torno nuestro con preocupación» (James Thurber). Ten ante tus ojos el Crucifijo, el símbolo del amor incondicional de Dios, y pregunta:

¿Qué he hecho por ti, Cristo?
¿Qué hago por ti, Cristo?
¿Qué voy a hacer por ti, Cristo?

* * *

En los *Ejercicios Espirituales*, San Ignacio recomienda un **triple coloquio** con María, Jesús y el Padre.

117

Primero, me dirijo a María quien, como Madre de Jesús, ocupa un lugar muy privilegiado ante Dios. Le ruego que interceda ante su Hijo en mi favor, y me obtenga las siguientes gracias:

— reconocimiento de mis pecados y aborrecimiento de ellos.

— que descubra el desbarajuste de mi forma de proceder habitual, para que sepa cómo rehacer mi vida en el espíritu de Jesús.

— ver con claridad qué es lo que me aparta de Cristo y valor para dejar cuanto me impide seguirle más de cerca. Terminaré con un *Ave María*.

Segundo, haré las mismas peticiones a Jesús, pidiéndole que me obtenga del Padre estas gracias. Terminaré con una oración a Jesús, por ejemplo, el *Alma de Cristo*.

Tercero, dirigiré las mismas peticiones al Padre, para que El mismo me las conceda. Terminaré con un *Padrenuestro*.

Canto de la Viña (Isaías 5, 1-7)

En nombre de mi amigo
canto a su viña. Y canto enamorado.
Cantad también conmigo
la viña que ha plantado
mi amigo en lo más fértil del collado.

Mirad que no reposa:
todo es cavar, limpiar, ni un guijo se halla,
sólo la vid hermosa
detrás de la muralla,
hondo el lagar y altiva la atalaya.

¡Oh ilusionada espera
de la sazón!
¡Ay vanas ilusiones!
Pues para mi dentera
sólo me dio agrazones.
Entre mi viña y yo, juzgad, varones.
Venid a esta querella,
Judá y Jerusalén. ¿Qué más tendría
que haber hecho por ella?

¿Qué más para que un día
me diera uva de miel la viña mía?

Y ahora escuchad: la arraso,
cómala el cardo, el muro desmantelo,
la haré lugar de paso,
pasto de desconsuelo
sobre el que no caerá lluvia del cielo.

Viña de Dios, ¿qué has hecho?
Oh Israel, oh Judá, mis preferidos,
manchasteis el derecho
con sangre y mis oídos
los llena la injusticia de gemidos.

(Traducción poética de J.L. Blanco Vega)

6 / 1   Poseídos por el mal

En un periódico indio apareció esta noticia: «Se hace una guirnalda con las entrañas de su esposa». El texto de la información decía así:

«Un mal espíritu había tomado posesión de Vittal Dalubhai, debido a la maldición de su divinidad familiar; al menos eso era lo que él creía. Su segundo matrimonio también había sido un fracaso. Entonces, para aplacar a la diosa, hizo la promesa de ponerse, como guirnalda, las entrañas de su esposa, y poder así tener una vida feliz con su tercera esposa... Durante los dos años siguientes, las riñas fueron frecuentes, y Savita, de 23 años, única chica entre otros tres hermanos varones, se volvió a casa de sus padres, ya que no podía soportar más las palizas que recibía.

«Hace una semana, Dalubhai fue a casa de su esposa, y encontró a Savita, que estaba enferma, acostada en una litera, en el patio. No había nadie más en la casa y, después de un intercambio de duras palabras, Dalubhai la apuñaló siete veces y, cumpliendo su voto, se puso sus intestinos como guirnalda.

«Al oír los gritos de Savita, los vecinos corrieron hacia la casa y, al verlos venir, Dalubhai se apuñaló a sí mismo. Le quitaron la "guirnalda" antes de llevarlo al hospital, pero falleció en el camino».

El crimen relatado está lleno de detalles truculentos. Es uno de tantos de la página de sucesos. Tal vez, Dalubhai estaba loco o era víctima de falsas creencias religiosas o estaba cegado por el resentimiento o... ¡vaya usted a saber! Se podrían buscar razones para explicar su conducta. Pero tambien, a través de ella, podemos ver lo atroz de tantas muertes, torturas, violencia, agresiones... y profundizar en las raíces del mal en el mundo. Un mal, que aparece en millones de formas diferentes, ostensibles o sutiles, y en todos los ámbitos: personal, social, nacional, internacional.

Del corazón salen los pensamientos malvados que destruyen al hombre.

Mateo 15, 19

Sugerencias para la oración ❤

No te detengas en el caso concreto. Ahonda en la actitud de anteponer tu bienestar, tu conveniencia, tu provecho a cualquier otra consideración. El mal se instala en medio de nosotros porque la mayoría decide proceder a impulsos de su interés inmediato y egoísta.

Lee y reflexiona el pasaje de la Carta de Santiago 1, 13-25, para tomar conciencia de que el mal entra en nuestras vidas y cómo tiende a destruirnos totalmente (especialmente, el versículo 15).

Pídele a Dios la gracia de saber descubrir el mal, y de caer en la cuenta de que tú también eres responsable de él y partícipe del mismo de una manera o de otra, a grande o pequeña escala.
❤ ❤ ❤

> **Todo cristiano que quiera vivir responsablemente,**
> **debería leer dos cosas:**
> **la Biblia y el periódico de cada día.**
> **Y nunca leer la una sin el otro.**
> *Karl Barth*

6 / 2	La dura realidad

«A nuestro alrededor hay un número cada vez mayor de emigrantes... ¿Cómo sobreviven? En primer lugar, gastan lo menos posible. Comen poco y mal... Rara vez compran ropa y calzado... Aquí la vida es difícil... Se alojan donde pueden... Suele haber cinco personas en una habitación y varias familias en cada tugurio. Viviendo, como viven, arracimados, no hay donde arrojar la basura. El abastecimiento de agua proviene del arroyo al que también van las aguas residuales. Toda el agua está contaminada. ¿Quién puede mantenerse sano en esas circunstancias? Trabajan duro y comen poco, viven como animales, llenos de suciedad. ¿Cómo pueden soportarlo? Se hallan expuestos a todas las enfermedades de los pobres: parásitos, malnutrición, deshidratación, tuberculosis, neumonía bronquial, meningitis... Una enfermedad se añade a la otra, y el resultado es una corta esperanza de vida...»

Esta descripción puede valer para las innumerables barriadas de chabolas, «ranchitos», «favelas», campos de refugiados, etc., del Tercer Mundo. Y no es mejor la situación de los excluídos en el Primer Mundo, esa creciente muchedumbre de marginados que ahora se denomina «Cuarto Mundo».

> **Lavaos, purificaos,**
> **apartad de mi vista vuestras malas acciones...**
> **Buscad la justicia, atended al oprimido.**
> *Isaías 1, 16-17*

Sugerencias para la oración ❤

Si te es posible, emplea hoy tu tiempo de oración acudiendo a uno de los barrios más miserables. Mira y observa lo que allí ocurre. (Si no tienes oportunidad de acudir a uno de esos barrios, usa tu imaginación para recordar estas escenas que habrás contemplado en otras ocasiones de tu vida).

No cierres tus ojos ante la miseria y la indigencia. Fíjate bien en los rostros de niños y adultos. Mira, huele, oye, gusta, siente los efectos del pecado: la obra del infierno en este mundo.

Considera que la avaricia y el derroche son las causas de la terrible extensión de la pobreza, la miseria, la inanición y la falta de todo. Hazte consciente hasta qué punto, directa o indirectamente, también tú eres responsable.

Lee y medita: 1 Juan 3, 11-24.

Pídele a Dios que te dé generosidad para con los pobres, los que sufren, los abandonados por la sociedad; pídele que te inspire cómo acercarte a ellos. ❤ ❤ ❤

> **Mírame bien con tus ojos humanos,**
> **ven a saborear las lágrimas amargas**
> **con las que lloro,**
> **tócame con tus manos humanas,**
> **óyeme con tu oído,**
> **y date cuenta, maldito,**
> **date cuenta**
> **de que estoy aquí.**
> *Ric Masten*

6 / 3   **Egoísmo**

En su obra *Donde hay desesperación*, Alvino Noronha atrae nuestra atención sobre el egoísmo de la gente:

«Cerca de la ventana estaban sentados dos hombres de negocios, y no pude menos de escuchar la conversación que mantenían en voz alta. El de más edad de los dos, dijo: «Me han comunicado que mi factoría química, cerca de Tenali, ha sufrido algunos daños. Pero no importa. Los haré reparar. Este año crecerán mis beneficios. Subirán los precios. Los salarios se mantendrán reducidos, porque no hay oferta de trabajo en el campo. Es verdad que habrá más conflictos. Pero también habrá más beneficios».

Ante el ciclón que acababa de asolar Andra Pradesh con resultados devastadores, estos dos hombres de negocios estaban planeando cómo aprovecharse de la situación en provecho propio.

**Que nadie busque su interés,
sino el de los demás.**
Filipenses 2, 4

Sugerencias para la oración ❤

¿Qué opinas acerca del relato precedente? ¿Eres consciente de la apatía crónica de la gente hacia los necesitados? ¿Cuál es tu propia actitud?

Lee Romanos 3, 9-18 y aplícalo al estado actual de la humanidad.

A continuación, lee meditando: Filipenses 2, 1-11, y saca de ahí la respuesta que le vas a dar a Cristo.

Pide la gracia de que te invada el amor redentor de nuestro Salvador, y de propagarlo en torno a ti. ❤ ❤ ❤

**Cuando se pueda decir en todos los países del mundo:
«Nuestros pobres viven felices;
entre ellos no hay ignorancia ni necesidad;**

nuestras cárceles están vacías de reclusos
y en nuestras calles no hay mendigos;
los ancianos no sufren penuria;
los impuestos no son insoportables...»
Cuando podamos decir todas estas cosas,
entonces, nuestro país podrá estar orgulloso
de su sociedad y de su gobierno.

Thomas Paine

6 / 4	Males ocultos

Estaba enfadado con mi amigo;
le expuse mi irritación, y acabó mi cólera.
Estaba enfadado con mi enemigo;
no le dije nada, y mi odio aumentó.

Y me enconé, regando mi rabia
noche y día con mis lágrimas;
y la incubé con mis sonrisas
y mi profunda y engañosa hipocresía.

Noche y día fue creciendo,
hasta producir un bello fruto envenenado;
mi enemigo vio cómo resplandecía,
y supo que era mío.

Y se introdujo a ocultas en mi huerto,
cuando la noche se cernía sobre el árbol.
Y vi, con alegría, en la mañana,
al pie del árbol, muerto a mi enemigo.

William Blake

**Jesús los miró en torno, indignado,
pero dolido por su obstinación.**

Marcos 3, 5

Sugerencias para la oración ❤

El poema de Blake nos ofrece abundante tema de reflexión
acerca de la naturaleza malévola de tantas actitudes y comporta-

mientos en la vida. La hipocresía, la «suave venganza» y las consecuencias de nuestras perversas acciones... pueden ser algunos de los temas.

Lee y medita Marcos 7, 1-23, donde hallarás algunas de las enseñanzas más revolucionarias del Nuevo Testamento acerca de las práticas externas y la verdadera renovación interior. Jesús condena la hipocresía (palabra ésta última que significa: «llevar una máscara») y critica, como irrelevantes, las actitudes externas (tradiciones, reglamentos, rituales). Por otra parte, emplaza a sus seguidores a entrar en lo íntimo de sí mismos -el corazón- y descubrir allí el verdadero amor.

Pide la gracia de actuar con sinceridad en tu trato con todos. Ruega por tus «enemigos». ❤ ❤ ❤

> **Ama a tu tortuoso enemigo**
> **con todo tu tortuoso corazón.**
> *W.H. Auden*

6 / 5   Corazones endurecidos

Al jubilarse en el ejército del Aire de los Estados Unidos, el general Paul Tibbets, piloto del *Enola Gay*, el avión que dejó caer la primera bomba atómica sobre Hiroshima, comentaba: «Lo recuerdo como una tarea que me fue encomendada. Ya sabíamos los efectos que produciría esa bomba, una vez arrojada. Miramos abajo, desde el avión, y pudimos ver los estragos que estaba produciendo. Yo pienso, desde luego, que estuvo bien arrojar la bomba. Aunque no quiero pensar en sus efectos. Si empezara a pensar en ellos, me volvería loco».

* * *

El Padre Pedro Arrupe estaba presente en Hiroshima, en agosto de 1945, cuando fue arrojada la bomba atómica. Nos dice: «Al principio, para mí, fue una explosión más. ¿Qué sabíamos nosotros sobre la bomba atómica? (...) Mis sentimientos fueron mucho más profundos, años más tarde en Bogotá, cuando contemplé la película *Hiroshima, mon amour*, una fiel reproducción (...) en la pantalla, de todo lo horrible y trágico de mi propia experiencia (...) Las lágrimas velaron mis ojos (...) No pude seguir viéndola (...) Todo lo que había vivido en pequeñas dosis de realidad, minuto a minuto, durante seis meses en Hiroshima, estaba allí concentrado en la pantalla, para ser revivido en una hora. Fue una paradoja humillante (...) Mis nervios, que había llegado a pensar que estaban hechos de acero, se derritieron ante aquella descarga emocional».

> **Si escucháis hoy su voz,**
> **no endurezcáis vuestros corazones.**
> *Hebreos 4, 8*

Sugerencias para la oración ❤

Hemos visto dos reacciones ante un acto «pecaminoso». ¿Qué piensas acerca del comentario del piloto? Contrástalo con tus propias convicciones.

Para la oración de hoy, toma cualquier revista o el periódico de hoy. Fíjate en los titulares, y selecciona los que hablen del «mal»: guerra, violencia, escándalos... Te dará abundante material de meditación sobre el «pecado».

Lee y medita: 1 Juan 1, 8 - 2, 4.

Pide al Señor que te dé sensibilidad de conciencia para no tolerar el mal. ❤ ❤ ❤

> **No temo el poder explosivo de la bomba atómica.**
> **Lo que temo es el poder explosivo del mal**
> **en el corazón del hombre**
> *Albert Einstein*

6 / 6   Vidas alienadas

Gustavson escribió una deliciosa narración breve titulada *Enclaustrado*.

«Toda mi vida he vivido dentro de una crisálida. Era un poco incómoda y me sentía en tinieblas, especialmente por las mañanas, a la hora de afeitarme. Pero lo que más me afectaba era que no tenía forma de conectar con el mundo exterior. Como no ocurriera que alguien, desde fuera, la abriera, estaba condenado a pasar toda mi vida dentro de una crisálida. Y quizá, a morir allí.

Como así sucedió. Tiempo después, me encontraron casualmente dentro, arrugado y encogido. «Es una vergüenza –dijeron–. Si lo hubiéramos hallado antes, a lo mejor lo hubiéramos salvado. Quizá haya otros más, encerrados como él».

Y salieron a romper todos las crisálidas que hallaron. No resultó. No tenía sentido. Era perder el tiempo. Cuando hay una persona que elige vivir dentro de una crisálida, se trata de una crisálida entre mil. Y claro, yo no les podía decir que tengo un cuñado que vive dentro de una bellota».

Me rindo; estoy cansado de vivir.
Dejadme solo.
Mi vida no tiene sentido.
Job 7, 16

Sugerencias para la oración ❤

El infierno es la soledad. Imagínate que vives dentro de una crisálida, en una burbuja, en completo aislamiento de Dios, sin que ningún rayo de su amor penetre en tu corazón. Todo es oscuro, triste, estás en tu propia prisión, en el aislamiento de tu egoísmo. Si continúas viviendo así, pronto acabarás totalmente arrugado.

Lee orando: Ezequiel 37, 1-13. Experimenta cómo el Espíritu de Dios te llena de vida y energía.

Estudia el contraste entre una vida de pecado y una vida en el Espíritu, como se ve en Gálatas 5, 16-26. Prepara una respuesta adecuada al Espíritu.

Pide la gracia de romper tu cáscara. Recibe el baño solar de la luz celestial de Dios. Pide fuerza para extender tus brazos en gestos generosos de servicio hacia los que necesitan tu ayuda. ❤ ❤ ❤

Tengo un escondite.
Es un cuarto oscuro.
Otras veces es el ático,
otras, el sótano.
Pero mi escondite favorito
está dentro de mí mismo.
Fran De Nardo

La caja de rapé del general, recamada de diamantes, había desaparecido. Al final de la acostumbrada comida anual que celebraba con sus viejos oficiales, les había dejado para que la contemplaran de mano en mano. Pero ahora no estaba en ninguna parte. No podían ser los sirvientes, que se habían retirado mucho antes. Los oficiales, entonces, acordaron vaciar públicamente sus bolsillos.

Pero hubo un oficial que rechazó con vehemencia esta propuesta, y se ausentó de la sala. Naturalmente, las sospechas recayeron sobre él.

Al año siguiente, al ponerse la misma casaca que el año anterior, el general descubrió la caja de rapé dentro de un bolsillo interior. Decidió, entonces, salir en búsqueda del viejo oficial sospechoso, lo encontró en una miserable buhardilla, y le pidió toda clase de disculpas.

—Pero –le dijo el general–, ¿por qué no aceptó usted lo que sugirieron los otros oficiales, salvándose así de una terrible sospecha?

—Porque –explicó el viejo oficial–, mis bolsillos estaban llenos de trozos de comida que había recogido a hurtadillas de la mesa, para poder alimentar a mi esposa y a mi familia que estaban medio muriéndose de hambre.

Al general se conmovió hasta las lágrimas al contemplar este amor por la familia, y cuidó de que, en adelante, el viejo soldado nunca más pasara necesidad.

**No te fijes en las apariencias...
porque el Señor ve el corazón.**
1 Samuel 16, 7

Sugerencias para la oración ❤

Toma la Parábola del fariseo y el publicano (Lucas 18, 9-14). Léela meditando. Después, visualiza la escena lo más detalladamente que puedas. Considérate a ti mismo en los dos papeles. Asume, primero, el papel del fariseo y di una plegaria que refleje la manera en que te sueles comparar con los demás. Después, adopta el papel del publicano: un pecador. Adopta su actitud de total dependencia de Dios. Cuéntale tus muchos fallos y pídele a Dios que te perdone, porque él es compasivo y misericordioso.

Es mucho más fácil ver las faltas de los demás, que las propias. Es algo que aparece claramente en la escena entre el rey David y el profeta Natán, en 2 Samuel 11, 1 – 12, 15.

Pide la gracia de acabar con los dobles juegos, y de ser honesto y auténtico en tus actitudes y en tu conducta para contigo y para con los demás. ❤ ❤ ❤

> **No soy sólo guardián de mi hermano;**
> **en innumerables ocasiones,**
> **grandes y pequeñas,**
> **soy también forjador de mi hermano.**
> *Bonaro Overstreet*

TRAMO 7
En buenas relaciones con Dios

Alguien ha comparado a la gente real con las imágenes de la gente que aparecen en la pantalla de la televisión. Estas pequeñas imágenes deben su existencia al aparato de televisión. Cuando se pone en marcha el aparato, ellas se ponen en marcha. Cuando se apaga el aparato, desaparecen. Supongamos que estas imágenes deciden rebelarse. Supongamos que le dicen al aparato de televisión: «Nos declaramos independientes de ti; no te necesitamos. Podemos funcionar sin ti». Sería una proposición completamente ridícula. Sería como si un eco le dijera a la voz: «Me declaro independiente de ti. Ya no te necesito más».

En cierto sentido, esto mismo es el pecado. Es la gente de este mundo que le dice a Dios: «Nos declaramos independientes de ti. Ya no te necesitamos más». Dicho de otra manera: el pecado está en gente como tú y como yo, que le dice *no* a Dios y al plan que tiene Dios para nosotros (Mark Link, S.J.).

* * *

El pecado deteriora mi amistad con Dios. Y puede, incluso, destruirla. No es que Dios se aparte de mí, disgustado y airado por mi pecado, sino que soy yo quien le vuelvo mi espalda a Dios y le digo que yo tomo el mando y decido lo que es bueno y lo que es malo. Es ponerme a mí mismo en el centro de la escena, con los focos iluminando *mi* imagen, *mi* éxito, *mi* comodidad, *mis* deseos... como lo único importante.

Cuanto más centrado en mí mismo esté, tanto menos tiempo tendré para Dios. Y, gradualmente, puede llegar a suceder que me desligue completamente de Dios. Como aquellos invitados especiales en la parábola del banquete de bodas (Lucas 14, 15-24), estoy tan ocupado con mis cosas que no hay espacio para compartir mi vida con Dios. Como el hombre insensato que construyó su casa sobre arena (Mateo 7, 26-27), yo edifico mi vida basándome en mis deseos egoístas y, claro, mi vida termina por no soportar los embates que me sobrevienen.

La misión principal de Jesús fue llamar a los pecadores para que volvieran a la amistad con el Padre. En su propia vida, Jesús extendió su amor y su amistad también a los despreciados y a los pecadores.

Durante la oración de esta semana, has de reflexionar en que el pecado significa, esencialmente, una ruptura de tu relación con Dios. Es una traición al amor de Dios. Pero Dios no reacciona ante tu traición con rechazo o aborrecimiento; al contrario: te abraza y te besa (¿te acuerdas de Judas?) en el mismo acto de tu traición, para que puedas experimentar su amor incondicional. Se porta como un Dios y no como un mezquino ser humano. «Mis pensamientos no son como vuestros pensamientos, y mis caminos no son como vuestros caminos», son sus tranquilizadoras palabras.

Pide la gracia de experimentar la amistad que Dios te ofrece a través de Jesús.

* * *

Como de costumbre, al final de la oración de cada día, recita el Padrenuestro, porque en él está contenido el propósito y el plan de la creación de Dios: alabanza, reverencia, servicio. Fíjate, especialmente, en las palabras: «Perdona nuestras ofensas, como también nosotros perdonamos a los que nos ofenden».

¡Tarde te he amado, Belleza siempre antigua
y siempre nueva! ¡Tarde te he amado!
Y, he aquí que tú estabas dentro y yo fuera.
Y te buscaba fuera. Desorientado, iba corriendo
tras esas formas de belleza que tú habías creado.
Tú estabas conmigo, y yo no estaba contigo
cuando esas cosas me retenían lejos de ti,
cosas cuyo único ser era estar en ti.

Me llamaste, me gritaste e irrumpiste
a través de mi sordera. Brillaste,
resplandeciste y acabaste con mi ceguera.
Te hiciste todo fragancia, y yo aspiré
y suspiré por ti. Te saboreé, y ahora
tengo hambre y sed de ti. Me tocaste,
y ahora deseo tu abrazo ardientemente.

San Agustín

131

7 / 1   Una perspectiva divina

Bholabhai tenía un manzanal que era el orgullo de la comarca. Por lo mismo, atraía a los niños de la vecindad que trataban de colarse para robar la fruta. Bholabhai mantenía una vigilancia constante. Aguardaba a que los niños robaran las manzanas, y luego aparecía con una escopeta, amenazándoles con disparar contra ellos si volvían por allí. Esto ocurrió durante varias veces.

Un vecino que había estado observando todos los días este proceso, le preguntó a Bholabhai:

—¿Qué te ocurre, hombre? Tienes, en tu huerto, doce veces más manzanas de las que puedes consumir tú y tu familia. ¿Por qué no les permites a los niños que se lleven algunas?

—Está bien, está bien –replicó Bholabhai, riéndose–. Por supuesto que quiero que se lleven las manzanas. Pero me acuerdo muy bien de lo que me pasaba cuando era niño. Si yo no monto toda una escena de persecución, ¡esos niños no volverán!

> **¡Qué magníficas son tus obras, Señor!**
> **¡Qué profundos tus designios!**
> **El ignorante no los entiende.**
> *Salmo 92, 6-7*

Sugerencias para la oración 💗

Visualiza la escena del Paraíso. Dios era consciente del pecado de nuestros primeros padres; pero no los aborreció ni los rechazó por su pecado.

Adán y Eva, después de la caída, sentían vergüenza de presentarse ante su Creador. Pero es Dios quien toma la iniciativa de restablecer contacto con ellos. Los llama, suavemente: «¿Dónde estáis?». Y aunque, en su justicia, Dios los saca del Paraíso, hay un detalle de cariño que se añade al duro castigo: «El Señor hizo pellizas para el hombre y su mujer, y se las vistió» (Génesis 3, 21).

Lee y medita el relato de la caída de nuestros primeros padres, en Génesis, capítulo 3. Imagina que estás allí presente con Adán y Eva. Revive la escena, observa. Dialoga con ellos y con Dios.

A continuación, lee la profecía contra el rey, en Ezequiel 28, 1-19. ¿Se te aplica a ti?

Pide la gracia de experimentar el amor incondicional de Dios por ti. Por un solo pecado, nuestros padres perdieron el Paraíso. Tú has pecado muchas veces, pero Dios no te ha condenado, gracias a Cristo. Mira, con amor, al Crucificado. ❤ ❤ ❤

> **Dios nunca nos cierra una puerta,**
> **sino que nos abre otra.**

7 / 2   Las bondadosas ayudas de Dios

La cantante de ópera Ernestine Schumann-Hein tuvo que pasar por una experiencia traumática. En los primeros años de su carrera, su esposo la abandonó. Se encontró al borde de la indigencia y con cuatro niños a los que sacar adelante. Cayó enferma y se sintió tan desgraciada, que decidió suicidarse y acabar, también, con los niños bajo las ruedas de un tren.

Y así, una noche, se sentó sobre la vía férrea, a las afueras de Viena, estrechando fuertemente a sus niños entre sus brazos, a la espera de que los arrollara el tren expreso. De pronto, su niña pequeña le dijo:

—Mamá, te quiero mucho. Por favor, vamos a casa.

Esta suave voz le devolvió la razón. Abandonó su desesperado plan y decidió darle otra oportunidad a la vida. No tardó mucho tiempo en conquistar la fama y en ser aclamada como una de las más célebres cantantes de todos los tiempos.

> **Me cercaban lazos de muerte,**
> **me envolvían los lazos del abismo.**
> **En el peligro invoqué al Señor,**
> **y él escuchó mi clamor.**
> *Salmo 18, 6-7*

Sugerencias para la oración ❤

El profeta Elías era un hombre perseguido... Amedrentado y fracasado, buscó refugio en una cueva, aguardando la muerte.

Un día, estando a la puerta de la cueva, Elías sintió, en sus mejillas, la caricia de una suave brisa. Sintió en sus oídos el susurro de esta súbita e inesperada corriente de aire y hundió el rostro entre sus manos. Se había dado cuenta de que, aun en medio de la peor desolación, cuando estaba solo y sin amigos, cuando su vida se acababa, Alguien se preocupaba de él para enviarle, no se sabe de dónde, el suave aliento de una brisa refrescante. Elías sintió la experiencia de Dios. Y esta experiencia le dio fuerzas para volver atrás y comenzar de nuevo. Lee y medita la historia de Elías en 1 Reyes 19, 1-18.

¿Cómo te portas cuando las cosas se ponen difíciles, cuando te azota el desánimo y la desesperación? Lee y medita: Mateo 8, 23-27 (Jesús calma la tempestad). Introdúcete completamente en la escena; contempla a Jesús. Acuérdate de cuando estabas tan dominado por el pecado, que te habías vuelto todo hacia ti mismo y habías perdido de vista a Dios. Ora con las palabras de Isaías 38, 10-20.

Da gracias al Señor por no haberte abandonado cuando estabas lleno de egoísmo y de pecado. Mira, con amor, a tu salvador crucificado, y ruégale que te ayude a aumentar tu fe, para que puedas responder al Padre como lo hizo él. ❤ ❤ ❤

**En último término, la solución
no suele estar muy lejos del problema.**
Alan Watts

7 / 3   Comparaciones odiosas

Una joven universitaria escribió a sus padres esta carta, después de tres meses sin haberles escrito:

«Siento que haya pasado tanto tiempo desde mi última carta, pero no quise preocuparos contándoos el incendio de nuestro dormitorio y los golpes que recibí al tirarme por la ventana, intentando escapar. Quiero contaros lo bien que me atendió, en los primeros momentos, un joven empleado de la cercana gasolinera, hasta que llegó la ambulancia. Ya he salido del hospital y me encuentro muy bien, sobre todo desde que aquel joven me permitió vivir con él en su apartamento. Es una bellísima persona; le quiero mucho, y sé lo muy felices que os vais a sentir siendo abuelos.

«Para terminar: quiero deciros que no os preocupéis. No hubo tal incendio, no me caí de ninguna ventana, no hay ningún hombre en mi vida, y vosotros no vais a ser abuelos, por ahora. Os he contado todo esto porque me han suspendido en Biología y en Historia y, en último término, esto no es tan malo como lo anterior que os contaba. Es decir: que no es para tanto (James F. Colalanni).

No os mintáis unos a otros, pues os habéis despojado de la vieja condición con todas sus prácticas, y os habéis revestido de la nueva.

Colosenses 3, 9

Sugerencias para la oración ❤

¿Tratas de hacer componendas con el mal, justificando tus fallos o tratando de quitarles importancia, comparándolos con otros fallos mayores que ocurren?

Hay muchas maneras sutiles de «zafarnos» de nuestra responsabilidad, de nuestro mal uso de la libertad y de nuestro incumplimiento del deber. ¿Crees, de veras, que puedes engañar a Dios? ¿Qué sentido tiene intentarlo y más sabiendo que Dios te ama y te quiere?

Lee y reflexiona en Romanos 7, 14-25 sobre las contradicciones en que incurrimos. Responde orando con las palabras de Job 42, 1-6.

Pide la gracia de ser siempre obediente a la voluntad de Dios, como Cristo, que fue obediente hasta la muerte, y una muerte en la cruz. ❤ ❤ ❤

Resulta curioso que las criaturas sin columna vertebral sean las que tienen los caparazones más duros.
Kahlil Gibran

7 / 4   **Privados de amor**

Una muchacha de trece años fue conducida a la sala de urgencias de un hospital, después de haberse bebido dos botellas de aspirina infantil aromatizada. Es impresionante la grabación de su conversación con el psiquiatra:

Psiquiatra: ¿Estás ya dispuesta para volver al colegio?

Muchacha: ¡No! Odio el colegio. Quiero quedarme aquí. Quisiera estar muerta.

Psiquiatra: ¿Te ocurrió algo malo en el colegio?

Muchacha: En el colegio todo es malo. Yo soy tonta; todos los profesores lo dicen. Ninguna de las niñas me quiere. Los chicos dicen que yo no valgo para nada.

Psiquiatra: Pero tú eres una chica guapa. Si tú...

Muchacha: No soy guapa, hasta mi madre dice que no soy guapa. ¡Yo no soy nada!

**El Hijo del hombre vino a buscar y salvar
lo que estaba perdido.**

Lucas 19, 10

Sugerencias para la oración ❤

¿Has sentido, alguna vez, el dolor de que te rechacen? ¿Has experimentado el amor incondicional de Dios, en esas circunstancias? ¿Has sido responsable de que otros se hayan sentido rechazados?

Lee y medita Lucas 19, 1-10. Es la historia de Zaqueo, que era rechazado por su propio pueblo, por motivo de su profesión, pero fue aceptado por Jesús.

Lee y medita Efesios 2, 1-10.

Recuerda algunos incidentes de tu pasado, cuando te diste cuenta de que la gracia de Dios obraba en ti para volver a ponerte en línea con tu destino.

Recita, orando, el Salmo 130. Es un grito profundo pidiendo misericordia y ayuda, por parte de uno que se siente rechazado por Dios y por los demás.

Pide la gracia de experimentar el desbordante amor que Dios te tiene. ❤ ❤ ❤

Advierte la enorme diferencia que hay entre decir:
«He fracasado tres veces»
y decir: «Soy un fracaso».
S.J. Hayakawa

7 / 5   Vencer el mal

James Keller en *Tres minutos al día* nos brinda algunos temas de reflexión bajo el título de *«¡Se busca!»*

— Más aprobación y menos desaprobación.

— Más *«hacer»* y menos *«hablar»*.

— Más *«se puede hacer»* y menos *«no se puede hacer»*.

— Más animar a los demás y menos echar un *«jarro de agua fría»* sobre el que está tratando de hallar una solución.

— Más liarse la manta a la cabeza y hacer algo... y menos quejarse de lo que pasa, sin tratar de hacer nada.

— Más *«encender una vela»* y menos maldecir la oscuridad.

No te dejes vencer por el mal,
antes vence con el bien el mal.
Romanos 12, 21

Sugerencias para la oración ❤

Repasa, punto por punto, la lista de arriba, y examina tus propias actitudes.

Lee las cartas de Apocalipsis 3, 1-22 como si estuvieran dirigidas a ti, personalmente.

Pide la gracia de adoptar actitudes más positivas y constructivas sobre la vida y la gente. ❤ ❤ ❤

Lo cierto es que estoy muy lejos de ser
la persona que debería ser.
Mi vida es todo un lío y un embrollo de subterfugios
para evadir la gracia de Dios y mi deber.
Todo lo he hecho mal.
He desperdiciado grandes oportunidades.
Pero mi infidelidad a Cristo,
lejos de ponerme enfermo de desesperación,
me impele a lanzarme,
cada vez más ciegamente,
en los brazos de su misericordia.

Thomas Merton

7 / 6	Pautas egoístas

Un hombre llevó su coche al taller de reparaciones. Mientras aguardaba al patrón, observó a uno de los mecánicos que acondicionaba otro coche. Le impresionó su meticulosidad. El mecánico cambió el aceite, sin derramar una gota, revisó el radiador, limpió el parabrisas, borrando cada mota de polvo y cada rastro grasiento de huellas dactilares, se lavó las manos a conciencia, y condujo el coche, despacio, fuera del garaje para aparcarlo en la esquina.

Entonces llegó el patrón, y el cliente le dijo, refiriéndose al mecánico:

—¡Ese sí que es un verdadero mecánico!

— ¡Ya! –le contestó el patrón, encogiéndose de hombros–, ¡ése era su propio coche!

Todos buscan su interés,
y no el de Jesucristo.
Filipenses 2, 21

Sugerencias para la oración ❤

¿Refleja, la narración de arriba, tu propia experiencia con los demás y contigo?

¿Concedes, normalmente, preferencia a las necesidades de los otros (de Cristo) por encima de tus propias necesidades?

Lee despacio 1 Juan 2, 12-17. Siente las palabras, como dirigidas a ti. Examina, hasta qué punto estás contaminado por el «mundo» en el que vives. Observa estas tres áreas en las que puede que seas más vulnerable: placer, poder y posesiones (versículo 16).

Responde con un deseo de reconocer todos tus pecados ante Dios, como está expresado en el Salmo 32.

Pide la gracia de implicarte a fondo en los asuntos y en la causa del Reino de Cristo. ❤ ❤ ❤

Uno siempre tiene dos razones para hacer algo:
una buena razón y la verdadera razón.
J. Pierpont Morgan

---

7 / 7   **¿Qué tengo yo?**

¿Qué tengo yo, que mi amistad procuras?
¿Qué interés se te sigue, Jesús mío,
que a mi puerta, cubierto de rocío,
pasas las noches del invierno oscuras?

¡Oh, cuánto fueron mis entrañas duras,
pues no te abrí! ¡Qué extraño desvarío,
si de mi ingratitud el hielo frío
secó la llagas de tus plantas puras!

¡Cuántas veces el ángel me decía:
«¡Alma, asómate ahora a la ventana,
verás con cuánto amor llamar porfía!

¡Y cuántas, hermosura soberana:
«Mañana le abriremos», respondía,
para lo mismo responder mañana!
Lope de Vega

Es por la gracia de Dios por la que habéis sido salvados a través de la fe. No por mérito vuestro, sino por don de Dios, para que nadie se jacte.

Efesios 2, 9

Sugerencias para la oración ❤

Lee, despacio, el poema. Quizá te recuerde alguna de las reflexiones que has hecho durante la semana. Puede que, también, te inspire para revisar tus relaciones con Dios, a lo largo de los años, y para ser más consciente de su suave presencia.

Lee y medita acerca de la actitud incondicional de Cristo hacia ti en Romanos 5, 6-11.

Con los ojos puestos en el Crucificado y tu corazón lleno de agradecimiento, pide la gracia de seguir siempre al «Camino, la Verdad y la Vida». ❤ ❤ ❤

**La más suave de las almohadas
es una buena conciencia.**

Perdóname, Señor, si día tras día
te sigo ofreciendo
cosas que no merecen el amor
que tú me has dado:
mi adoración pobre e interrumpida,
dones de poco valor,
cosas que nada me han costado
y no han supuesto un sacrificio.

Perdóname, Señor, por ofrecerte
las sobras de mis posibilidades,
cuando en medio de la hartura de mis caprichos,
llegaban las últimas horas del día.
En lugar de levantarme
en la frescura de la brisa mañanera,
para ofrecerte los primeros frutos
de un corazón ardiendo en oración.

Señor, te doy tan poco,
te escatimo mis alabanzas.
Cuando habría de emplear en tu servicio,
lo mejor de mis días.
Y sigo midiendo el tiempo que te doy,
pudiéndote dar mucho más.
Soy ruin y miserable...
pero, a pesar de todo...
yo te amo, Señor,

Pacience Strong

TRAMO 8
Valorarme como imagen de Dios

Un ambicioso y joven poeta, Laman Blanchard, se esforzaba en abrirse paso en el campo literario. En cierta ocasión, envió unas cuantas poesías rimadas a Charles Dickens, con la petición de que considerara publicarlas en una revista que dirigía el famoso escritor. Los poemas versaban sobre temas orientales y Blanchard les puso el título de «Perlas ensartadas al azar».

Dickens se las devolvió con la siguiente nota:
«Querido Señor Blanchard:
Demasiado cordón.
Afectísimo, C. Dickens».

Muchas veces, esto mismo es lo que tienes que temer, cuando le ofreces tu vida a Dios o te encuentras con Él en el sacramento de la reconciliación. Que te responda con estas sencillas palabras: «Demasiado cordón». Demasiadas cosas que no valen nada, y pocas perlas. Poco de lo que tiene verdadero valor, de lo que es precioso y auténtico. ¿Ya te valoras, como imagen de Dios?

Esta semana, pide a Dios que te dé la gracia de aceptarte. Pídele, también, un auténtico cambio en tu interior, una conversión radical, un enderezar tus pasos, una vez más, en la verdadera dirección, para edificar el Reino de Dios.

Como siempre, concluye tu oración diaria con el *triple coloquio*. En el Padrenuestro final, recuerda el plan de Dios en su creación, y tu respuesta de alabanza, reverencia y servicio. Pon especial atención en las palabras: «Perdona nuestras ofensas, como también nosotros perdonamos a los que nos ofenden».

Padre misericordioso, concédeme que regrese a ti,
haciéndome comprender lo mucho que valgo,
ya que me has hecho a tu imagen
y soy algo precioso a tus ojos.
Rocíame con agua limpia y despójame de todos mis ídolos
y de todas las cosas que me han apartado de ti.
Dame un corazón nuevo y una mente nueva.
Quítame mi duro corazón de piedra
y dame un corazón dócil.
Dame tu espíritu y haz que siga tus preceptos
y cumpla todos tus mandatos.
(Inspirado en Ezequiel 36, 24-28)

8 / 1   Cambiar de corazón

Había un hombre que notaba una gran opresión en el pecho y acabó acudiendo, a regañadientes, al especialista. Este, después de observar el resultado de análisis y pruebas médicas, le dijo:

—Es el corazón. Hay que operarle inmediatamente y debe permanecer en el hospital durante dos semanas».

—No tengo ni tiempo ni dinero para ello –dijo el paciente tristemente–. Pero tengo que mostrarle los resultados a mi jefe y me temo que perderé mi empleo. Por favor, haga usted algo para ayudarme.

—Si usted está de acuerdo, puedo falsear los resultados –sugirió el doctor.

> **Jesús dijo: Nadie rasga un manto nuevo para remendar uno viejo. Pues sería estropear el nuevo y hacer que el remiendo se note en el viejo.**
>
> *Lucas 5, 36*

Sugerencias para la oración ❤

Toma una radiografía de tu corazón. ¿Hay en ella rastros de «pecado» que tú quisieras borrar? ¿Qué remedios vas a usar para arrancarlos de raíz?

El verdadero arrepentimiento supone un cambio de corazón o una transformación del estilo personal de vida. Adquiere expresión y significado en el servicio a los necesitados.

Lee Isaías 58, 1-9 para comprender esto desde el punto de vista de Dios.

Ora con el Salmo 51. Es una auténtica oración que sale del corazón, de lo más profundo del ser de alguien que ha experimentado, en sí mismo, la triste realidad del pecado. Es una viva expresión de las consecuencias del mismo. Revela una necesidad profunda de purificación interior y de perdón.

Pídele a Dios que te dé valor para permitirle a él que te arranque tu «corazón de piedra» y ponga, en su lugar, un corazón «de carne». ❤ ❤ ❤

**Un cristiano es alguien que siente
arrepentimiento el Domingo,
por lo que hizo el Sábado
y por lo que va a hacer el Lunes.**

Thomas R. Ibarra

8 / 2   Aceptar nuestras limitaciones

En la ceremonia de la Distribución de Premios de un colegio inglés, el director anunció, con orgullo, que sólo dos muchachos habían sido suspendidos en los exámenes. El actor y dramaturgo, Peter Ustinov, que era el invitado de honor en el acto, habló en favor de los «cateados»:

«Yo no poseo ningún título ni preparación y creo que el mundo tiene una gran necesidad de la gente no cualificada. Me siento inclinado hacia los dos que no han aprobado los exámenes, como me siento atraído hacia cualquier "minoría". Si yo hubiera sido alumno de este colegio, casi seguro que hubieran sido tres los suspendidos. Todos aquellos que no han alcanzado las cumbres de la sociedad, siguen siendo muy valiosos en este mundo».

* * *

Si puedes aceptar que no eres muy bueno,
puedes dejar de demostrar que eres muy bueno.
Si puedes dejar de demostrar que eres muy bueno,
puedes saber que sigue siendo muy bueno no ser muy bueno.
Si puedes saber que sigue siendo muy bueno no ser muy bueno,
puedes saber que eres muy bueno tal como eres.
Tú eres muy bueno, ¿de acuerdo?

Werner Erhard

**Os rociaré con un agua pura que os purificará...
Os daré un corazón nuevo
y os infundiré un espíritu nuevo.**

Ezequiel 36, 25-26

Sugerencias para la oración ❤

¿Sientes profundamente que Dios te ama tal y como eres, y te acepta a pesar, o por tus pecados?

Escucha las palabras reconfortantes de Dios, en Ezequiel 36, 25-29.

Lee y medita Efesios 4, 20-24.

Pide la gracia de experimentar la presencia amorosa de Dios, de reconocer tus pecados y de arrepentirte de todo corazón, para que puedas ser digno discípulo de Jesús. ❤ ❤ ❤

> **No somos lo que debiéramos ser**
> **ni lo que queremos ser**
> **ni lo que esperan que seamos.**
> **Pero, al menos, no somos**
> **lo que solíamos ser.**

8 / 3   Aceptarnos a nosotros mismos

El Cura de Ars dijo en cierta ocasión: «He recibido dos cartas en el mismo correo; una decía que yo era un gran santo, y la otra, que era un hipócrita y un impostor. La primera no me hacía mejor de lo que soy y la segunda no me hacía peor de lo que soy. Delante de Dios, todos somos lo que somos, nada más ni nada menos».

* * *

Hay una vieja historia, contada por un filósofo de la antigua China, que gozaba del favor del emperador. Era un hombre muy humilde y, cuando le preguntaban algo que él no sabía responder, decía enseguida: «No lo sé».

En cierta ocasión, alguien a quien no le hacía gracia esta confesión de ignorancia le espetó:

—Pero, ¿no te paga el emperador por lo que sabes?

Es verdad —replicó el filósofo pacientemente—. Si me pagara

por lo que no sé, no bastarían las riquezas del imperio ni tampoco las de todo el mundo.

Me abstengo de presumir, no vaya alguien a tenerme en más de lo que ve en mí o escucha de mí.

2 Corintios 12, 6

Sugerencias para la oración ❤

Lee y reflexiona el pasaje de Lucas 7, 36-60, acerca de la mujer considerada pecadora por la sociedad.

Introdúcete en la escena. Identifícate con la mujer. Lava los pies de Jesús con tus lágrimas, úngelos. Observa su rostro lleno de compasión y amor. Escucha sus consoladoras palabras: *«Le han perdonado muchos pecados, porque ha amado mucho».*

Respóndele a Jesús como te pida tu corazón.

Pide al Señor que te ayude a comprender que «la humildad es la verdad», para que tu corazón vaya asemejándose al de Jesús. ❤ ❤ ❤

> **Charlie Brown:**
> **¿Qué harías tú si sabes que nadie te quiere?**
> **Lino:**
> **Trataría de examinarme con objetividad**
> **y ver en qué puedo mejorar.**
> **Charlie:**
> **Odio esa respuesta.**

8 / 4	Perdonar

Siendo colegial, el escritor inglés C.S. Lewis era, muchas veces, maltratado por un maestro. Se sintió muy herido por ello, y le siguió doliendo durante la mayor parte de su vida. Con frecuencia, le volvía aquel sentimiento con pensamientos de rencor hacia su antiguo maestro.

Cuando Lewis se fue haciendo maduro, se dio cuenta de que la herida sólo se curaría si le perdonaba al maestro de todo corazón. Se esforzó por hacerlo, pero no conseguía perdonar el mal que le habían hecho en su niñez. Para empeorar las cosas, comenzó a padecer otra enfermedad: la culpabilidad por ser incapaz de perdonar.

Por fin, poco antes de su muerte, Lewis escribió a un amigo: «Sólo hace unas pocas semanas me di cuenta, de pronto, de que por fin había perdonado al profesor que entristeció tanto mi niñez. Lo intenté durante años, y cada vez que creía haberlo logrado, veía que tenía que seguir intentándolo. Pero esta vez estoy seguro de haberlo conseguido».

> **«Señor, si mi hermano me ofende, ¿cuántas veces tengo que perdonarle? ¿Hasta siete veces?» Le contesta Jesús: «Te digo que no siete veces, sino setenta veces siete».**
>
> *Mateo 18, 21*

Sugerencias para la oración ❤

Lee, meditando, la Parábola del siervo que no perdonaba en Mateo 18, 21-35.

Cuando le pides a Dios perdón por un pecado, ¿ha apartado, alguna vez, su rostro de ti y te ha dicho que no te va a perdonar?

No es propio de él obrar así. Te desafía a que tú hagas lo mismo con los demás.

Lee y medita Jeremías 31, 31-34.

Da gracias a Dios por la amorosa misericordia que ha usado contigo.

Mira a Jesús crucificado y pide perdón al Señor por las muchas veces que no has sido capaz de perdonar a los demás a pesar de haber experimentado tantas veces el perdón de Dios.
❤ ❤ ❤

> **Si pudiéramos leer
> en el corazón de nuestros enemigos,
> hallaríamos, en cada uno,
> tristeza y sufrimiento
> como para desarmar toda nuestra hostilidad.**
> *Longfellow*

8 / 5   **Aceptar a los demás**

Un abogado se hallaba visitando a un cliente cuando entró en la estancia la hija pequeña de este último y le mostró los deberes que le habían encargado en el colegio.

—Oye –le rogó–, por favor, mira los deberes que hecho.

El abogado recorrió el papel. No había una sola palabra correctamente escrita. Pero se volvió sonriente hacia la niña y le dijo:

—Es una página muy bonita. Los márgenes están derechos y limpios; tu caligrafía es clara y se lee con facilidad.

—Gracias –le dijo la niña–. Me esforzado mucho en conseguirlo. La próxima vez trabajaré la ortografía.

> **Revestíos de compasión entrañable, amabilidad, humildad, modestia, paciencia; soportaos unos a otros y perdonaos.**
>
> *Colosenses 3, 12-13*

Sugerencias para la oración ❤

Jesús nos da un ejemplo impresionante de cómo aceptar a los demás. Lee el episodio de la adúltera, en Juan 8, 1-11. Jesús reta a los engreídos acusadores a que juzguen sus propios corazones como han juzgado a la mujer. Como todos eran reos de pecado, ninguno se movió para ejecutar a la mujer.

Jesús vino a predicar el perdón de los pecados, el perdón de nuestros enemigos: «El que esté sin pecado...»

Compara tu conducta con la de los fariseos y con la de Jesús. Imagina que eres uno de los acusadores. ¿Qué te dice Jesús? Imagina que eres la mujer. ¿De qué pecados le pides perdón? ¿Qué es lo que él te dice?

Lee y medita Isaías 49, 14-16 sobre la actitud de Dios hacia los pecadores.

Agradece al Señor porque no ha escrito tus pecados sobre roca, sino sobre el polvo, para que desaparezcan con el aliento de su perdón. ❤ ❤ ❤

Quiero amarte sin ahogarte,
apreciarte sin juzgarte,
acompañarte sin invadirte,
invitarte sin exigirte,
corregirte sin acusarte
y ayudarte sin insultarte.
Y, si puedo conseguir lo mismo de ti,
entonces podremos encontrarnos de verdad
y enriquecernos mutuamente.

Virginia Satir

8 / 6   Enfrentarnos a la dura realidad

En su obra, *Reconstrucción*, R. Bendler y J. Grinder describen un proceso de curación. En una sesión de psicoterapia, estaban sometiendo a tratamiento a una mujer que mostraba una conducta compulsiva. Era una chiflada por la limpieza, que empleaba horas y horas manteniendo todo inmaculado y brillante. Su familia le toleraba todas estas peculiaridades, excepto su obsesión por cuidar de la alfombra.

Se pasaba todo el día tratando que la gente entrara por la puerta de atrás o de que se quitaran los zapatos y pisaran suavemente. No quería que pisaran la alfombra porque dejaban huellas: no de barro ni de polvo, sino simples depresiones en el tejido de la alfombra. Y cuando notaba que había huellas, corría a por la aspiradora para aplanar la alfombra.

Durante las sesiones de terapia la sometieron a varios ejercicios. Primero, tenía que cerrar los ojos, visualizar la alfombra, limpia y esponjosa, sin una sola huella. Durante este ejercicio, la mujer se hallaba en el «séptimo cielo» y sonreía durante todo el tiempo.

El siguiente ejercicio era verse a sí misma solitaria, totalmente sola, abandonada por todos sus seres queridos. La sonrisa de la mujer desapareció. Comenzó a sentirse muy mal. El terapeuta le dijo que cerrara los ojos otra vez, y que viera la alfombra llena de huellas, mientras todos sus seres queridos estaban junto a ella. Comenzó a sentirse, otra vez, bien. Comprendió el mensaje.

Desde aquel momento, su conducta cambió radicalmente. ¡Se preocupó más por la gente que por la alfombra!

> **Vete a tu casa y a los tuyos, y cuéntales todo lo que el Señor, por su misericordia, ha hecho contigo.**
>
> *Marcos 5, 19*

Sugerencias para la oración ❤

¿Te dejas llevar por «conductas compulsivas» que perjudican a los demás? Deberías intentar los ejercicios de arriba. Examínate. Podrías hacer un *ejercicio de imaginación* sobre el hijo pródigo, cuya naturaleza impulsiva le llevó a una situación desesperada (en Lucas 15, 11-31). Siéntate junto al joven en la pocilga; siente el vacío en su/tu estómago y corazón. Pregúntale –a él y a ti– qué vais a hacer ahora... Lee y medita Isaías 44, 21-26 sobre cómo trata Dios a los pecadores.

Pídele a Dios valor para salir de tu «pocilga» y volver a casa, donde El. ❤ ❤ ❤

> **Hay mucha diferencia entre belleza y encanto.**
> **Bella es una mujer en la que yo me fijo.**
> **Encantadora es una mujer que se fija en mí.**
> *John Erskine*

---

8 / 7   **La gratitud de Dios**

Hoy le oí a Dios decir una palabra.
Y pensé que me estaba tomando el pelo.
Me rasqué la cabeza, porque la palabra que dijo
fue: «Gracias, amor mío, gracias».

«Gracias ¿por qué?» Me puse a pensar y pensar,
y le dije a él que me explicara.
«Gracias por todo lo que eres para mí,
lo mismo bajo el sol que bajo la lluvia.

«Gracias por aceptar mi amor ilimitado,
gracias por confiar en mí.
Gracias por aceptar mis cuidados infinitos,
cuando es difícil verlos.

«Gracias por descargar sobre mí tus aflicciones,
tus errores y todo lo demás.
Gracias por prescindir de tu pasado,
y por creer que yo me encargaré de todo.

«Gracias por advertir los dones que te he dado,
gracias por estar un rato conmigo.
Gracias por volverte, de vez en cuando,
a ofrecer una sonrisa a tus compañeros.

«Y, mientras yo me preocupo, muchas gracias
por dejar en mis manos tu futuro...»

Joan Metzner, M.M.

Todas las criaturas de Dios son buenas, y nada es rechazable si se toma con acción de gracias, pues con la palabra de Dios y con la oración todo queda santificado.

1 Timoteo 4, 4

Sugerencias para la oración ❤

Lee el poema de arriba, y añade cosas por las que Dios *te daría gracias a ti.*

Examina el transcurso de esta semana. ¿Te ha ocurrido algo especial? ¿Le sacas más gusto a la vida? ¿Sientes más deseos de orar? ¿A qué atribuyes tus sentimientos (positivos o negativos)?

Pide la gracia de estar abierto al Espíritu, para «escuchar» las palabras de aliento que te dirige, los avisos que te da. ❤ ❤ ❤

**En cada alma, Dios ama y salva,
hasta cierto punto, a todo el mundo
del que esta alma forma parte,
de una manera incomunicable y particular.**

Teilhard de Chardin

TRAMO 9
Curar un mundo destrozado

Cuando la Madre Teresa recibió el Premio Nobel de la Paz, en Oslo, el 10 de Diciembre de 1979, lo aceptó «en nombre de los hambrientos, los desnudos, los sin techo, los ciegos, los leprosos, los que se sienten rechazados, no queridos y abandonados por toda la sociedad».

* * *

«Si amas a alguien, ¡demuéstraselo!» se dice en un bello póster. El verdadero amor siempre pasa a la acción. «Si alguien dice que ama a Dios, pero odia a su hermano, es un mentiroso» (1 Juan 4, 20).

En este contexto es como tienes que interpretar la escena del Juicio Final, en donde el único criterio para entrar en el Reino de los Cielos es nuestro grado de «amor de obras». Porque el justo juez dirá entonces: «Venid, benditos de mi Padre, a heredar el reino preparado para vosotros (...) porque tuve hambre y me disteis de comer, tuve sed y me disteis de beber, era emigrante y me acogisteis, estaba desnudo y me vestisteis, estaba enfermo y me visitasteis, estaba encarcelado y acudisteis (...) Lo que hayáis hecho a estos mis hermanos menores, me lo hicisteis a mí» (Mateo 25). Nuestra salvación final depende de la manera como hayamos cuidado de los menos afortunados que representan a Cristo de una forma muy real.

Durante las pasadas semanas, has meditado sobre la existencia e influencia del mal en el mundo. Has examinado tu propio corazón y has prometido arrepentirte, en el verdadero sentido de esta palabra.

Ahora ya estás en disposición de entregarte generosamente al Señor, en respuesta al generoso amor que él te ha mostrado. Jesús te desafía a que le des esta respuesta de la mejor manera, siguiendo su enseñanza: «Amarás al Señor tu Dios, de todo corazón, con toda el alma, con toda la mente, y al prójimo como a ti mismo» (Lucas 10, 27). «A Dios nunca lo ha visto nadie; si nos amamos unos a otros, Dios permanece en nosotros, y el amor de Dios está en nosotros consumado» (1 Juan 4, 12).

Durante tus meditaciones sobre el pecado, te has estado preguntando:

¿Qué he hecho por Cristo?
¿Qué hago por Cristo?
¿Qué voy a hacer por Cristo?

Esta semana, responderás a estas preguntas de una forma muy concreta:

¿Qué he hecho por mi prójimo?
¿Qué hago por mi prójimo?
¿Qué voy a hacer por mi prójimo?

Pide la gracia de comprender que «el amor llegará en nosotros a su perfección, si somos nosotros lo que Él fue; y esperamos confiados el día del juicio. En el amor no cabe el temor, antes bien, el amor desaloja el temor» (1 Juan 4, 17-18).

Señor, nos compadecemos de la gente
cuyos rostros no conocemos, nosotros,
rostros que lloran sobre ataúdes,
rostros que miran a través de barrotes,
rostros de niños inocentes en peligro,
rostros ancianos amansados por la paciencia.

Líbranos del orgullo de haber triunfado en la vida,
para que nos inclinemos hacia aquéllos
que nos imploran en su necesidad.
Líbranos de preocuparnos de nosotros mismos,
para que nos ocupemos
de nuestros prójimos lejanos y cercanos.

Despierta nuestra amabilidad,
doblega nuestra repugnancia.
Sácanos afuera del pequeño círculo
de «los nuestros»,
hacia el gran círculo de la humanidad.
Derrama nuestras simpatías
y nuestro dinero
hacia toda humana necesidad.

Robert A. Raines

9 / 1   Compadecerse del hambriento

Hace algunos años, apareció en los periódicos que una compañía danesa había inventado una máquina para hacer *huevos largos*. Apenas las gallinas los iban poniendo, los huevos frescos eran recogidos, los cascaban y separaban las yemas de las claras. Ambas sustancias eran derramadas en cilindros de 20 centímetros de longitud, para hervirlas a continuación. Así, cada cilindro producía barras perfectas de huevo con núcleos amarillos y exteriores blancos. Los «huevos largos» podían ser congelados y almacenados durante seis meses. Se calculaba que la factoría producía unos 100.000 «huevos largos» al día, y que no daba abasto con la creciente demanda.

> **No os preocupéis por si tendréis qué comer o beber.**
> **Son los paganos los que preocupan por estas cosas.**
>
> *Mateo 6, 31*

Sugerencias para la oración ❤

¿Qué opinas del invento de la compañía danesa? ¿Cuántos de los que se encaprichan y pueden pagar esos «huevos largos» se preocupan de veras de los millones de sus hermanos y hermanas que, en todo el mundo, pasan largos días y noches sin probar bocado? Y tú, ¿ya te preocupas?

Hay varias maneras de paliar el «hambre» de la gente, en especial de aquéllos que nos necesitan y abrigan esperanzas de que los asistamos. Para inspirarte, lee cómo Jesús respondió a una de esas situaciones, en Mateo 15, 21-18.

Lee y medita sobre la invitación que Dios te hace en Jeremías 31, 15-22.

Pide la gracia de ser más sensible ante el apuro de los pobres que te rodean, y de buscar modos y maneras para aliviar su miseria. Pide, también, ingenio para hallar formas de atender a la gente que padece hambre. ❤ ❤ ❤

> **Cuando te sientas a comer,**
> **la mitad de los niños del mundo**
> **están aplastando sus narices contra tu ventana,**
> **con ojos hambrientos,**
> **mirando cómo comes.**

9 / 2   Atender al desnudo

Una jovencita se hallaba perpleja al ver que una persona tan importante como el Mahatma Gandhi iba desnudo de cintura para arriba. Un día, se acercó a él y le preguntó:

—¿Por qué no llevas una camisa? Si te parece, le diré a mi padre que te dé una.

Gandhi la miró afectuosamente y le explicó:

—Si tú me das una camisa, entonces todos mis hermanos que van como yo se sentirán incómodos y se quejarán de mí.

—Yo les daré camisas a todos ellos –insistió la jovencita–. ¿Cuántos hermanos tienes?

—Cuatrocientos millones –dijo el Mahatma, acariciando suavemente el rostro de la niña.

Desnudo salí del vientre de mi madre
y desnudo volveré a él.

Job 1, 21

Sugerencias para la oración ❤

¿Cuál es tu actitud acerca del vestido, la moda, etc? ¿Qué importancia le das a tu aspecto externo, sobre todo, en los días de fiesta?

¿De qué maneras dedicas tu atención hacia los «desnudos»? ¿Se te ha ocurrido pensar en otras formas de desnudez, distintas de la falta de ropa?

Vuelve a leer la descripción del Juicio Final, en Mateo 25, 31-46. Escucha atentamente las palabras de Jesús; observa la expresión de su rostro. ¿Te coloca a su derecha o a su izquierda? ¿Por qué? ¿Qué es lo que te impide el entregarte completamente a los demás?

Pide la gracia de comprender las enseñanzas de Jesús y de seguirlas con gran espíritu de amor y servicio. ❤ ❤ ❤

Jesucristo, el Señor,
nos sale al encuentro todos los días,
bajo la figura de los pobres.
William Langland

155

9 / 3   Cuidar al enfermo

En *La Madre Teresa, su Gente y su Obra,* Desmond Doig describe sus primeros recuerdos de ella, cuando estaba en Nirmal Hriday (Corazón Puro), su primer hogar para los moribundos abandonados de Calcuta.

«Estaba ella de rodillas junto a un moribundo al que acababa de acoger. Despojado de sus harapos, era todo él una impresionante llaga donde hervían los gusanos... Con paciencia diligente, le iba ella limpiando mientras le hablaba afectuosamente en bengalí. Un joven indio, llamado Christo Das, vino a ayudarla y a sustituirla. Cuando acabó su tarea, me dijo: Cuando limpio las heridas de los pobres, estoy limpiando las heridas de Cristo».

Esto lo había aprendido de la Madre Teresa, quien había escrito: «Yo veo a Cristo en cada persona que encuentro, porque él dijo: Tuve hambre, tuve sed, estuve desnudo, estuve enfermo, sufría, no tenía casa... Es así de sencillo. Cada vez que doy un trozo de pan, se lo doy a él».

> **Muchachos y niños de pecho desfallecían**
> **por las calles de la ciudad.**
> **Acudían a sus madres,**
> **mientras desfallecían por las calles...**
> **mientras expiraban en los brazos de sus madres.**
> *Lamentaciones 2, 11-12*

Sugerencias para la oración ❤

Puedes poner en práctica la «oración en acción». Visitar a una persona enferma que conoces o visitar la sala de un hospital. Después, vas reflexionando acerca de los médicos, las enfermeras, los visitantes, etc.

Hay varias clases de enfermedades: físicas, psicológicas, morales, sociales. ¿Sufres tú alguna de ellas? ¿Te preocupas por la gente que sufre y por la ayuda que puedes prestarles?

Lee y medita acerca del amor de Jesús al curar a la suegra de Pedro y la manera cómo ella responde, dedicándose a servirles, en Mateo 1, 29-34.

Pide la gracia de curarte a ti mismo y de tener ese toque curativo que aporta consuelo a los demás. ❤ ❤ ❤

Sólo voy a pasar una vez por este mundo.
Todo el bien que pueda hacer,
toda la amabilidad que pueda mostrar
a cualquier ser humano,
he de hacerla ahora
y no dejarla para más tarde.
Porque no voy a pasar otra vez por aquí.
Stephen Gullet

9 / 4   **Una paradoja viviente**

Como muy bien, pero tengo hambre
    porque hay un ser humano que está hambriento.
Bebo agua fresca, pero mi garganta está seca
    porque hay un ser humano sediento.
Puedo reírme, pero me salen las lágrimas
    porque hay un ser humano profundamente triste.
Tengo un cuerpo sano, pero me siento mal
    porque hay un ser humano enfermo.
Tengo buena vista, pero me hallo en tinieblas
    porque hay un ser humano que está ciego.
Tengo una mente clara, pero se me van las ideas
    porque hay un ser humano que es ignorante.
Tengo amigos, pero me angustia la soledad
    porque hay un ser humano abandonado.
Tengo más de una casa, pero me siento a la intemperie
    porque hay un ser humano sin techo.
Busco la pureza, pero me siento culpable
    porque hay un ser humano atrapado en el pecado.
Soy libre, pero es como si mis ventanas tuvieran barrotes
    porque hay un ser humano encarcelado.
Me visto a la moda, pero pienso que me cubro de harapos
    porque hay un ser humano que está desnudo.
Disfruto de comodidad, pero no descanso
    porque hay un ser humano en gran necesidad.
Myrtle Householder

Cuando alcéis las manos en oración, cerraré mis ojos; aunque multipliquéis las plegarias, no os oiré, pues vuestras manos están llenas de sangre.

Isaías 1, 15

Sugerencias para la oración ❤

Lee varias veces el pasaje anterior, deteniéndote en cada espacio, y comprueba si tú sientes lo mismo acerca de los muchos males de la sociedad.

Lee y reflexiona sobre Job 24, 5-11. ¿La descripción que allí aparece puede adaptarse a la realidad presente? Estudia algunas maneras en las que tú puedas cambiarla.

Pide la gracia de ser más sensible hacia las injusticias que te rodean; pide también fuerza para hacer algo personal al respecto. ❤ ❤ ❤

Si puedo hacer que un corazón no se destroce, no habré vivido en vano. Si puedo aliviar un dolor, suavizar una pena o hacer que un pájaro desvalido vuelva al nido, no habré vivido en vano.

Emily Dickinson

---

9 / 5   **De palabra y de obra**

En un crudo día de invierno, un anciano tembloroso fue llevado ante los tribunales. Se le acusaba de haber robado un pan. Al ser interrogado, el hombre explicó al juez que lo había hecho porque su familia estaba muriéndose de hambre.

—La ley exige que sea usted castigado –declaró el juez–. Tengo que ponerle una multa de 500 pesetas.

Al mismo tiempo, metió la mano en su bolsillo y dijo:

—Aquí tiene usted el dinero para pagar su multa. Y además –prosiguió el juez–, pongo una multa de 100 pesetas a cada uno de los presentes en esta sala, por vivir en una ciudad donde un hombre necesita robar pan para poder sobrevivir.

Pasaron una bandeja por el público, y el pobre hombre, totalmente asombrado, abandonó la sala con 5.000 pesetas en su bolsillo.

> **No amemos de palabra y con la boca,**
> **sino con obras y de verdad.**
> *1 Juan 3, 18*

Sugerencias para la oración ❤

Repasa las inspiraciones que has tenido durante los últimos días, acerca de la responsabilidad que cada uno de nosotros tenemos en la propagación del mal en el mundo.

Lee y medita Lucas 5, 17-20. Es la escena del paralítico a quien sus amigos ayudaron, ingeniosamente, a presentarle ante Jesús para que lo curara.

Existen diferentes clases de «parálisis», diferentes maneras por las que tú y los demás quedamos inmovilizados. Piensa en las estructuras injustas que hoy dejan «paralizadas» a millones de personas. ¿Puedes tú ayudar en algo?

Pide la gracia de que tu amor se traduzca en un auténtico servicio. ❤ ❤ ❤

> **Haz todo el bien que puedas,**
> **por todos los medios que puedas,**
> **de todas las maneras que puedas,**
> **en todos los sitios que puedas,**
> **a todas las horas que puedas,**
> **a toda la gente que puedas,**
> **durante todo el tiempo que puedas.**
> *John Wesley*

9 / 6   Decisiones egoístas

En su obra *Vivir, amar y aprender*, Leo Buscaglia nos habla de una interesante experiencia sociológica llevada a cabo con estudiantes de una universidad del medio Oeste de los Estados Unidos, acerca del tema: dar y compartir. A cada estudiante se le pidió que aportara 10 centavos, y les dijeron: «En la India hay gente que se muere de hambre. Necesitan ayuda. Si te parece, pon la moneda de 10 centavos en un sobre y escribe en él: India.

Pero la India está un tanto lejos. Hay bastantes familias aquí, en los suburbios, que realmente necesitan alimentos para vivir. Entonces, pon la moneda en un sobre que, en lugar de India, ponga: "Familia pobre".

Por otra parte, aquí, en la universidad, tenemos mucha necesidad de una nueva fotocopiadora. Si quieres ayudar a comprar una fotocopiadora, entonces, pones en el sobre: Fotocopiadora».

El ochenta por ciento del dinero fue ¡para la fotocopiadora!

Los que se afanan por enriquecerse caen en tentaciones y trampas y múltiples deseos insensatos.

1 Timoteo 6, 9

Sugerencias para la oración ❤

Lee y medita la Parábola del rico insensato, en Lucas 12, 16-21.

Las palabras de Dios echan abajo la falsa seguridad de los planes del hombre rico. Había empleado toda su vida acumulando, edificando y almacenando. Dios le dice que está en bancarrota (espiritualmente), porque está muy lejos de ser rico a los ojos de Dios.

Continúa reflexionando en esto mismo leyendo 1 Timoteo 6, 17-19.

Pide la gracia de tomar buenas decisiones en la vida, teniendo siempre presentes a los pobres y a los necesitados. ❤ ❤ ❤

**Sangramos por nuestras raíces,
porque nos hallamos arrancados
de la tierra, el sol y las estrellas;
porque nuestro amor es una farsa,
porque somos una pobre flor
arrancada del tallo del árbol de la vida,
y creemos que vamos a poder seguir floreciendo
dentro de nuestro civilizado vaso
que hemos puesto sobre la mesa.**
D.H. Lawrence

Raoul Follereau tuvo este sueño:
Un hombre se presentó ante Dios juez, y dijo:
—Ya ves, Señor, que no he hecho nada malo,
injusto o impío. Mis manos, Señor, están limpias.
—Pero –dijo el Señor–, ¡están vacías!

* * *

Nunca he degollado a mi prójimo,
        nunca le he robado dinero;
nunca he devastado su casa ni su tierra,
        pero, Dios mío, ten piedad de mí,
Porque me persiguen, noche y día,
        todas las cosas que no he hecho!

Marguerite Eilkinson

**Tenía miedo,
y enterré tu dinero bajo tierra.**
Mateo 25, 25

Sugerencias para la oración ❤

Lee y reflexiona sobre la Parábola de los Talentos, en Lucas 19, 11-27. Tú has recibido mucho. ¿Cuánto es lo que das?

Haz una lista de tus pecados de *omisión*, los obvios ¡y también los más sutiles!

Pide la gracia de persuadirte de que no es suficiente no hacer el mal, sino que es esencial hacer el bien que estás llamado a hacer como seguidor/a de Jesús. ❤ ❤ ❤

**Mientras haya gente que tiene hambre
y que tiene sed,
mientras haya ignorancia y enfermedad,
mientras la guerra haga estragos,
mientras haya injusticias
en alguna de las tierras de Dios,
yo soy el guardián de mi hermano
y no tengo derecho a lavarme las manos.**
J. Ferguson

TERCERA ETAPA

Lealtad total a Cristo

Lealtad total a Cristo

En el *Padrenuestro* Jesús nos enseñó a decir: «Venga a nosotros tu Reino». Por tanto, hemos de comprender que no podemos establecer el Reino con nuestros propios esfuerzos, sino que hemos de permitir que él *venga* a nosotros, que se nos haga presente en la Palabra de Dios hecha carne, y a través de la Iglesia, el Cuerpo de Cristo.

Los fariseos le preguntaron, una vez, a Jesús, a ver *cuándo* iba a llegar el Reino de Dios. Jesús les dijo: «La llegada del reinado de Dios no está sujeta a cálculos; ni dirán: ¡Míralo aquí, míralo allí! Pues está *entre vosotros*» (Lucas 6, 20).

Jesús hizo hincapié en el hecho de que el Reino «ya ha llegado». Es más; nos dice que no debemos confundir el Reino con ninguna institución o ningún lugar. El Reino no puede verse, porque no es un objeto. Está «entre vosotros, en medio de vosotros». Supone que tenemos conciencia y experiencia del mismo. El Reino es, en algún sentido, el universo entero. Los «ricos» (denunciados por Jesús) están «orientados hacia las cosas», y por ello están incapacitados para ver el Reino. «Bienaventurados los pobres, porque vuestro es el Reino de los Cielos» (Lucas 6, 20).

¿Quién como el Señor Dios nuestro..?
El levanta del polvo al desvalido,
alza de la basura al pobre
para sentarlo con los nobles.
                              Salmo 113, 5-8

Dios ha hecho de cada uno de nosotros un rey o reina.

**Lo has hecho poco menos que un Dios,
de gloria y honor lo has coronado,
le has dado el mando sobre las obras de tus manos;
todo lo has sometido bajo sus pies.**

Salmo 8, 6-7

Se nos ha otorgado la dignidad y la responsabilidad sobre el mundo. Y hemos de mantener la creación, evitando que sucumba bajo la injusticia que lleva al caos y a las tinieblas (Salmo 82, 5). Hemos de enfrentarnos al mal, como vasallos leales de Cristo nuestro Rey, y hemos de luchar por la paz, la alegría y la justicia, a fin de poner orden y equilibrio en toda la creación.

El Reino está dentro de cada uno de nosotros; es el Espíritu de Jesús Resucitado. Una vez convencidos de esta presencia, hemos de cambiar nuestra conducta: nuestras relaciones con nosotros mismos, con los demás, con el mundo, con Dios.

Si queremos, sinceramente, que *venga a nosotros tu Reino,* cuando rezamos el *Padrenuestro,* entonces hemos de decir, con gran espíritu de entrega: *Te entrego mi reino.* Porque, el Reino de Cristo llega a través del «morir para uno mismo», y seguir la ruta de Cristo en la pobreza, la humillación y el sufrimiento.

El Reino tiene que ser nuestro principal objetivo, y por él hemos de entregarlo todo (Mateo 6, 25-34; 13, 44ss). Y una entrega auténtica al Reino significa realizar las obras de misericordia, tal y como las hemos visto detalladas en la escena del Juicio Final (Mateo 25, 31-46). El Reino consiste en la justicia, la paz y la alegría (1 Corintios 4, 20).

Durante esta semana, voy a meditar sobre Cristo, mi Capitán y mi Rey; y voy a ver cómo hemos de llevar el Reino de Cristo a las vidas de los demás gracias a la fascinación de un corazón que se ha vaciado de sí mismo. Me esforzaré en descubrir a Jesús como una Persona viva. Abriré mi corazón a su llamada y me entregaré a él. Eso conlleva un total abandono de todo egoísmo, siguiendo el ejemplo de entrega del mismo Jesús, para llevar a cabo el propósito del Padre cuando creó el mundo. Significa que he de organizar toda mi vida al servicio del Reino.

Eterno Señor de todas las cosas,
siento tu mirada puesta en mí,
sé que tu Madre está aquí cerca
y que, en torno a ti, hay una multitud
de hombres y mujeres, de mártires y santos.
Si tú me ayudas,
quisiera ofrecerme a ti:
Es mi determinación más firme y mi deseo
si Tú me aceptas,
proceder en este mundo como Tú procediste.
Sé que viviste en una pequeña aldea,
sin comodidades, sin educación especial.
Sé que rechazaste el poder político.
Sé lo mucho que sufriste:
las autoridades te rechazaron,
los amigos te abandonaron.
Pero, para mí, es algo maravilloso
que me invites a seguirte de cerca.

Joseph Tetlow, S.J.

TRAMO 10
La llamada de Cristo

Hace un tiempo apareció un llamativo anuncio en el diario *The Times of India,* redactado por un tal Vikas Rajvanshi. Decía así:

SE BUSCAN LIDERES
(Sólo para gente que se preocupa por la India)

País:

El nuestro es una democracia de unos 900 millones de habitantes, de los que un 85% habita en áreas rurales. Nuestra rica cultura y patrimonio histórico es tenida en gran estima por todo el mundo. Nuestros adelantos tecnológicos han hecho que seamos autosuficientes en muchas áreas. Por desgracia, recientemente, estamos atravesando por una inestabilidad política y económica. Para sacar al país de estas dificultades, necesitamos líderes dinámicos, eficientes y honestos.

Candidatos:

a)   Habrán de estar en posesión de títulos otorgados por universidades reconocidas

b)   tienen que estar dispuestos ejercer su servicio por sólo cinco años, sin opción a un segundo período

c)   serán estrictamente laicos

d)   deberán tener un historial limpio de toda corrupción.

Edad:

Preferentemente, de 40 a 75 años.

Experiencia:

Es esencial un mínimo de 5-10 años de experiencia política a nivel local y estatal.

Preparación y futuro:

Los candidatos permanecerán a prueba durante cinco años. De ser aceptados, ejercerán por otros cinco años. Las previsiones de ascenso son inmejorables para quien se lo merezca, ya que el oficio ofrece oportunidad de llegar hasta el nivel de primer ministro.

Compensaciones:

Serán lo suficientemente atractivas como para retener a los mejores talentos. Además del salario, los candidatos serán acreedores a varios honores, que incluirán el aplauso y respeto de sus conciudadanos, el reconocimiento internacional, la fama, la popularidad, etc...

Compara este anuncio con el siguiente, redactado pensando especialmente en ti:

SE BUSCAN LIDERES CRISTIANOS
(Sólo para «ciudadanos del mundo»)

Nacionalidad:

Pueden presentarse candidatos de cualquier parte del mundo. Hay trabajo para ser realizado entre gentes de todos los colores, credos, clases y grupos, en todas partes y a todas las esferas de la sociedad humana.

Candidatos:

a)   Han de desear, profundamente, seguir el estilo de vida de Cristo, su líder y modelo

b)   Han de ser conscientes de que las personas obedecen a dos tipos de valores: unos, que los vuelven egoístas; y otros, que los hacen seres humanos «libres».

c)   Han de estar preparados para enfrentarse con las contrariedades, las dificultades, las críticas, la oposición... por parte de la gente que está en contra de los valores superiores.

Edad:

Sin límite. No obstante, se dará preferencia a los que tengan un corazón fuerte y generoso para emprender la misión que Cristo les encomiende.

Experiencia:

Es necesaria una mínima experiencia de Dios, de oración, de servicio a la humanidad. Los que no posean estos mínimos podrán ser admitidos como aprendices.

Honorarios:

En esta aventura no existen recompensa económica, pero los candidatos descubrirán, muy pronto, que van adquiriendo virtudes y valores que ningún dinero del mundo podría comprar. Sus mayores logros son la paz, la felicidad, la alegría y el espíritu de servicio. Su porvenir más brillante es vivir una vida estrechamente identificada con la de su modelo, Jesucristo, con todo lo que esto lleva consigo, a saber: pobreza, deshonra y humildad.

¿Tienes el valor de presentarte voluntario/a?

Esta semana vas a meditar en lo que significa ser un seguidor de ese rey tan peculiar que es Jesús. Podrás comprobar tu propia generosidad y tomar tus propias decisiones, dentro de un espíritu de oración y con la gracia de Dios.

* * *

«Los pobres y los débiles me han revelado el gran secreto de Jesús. Si pretendes seguirle, no has de empeñarte en escalar el éxito o el poder para hacerte cada vez más importante. Todo lo contrario: has de descender para encontrarte con la gente destrozada y doliente. La luz está allí, brillando en las tinieblas, en las tinieblas de su pobreza.

«Te han invitado a compartir tu vida con los pobres, quizá con los enfermos o los ancianos; con la gente sin trabajo, con los jóvenes atrapados en el mundo de las drogas, con los resentidos porque fueron profundamente heridos en su juventud, con los discapacitados, con los que viven en barrios miserables, con los oprimidos, abandonados, dolientes...»

(Jean Vanier).

* * *

Pide valor para seguir la llamada de Cristo, nuestro líder supremo, en todo momento, bajo cualquier circunstancia y con total generosidad de corazón. No lo dejes para mañana.

¿Qué tengo yo, que mi amistad procuras?
¿Qué interés se te sigue, Jesús mío,
que a mi puerta, cubierto de rocío,
pasas las noches del invierno oscuras?

¡Oh, cuánto fueron mis entrañas duras,
pues no te abrí! ¡Qué extraño desvarío,
si de mi ingratitud el hielo frío
secó la llagas de tus plantas puras!

¡Cuántas veces el ángel me decía:
«¡Alma, asómate ahora a la ventana,
verás con cuánto amor llamar porfía!

¡Y cuántas, hermosura soberana:
«Mañana le abriremos», respondía,
para lo mismo responder mañana!

Lope de Vega

«Señor Jesucristo. Las cosas que nos apartan de ti son muy variadas: todas esas preocupaciones estériles, esos frívolos placeres, esos inútiles cuidados. Tantas cosas que tratan de distraernos, de atemorizarnos y de paralizarnos: el orgullo, que nos impide aceptar la ayuda de los demás; la timidez, que nos mantiene paralizados hasta la auto-destrucción; el remordimiento de nuestros antiguos pecados, que huye de la pureza y de la santidad, como huye la enfermedad de los remedios del médico. Pero, a pesar de todo, Tú eres más fuerte que todas esas cosas. Atráenos, cada vez más fuertemente, hacia Ti. Amén»

(Soren Kierkegaard).

La expedición de sir Ernest Shackleton al Polo Sur, en 1915, fue toda una aventura. Un viaje de esa envergadura, inseguridad y riesgo requería una tripulación muy especial formada por gente endurecida y sacrificada. Con el fin de reclutar sus hombres, Shackleton puso un pequeño anuncio en el *Times* de Londres:

Se buscan: Personas para un viaje peligroso. Salarios bajos, intensos fríos, largos meses de completa oscuridad, peligros constantes, inseguridad de regresar sanos y salvos, honores y reconocimiento, en caso de éxito

(Sir Ernest Shackleton).

La respuesta fue abrumadora. Sir Shackleton tuvo que elegir a 28... ¡de entre más de 5.000 solicitantes!

El viaje resultó durísimo. El barco, que se llamaba *Endurance* (Resistencia), quedó atrapado entre los hielos y no llegó a su destino. La tripulación tuvo que abandonarlo, arrastrando su equipaje sobre trineos. Todos ellos recibieron honores y felicitaciones pero, sobre todo, fue reconocido el heroico liderazgo de sir Ernest Shackleton.

> **¡Qué estrecha es la puerta,**
> **qué angosto el camino que lleva a la vida,**
> **y qué pocos lo hallan!**
>
> *Mateo 7, 14*

Sugerencias para la oración ❤

La misión encomendada a Jesús por el Padre es establecer, en el mundo, la paz, la justicia, la fraternidad y la alegría. Jesús pide voluntarios para llevar a cabo esta misión. Acude a ti, y te pide que prepares un anuncio, para este fin, que sea publicado en un periódico local. ¿Cómo lo redactarías? Escríbelo a continuación:

Se buscan...

¿Te presentarías tú como voluntario/a?

Lee y reflexiona sobre la llamada de Cristo en Lucas 9, 57-62. ¿Pondrías excusas? ¿Cuál sería la reacción de Jesús?

Pídele a Jesús que te ayude a comprender la naturaleza de su liderazgo, y generosidad de corazón para responderle. ❤ ❤ ❤

Hace falta valor para responder a la llamada.
Hace falta valor para entregarse totalmente.
Hace falta valor para empeñar tu palabra.
Hace falta valor para ser auténtico.
L. Pereira, F.C.

10 / 2 — Como levadura en la masa

Franco Zeffirelli, el conocido director de cine italiano, ha dirigido a muchos grandes actores: Lawrence Olivier y Elizabeth Taylor, entre otros. En cierta ocasión le preguntaron cómo se comportaban estas «estrellas» en el plató. Esta fue su respuesta:

«A todos los grandes actores les une un común denominador: necesitan atención, cuidados y un afecto especial por parte de la persona que los dirige. No son capaces de trabajar si sienten tensión, odio, aburrimiento o pereza. Nunca olvidaré lo que la soprano italiana Giulietta Simionato me dijo cuando hice mi debut como director en La Scala: "Franco, me estás dando tu inteligencia, pero yo necesito también tu corazón". Fue esta gran mujer y gran artista la que me enseñó a querer a los actores con los que trabajo».

* * *

Dice la Madre Teresa de Calcuta: «Sé amable y compasiva. Que nadie se despida de ti sin sentirse mejor y más feliz. Sé la expresión viva de la bondad de Dios: amabilidad en tu rostro, amabilidad en tus ojos, amabilidad en tu sonrisa, amabilidad en tu saludo acogedor. En los barrios miserables, somos nosotras la luz de la bondad de Dios para con los pobres. A los niños, a los pobres, a todos los que sufren y se sienten solos ofréceles siempre una sonrisa feliz. No les des únicamente tus cuidados, dales, también tu corazón».

**Obra justamente,
ama tiernamente,
anda humildemente.**
Miqueas 6, 8

Sugerencias para la oración ❤

Lee: Mateo 13, 33-35. El Reino de Dios se propaga desde dentro hacia afuera de nosotros.

Reflexiona sobre la esperanza que Dios pone en cada uno de nosotros: Hebreos 2, 5-13.

Pide ser como «levadura en la masa» de la humanidad. Pide tener un corazón amable que se abra a todos los hijos de Dios y que lleve a realidad su Reino. ❤ ❤ ❤

**Dice una fábula persa:
Un día, un caminante halló
un trozo de barro tan aromático,
que su perfume llenaba toda la casa.
—¿Qué eres tú? –le preguntó el caminante–.
¿Eres alguna gema de Samarkanda
o algún extraño nardo disfrazado
o alguna otra mercancía preciosa?
—No. No soy más que un trozo de barro.
—¿Entonces, cómo tienes este aroma maravilloso?
—Amigo, te voy a revelar un secreto:
he estado viviendo junto a una rosa.**

10 / 3	El Reino del Amor

En cierta ocasión, un predicador comparó los 52 domingos del año litúrgico a una baraja, cuyos naipes llevaban, cada uno, un mensaje particular. El último domingo, fiesta de Cristo Rey, sacamos la última carta: el rey de corazones.

Jesús no es el rey de bastos. Estos son garrotes que simbolizan violencia, opresión y poder. Jesús tampoco es el rey de espadas. Las espadas significan guerra, sangre y muerte. Jesús tampoco es el rey de oros. El rechazó los tesoros de este mundo. «Yo soy rey —nos dijo—, pero mi reino no es de este mundo». Escogió la pobreza, para enriquecer a sus discípulos con los bienes del Espíritu. Jesús es el rey de corazones, porque su Reino es un reino de amor.

**Cristo os dejó un ejemplo,
para que sigáis sus huellas.**
1 Pedro 2, 21

Sugerencias para la oración ❤

Seguir a Jesús significa hacerse «pobre de espíritu». Lo cual puede incluir (en mayor o menor medida) el dejar comodidades, facilidades, determinadas relaciones y estos o aquellos intereses.

El Reino proclamado por Jesús es opuesto al reino de Satanás (las estructuras diabólicas de este mundo). El de Cristo es un Reino de Amor.

Lee y medita: 1 Corintios 15, 20-28. Allí se explica cómo Dios acabará poniendo a los pies de Cristo todos los principados, autoridades y poderes. Es una revolución que tendrá lugar gracias a la acción de Cristo.

Ora con las palabras del Salmo 145.

Pide la gracia de seguir a Jesús, pase lo que pase. ❤ ❤ ❤

**¿Has recibido algún don?
Pásalo a los demás.
No te lo dieron sólo para ti.
Pásalo a los demás.**
Henry Burton

Dos artistas, el tenor Gayarre y el violinista Sarasate, habían actuado en el Teatro Real de Madrid. Cuando salían, después de su actuación, se acercó a ellos un pobre ciego que llevaba en la mano un violín, y les rogó:

—Ayúdenme, por amor de Dios.

—¿Qué te ocurre? –le preguntaron.

—Una limosna, señores –replicó–. Desde hace días me estoy muriendo de hambre y ahora no tengo a dónde ir en esta noche cruda de invierno.

Los artistas se compadecieron de él. Sarasate tomó el violín del pobre y comenzó a tocar maravillosamente, mientras Gayarre cantaba. Pronto, una multitud de los que habían estado en el Teatro se arremolinó y aplaudió calurosamente al fin de la pieza. Entonces, Gayarre pasó el sombrero en torno, diciendo:

—Damas y caballeros, por amor de Dios, ofreced una pequeña limosna para este pobre hombre que está hambriento y no tiene dónde pasar la noche.

Se hizo una gran colecta que se puso en las manos del pobre. Lleno de alegría, fue en busca de una posada. Sus bienhechores se marcharon en silencio.

> **Haz caso del pobre,**
> **y responde a su saludo con llaneza.**
> *Eclesiástico 4, 8*

Sugerencias para la oración ❤

Lee y medita Isaías 41, 13-20, que habla de la actitud de Dios hacia los pobres y necesitados.

Contempla a Jesús en acción: Mateo 4, 23-25.

Responde con el Salmo 144, 1-11.

Pide la gracia de seguir el ejemplo de Cristo, que siempre mostró su predilección por los «últimos» de la sociedad. v ❤ ❤ ❤

> **Te amo con ojos de fe, no con mis ojos,**
> **porque éstos ven en ti muchos defectos;**
> **pero es mi corazón quien ama lo que ellos desprecian.**
> *(Shakespeare, Soneto 141)*

10 / 5   **Un Reino para todos**

He aquí el poema de un *intocable*, de un paria, que apareció en un periódico indio:

> ¡Oh Dios! Si tú hubieras hecho de mí
> una serpiente venenosa,
> al menos, un día al año, el Día de Nag Panchami,
> ¡me hubieran dado leche!
>
> O, si me hubieras dado la vida de un perro,
> éstos de alta casta me habrían dado un mendrugo
> y me habrían acariciado.
>
> Pero tú, Dios cruel, me has hecho nacer... hombre,
> me has hecho un *descastado*... y me has matado.
>
> El mayor castigo para cualquier criminal
> no es la muerte o los azotes,
> sino hacerle *descastado* o *intocable* por un día.
>
> Esta es la sentencia más cruel.

Porque yo soy un gusano, no un hombre;
afrenta de la gente, desprecio del pueblo.
Salmo 22, 7

Sugerencias para la oración ❤

¿Qué sentido tiene, para ti, el punto de vista expresado arriba, en su poema, por el Intocable? ¿Hasta qué punto eres consciente de la situación de los excluidos y marginados que viven en tu entorno? Trata de ponerte en su lugar e imagina cómo transcurriría un día ordinario para ti si fueras uno de ellos.

Lee y medita Lucas 14, 15-24, la parábola del gran banquete. ¿Qué te dice acerca de la naturaleza del Reino de Cristo? ¿Cuál es el mensaje de Dios para ti?

Ora con las palabras del Salmo 146.

Pide tener valor para llegarte hasta los «últimos» hermanos y hermanas de Cristo (tuyos). ❤ ❤ ❤

Hoy, en el autobús, vi una bella muchacha
de dorada cabellera.
Me ha dado envidia. Parecía tan feliz.
y he deseado ser tan hermosa como ella.
De pronto, se ha levantado para salir,
y la he visto cojear por el pasillo;
sólo tenía una pierna y llevaba una muleta,
pero me sonrió, al pasar.
¡Oh Dios, perdóname cuando me quejo;
que yo tengo dos pies... y el mundo es mío!

Anónimo

10 / 6 — Las exigencias del Reino

Si el amor te escogiera y se dignara
llegar hasta tu puerta y ser tu huésped,
¡Cuidado con abrirle e invitarle,
si quieres ser feliz como eras antes!

Pues no entra solo: tras él vienen
los ángeles de la niebla; tu huésped solitario
sueña con los fracasados y los desposeídos,
con los tristes y con el dolor infinito de la vida.

Despertará en ti deseos que nunca podrás olvidar,
te mostrará estrellas que nunca viste antes;
te hará compartir, en adelante
el peso de su tristeza divina sobre el mundo.

¡Listo fuiste al no abrirle! y, sin embargo,
¡qué pobre, si lo echaste de un portazo!

S.R. Lysaght

**Es terrible caer en manos
del Dios vivo.**
Hebreos 10, 31

Sugerencias para la oración ❤

Pon la palabra «Cristo», en lugar de la palabra «amor», en el poema de arriba, y vuelve a leerlo. Reflexiona un rato. Una «llamada» del Amor «te mostrará estrellas que nunca viste antes.»

Seguir a Cristo te exigirá mucho. Pero el gozo de seguirle llenará tu corazón.

Lee y medita Mateo 20, 20-28, acerca de la naturaleza del Reino de Dios. ¿Aceptarías beber el «cáliz» de Jesús? ¿Qué significa esto, concretamente, para ti?

Dios te ha escogido para tomar parte en su plan. Lee y medita Efesios 1, 3-14.

Pide valor para seguir de veras a Jesús y para responder a las exigencias del Reino. ❤ ❤ ❤

> **Me siento arrastrado**
> **hacia una tierra ignota.**
> **El suelo es más pendiente,**
> **el aire más frío y más cortante.**
> **Un viento de no se sabe dónde**
> **ha puesto en vibración mi expectativa.**
> **Y vuelvo a preguntarme:**
> **¿Podré jamás llegar allá;**
> **allá donde la vida hace sonar**
> **su clara y pura nota en el silencio?**
> *Dag Hammarskjold*

10 / 7   El precio del Reino

Se cuenta que el rey Federico el Grande de Prusia, no pudiendo dormir una noche, llamó al guardia para que le trajera un libro. Al no recibir respuesta, el rey salió encolerizado para reñir al soldado. Lo encontró dormido, con la cabeza apoyada en la mesa. El rey iba a gritarle, cuando sus ojos cayeron sobre una carta que el soldado estaba escribiendo cuando quedó vencido por el sueño.

El rey echó un vistazo al papel. Era una carta que el guardia escribía a su madre, en la que le decía: «Madre, estoy ahora haciendo una guardia extraordinaria, a la puerta de la alcoba del rey. La verdad es que estoy sustituyendo a un compañero para ganar un poco más de dinero que pueda enviarte. Pero me siento muy cansado y me está costando mantenerme completamente despierto para cumplir cabalmente con mi deber...»

El rey se sintió tan conmovido, que volvió a su cámara y regresó con un puñado de monedas de oro que dejó sobre el papel. Más tarde, aquel guardia llegó a ser el general Zeithen.

Al que tiene se le dará y le sobrará;
al que no tiene se le quitará aun lo que tiene.

Mateo 25, 29

Sugerencias para la oración ❤

Emplea un rato meditando sobre lo que te ha dado Cristo, tu Rey. ¿Cuánto te ha dado? ¿Cuándo? ¿Cómo? ¿Por qué?

Mira al crucifijo, si es que te ayuda a responder a estas preguntas.

Ya hemos dicho antes que, si somos sinceros al rezar la oración que Jesús nos enseñó, cuando decimos *«venga tu Reino»*, también queremos decir: ¡te doy *mi* reino!

A la luz de las inspiraciones que has recibido durante la pasada semana, ¿hasta dónde ha entrado el Reino en tu vida? ¿Qué más has de hacer para que entre totalmente en tu corazón?

Lee y medita Mateo 13, 44-46, acerca de la perla preciosa. ¿De que te tienes que privar para hacer del Reino de Dios una realidad en ti?

Pide la gracia de proceder con total apertura y generosidad al mostrar tu total lealtad a Cristo. ❤ ❤ ❤

Me tienen por loco porque
no vendo mis días por dinero,
y yo les tengo por locos porque
creen que mis días tienen precio.

Kahlil Gibran

CUARTA ETAPA

El Amor encarnado

El Amor encarnado

Entramos en una nueva fase de nuestro programa. Vas a poner tu atención en «escenas» de la vida de Cristo, comenzando por su nacimiento, su vida oculta en Nazaret y su ministerio público de predicación y curaciones.

Jesús es nuestro modelo. Cada estadio de su vida nos brinda la oportunidad de conocerlo mejor, de amarlo más, de asumir sus actitudes, de imitar sus acciones y de sentirnos motivados para seguirle más de cerca.

Para asimilar el verdadero espíritu de Jesús, no es suficiente «meditar», es decir, *pensar* en lo que Jesús dijo o hizo, sino que es preciso «contemplarlo». Has de esforzarte, conscientemente, en situarte en el tiempo y el espacio de Jesús, y *participar en la escena.* Has de sentirte presente, viendo cómo se relaciona Jesús con la gente, oyendo lo que dice, sintiendo su cercanía, incluso interviniendo, a veces, junto a él.

Para comprender el verdadero sentido de ser discípulo/a de Cristo, has de contemplar la vida terrena de Jesús, sus enseñanzas y ejemplos tal y como nos los presentan los Evangelios, con ánimo verdadero de aprender. Has de tratar de cambiar tus actitudes por las de Jesús, de manera que cada vez respondas mejor a su llamada cooperando auténticamente con Cristo en el establecimiento del Reino de Dios.

Durante las próximas semanas, pediré la gracia de conocer a Jesucristo, personal e íntimamente, a través de la contemplación de su vida y su mensaje. Pediré un mayor conocimiento del misterio de Dios que asume mi humanidad para hacerse más cercano a mí, incluso en el presente. Pediré a Dios que inflame mi corazón en el amor de Jesús y que me inspire un ardiente deseo de seguirle en todas las cosas, incluso hasta la muerte.

> Día tras día, mi Señor,
> te voy a pedir tres cosas:
> verte más claramente,
> amarte más tiernamente
> y seguirte más fielmente.
> Día tras día, día tras día, Señor.
> *Stephen Schwartz*

TRAMO 11: NACIDO DE MUJER

TRAMO 11
Nacido de mujer

Cuenta una leyenda francesa del siglo XII, que un volatinero vagabundo llegó a la abadía de los monjes de Claraval. Hastiado del mundo, buscaba la paz dentro de los muros del monasterio; pero, muy pronto, se dio cuenta de que no estaba preparado para vivir una vida de monje. No sabía leer ni escribir y tampoco sabía ejercitar labores manuales. Al ver a los otros monjes entregados al trabajo y a la oración, comenzó a sentirse deprimido.

Una mañana temprano, mientras los monjes estaban en oración, el volatinero se introdujo subrepticiamente en la cripta de la iglesia. Descubrió allí una estatua de Nuestra Señora sentada en su trono. Contempló su amable aspecto, y sintió no haber hecho nada para demostrarle su amor por ella. Pensó en el único oficio que sabía hacer bien y decidió ejercitarlo para ella. Se despojó, rápidamente, de su largo hábito, y comenzó a bailar y dar saltos y cabriolas, ante ella, de la misma manera que lo había estado haciendo durante toda su vida. Realizó todos los pasos acrobáticos que sabía, y pidió a María que los aceptara como prenda de su amor.

Diariamente continuó repitiendo su número. Un día, un monje lo sorprendió en su actuación y corrió a contárselo al abad. Bajaron los dos, sigilosamente, a la cripta y asistieron a la actuación desde detrás de una columna, hasta que el volatinero cayó, exhausto, al suelo. Entonces, apenas podían creer lo que vieron sus ojos, cuando Nuestra Señora misma bajó de su trono para enjugar su frente sudorosa y agradecerle su gesto de devoción y amor hacia ella.

* * *

El teólogo John Hardon, S.J. dice: «La Cristología católica no puede entenderse sin conocer el papel de la Madre de Cristo». La vida y las enseñanzas de Jesús no quedarían completas, si juntamente no apreciáramos el importante cometido que María tiene en su vida y en la nuestra. Porque fue Dios mismo quien otorgó a María la dignidad sublime de escogerla para ser su Madre

«Siempre he envidiado a los católicos –escribe Nathanial Hawthorne–, la fe que tienen en esa sagrada y amable Virgen María que se sitúa entre ellos y la Divinidad, interceptando, de alguna manera, algo de su deslumbrante esplendor, pero permitiendo que su amor se derrame sobre el adorador de una manera más comprensible para la inteligencia humana, a través de la mediación de la ternura de una mujer».

Los Evangelios nos dicen muy poco acerca de esta gran mujer, sin cuya cooperación, la Encarnación habría sido imposible. Ella está presente en el profundo silencio de los largos años de Nazaret, y ella continúa, casi en total silencio, durante la vida pública de su Hijo.

Durante esta semana escucharemos el mensaje de los «ángeles», es decir, los mensajeros que nos comunican la palabra de Dios. Veremos que Dios restaura su confianza en la humanidad, al buscar la cooperación de uno de nosotros –María–, para ser la Madre de su Hijo Unigénito.

Pide la gracia de recibir la Palabra de Dios en tu corazón, con la misma libertad y generosidad de espíritu que María.

Oh dulce Madre María,
dame un corazón limpio y abierto
como el corazón de un niño,
y tan transparente como las aguas de un manantial.
Dame un corazón generoso que no se detenga
ante las cosas desagradables con las que se encuentre;
un corazón magnánimo que se entregue con alegría;
un corazón que, conociendo sus propias debilidades,
comprenda y sienta profunda simpatía
hacia las debilidades de los demás;
un corazón grande y agradecido
que no repare en pequeñeces.

Dame un corazón amable y humilde
que ame sin exigir amor por respuesta;
que sepa ceder a tu Hijo la exclusiva de cualquier amor;
un corazón noble al que no le amarguen las decepciones;
que sea generoso cuando se le exija algún sacrificio;
que no quede paralizado por las tribulaciones;
que no se irrite por los desprecios;
que no se desanime ante la indiferencia.

Pero dame un corazón que, en su amor a Jesús,
sea arrastrado por una corriente irresistible
hacia el mayor honor y gloria de Jesucristo,
y no descanse hasta que llegue a la gloria del cielo.

Autor desconocido

11 / 1   Desde el cielo con amor

Fue un **momento** histórico en la Tecnología del Espacio. El 21 de Julio de 1969, al poner pie en el Mar de la Tranquilidad de la Luna, el astronauta Neil A. Armstrong exclamó: «Este es un pequeño paso para un hombre, pero un gran salto para la humanidad». Desde entonces, el hombre ha profundizado más y más en *el espacio exterior*, exploración que aún continúa.

Las naves espaciales nos han proporcionado bellas y reveladoras fotografías de la tierra. Los satélites nos han sacado «primeros planos», ayudándonos a predecir ciclones, terremotos, inundaciones... Sin embargo, las mejores cámaras sólo son capaces de captar la apariencia externa de las cosas. Pero el ojo y la mente humanos son capaces de sondear las profundidades del corazón humano. Y, en un grado infinito, es lo que ocurre con el «ojo y la mente» de Dios.

Hace dos mil años, Dios «se fijó» en el estado del mundo y del corazón humano, y decidió que ya era tiempo de enviar a su Hijo a redimir la humanidad y la creación entera. Hubo un momento en la historia, en el que nació el Hijo de Dios. *¡Un pequeño niño, una gigantesca revolución para la humanidad!* Su nacimiento hizo que la humanidad pudiera internarse más y más en el *espacio interior*; una exploración que no acabará jamás.

> **Tanto amó Dios al mundo,**
> **que entregó a su Hijo único,**
> **para que quien crea no perezca,**
> **sino que tenga vida eterna.**
> *Juan 3, 16*

Sugerencias para la oración ❤

Imagina una escena en el Cielo, hace dos mil años. Las Tres Divinas Personas mantienen una reunión en la que discuten el deterioro de la creación sobre la tierra. Por todas partes hallan pobreza, injusticia, manipulación de las riquezas y recursos naturales, enfermedad, dolor, crímenes, guerras...

Toman una decisión. Hay que redimir a la humanidad y salvarla de la auto-destrucción. Lo hará *uno de ellos*, con la cooperación de los que han sido creados a imagen y semejanza de Dios. Se llevará a cabo de acuerdo con el plan original de la creación.

Toma parte tú mismo en la discusión. Escucha, interviene, sugiere. Háblales del estado del mundo en la actualidad, y de la necesidad que hay de que intervengan decisivamente.

Lee las tranquilizadoras palabras de Dios, en Isaías 30, 19-26. Pide la gracia de ser un instrumento eficaz de la iniciativa salvadora de Dios en el mundo de hoy, y permite que Dios se encarne en ti. ❤ ❤ ❤

**Cuando el mundo dormía en tinieblas
en tu amor quisiste ayudarlo
y trajiste, viniendo a la tierra,
esa vida que puede salvarlo.**
(Himno de Vísperas en Adviento)

11 / 2   Dulzura y esperanza nuestra

Ana Frank, una muchacha judía, permaneció la mayor parte de su corta vida escondida de los nazis, en un pequeño apartamento de Amsterdam, para por fin perecer a sus manos. En su Diario escribió esto:

«Es maravilloso que no haya abandonado mis ideales, por muy absurdo e imposible que parezca el llevarlos a cabo. Sin embargo, los mantengo porque, a pesar de todo, aún sigo creyendo que la gente tiene un buen corazón. Simplemente, no puedo fundar mis esperanzas sobre una base de odio, miseria y muerte. Veo que el mundo avanza, gradualmente, hacia un desierto; escucho, cada vez más cercano, el trueno que también nos destruirá a nosotros; siento los sufrimientos de millones de personas y, sin embargo, si miro al cielo, pienso que todo se va a arreglar, que esta crueldad terminará, y que volverán la paz y la tranquilidad. Mientras tanto, mantendré mis ideales, pues quizá llegue la hora en la que pueda ser capaz de llevarlos a cabo».

Hace dos mil años, otra muchacha judía, en la pequeña aldea de Nazaret, en Israel, se postraba en oración ante Yahvé.

Tampoco ella desesperaba en un mundo que avanzaba hacia un desierto. Ella pedía su redención con todo su corazón, ofreciendo su vida al servicio del Reino de Dios.

Dios envió a su Hijo, nacido de mujer,
para que nosotros recibiéramos la condición de hijos.

Gálatas 4, 4

Sugerencias para la oración ❤

María deseaba profundamente la llegada del Salvador. Permanecía mucho tiempo en oración.

Visualiza a María en oración. ¿Qué es lo que pedía? Une tu oración a la de ella.

Habla con María y súmate a su oración pero desde la situación actual del mundo de hoy.

Lee la profecía referida al Mesías, en Isaías 11, 1-9.

Pide a María que interceda ante Dios en favor nuestro, para que aumente en todos nosotros el deseo de que Jesús se aposente en nuestro corazón y desde él derramar amor, justicia, paz, alegría... por toda la tierra. ❤ ❤ ❤

A ti llamamos los desterrados hijos de Eva,
a ti suspiramos gimiendo y llorando
en este valle de lágrimas.
¡Ea, pues, Señora, abogada nuestra!

De la Salve

11 / 3   Un mensajero del amor

Bajaste desde tu trono
hasta la puerta de mi cabaña.
Yo cantaba solo en un rincón,
y mi canto llegó a tus oídos.

Bajaste hasta la puerta de mi cabaña.
Hay muchos artistas en tu palacio,
que entonan canciones a todas horas.

Pero el canto de este pobre aprendiz
llegó a conmover tu amor.

Era el son de una suave tonada
entre la gran música del mundo;
y, con una flor como premio,
bajaste hasta la puerta de mi cabaña.

R. Tagore

**Dios ha demostrado el amor
que nos tiene enviando al mundo a su Hijo único
para que vivamos gracias a él.**

1 Juan 4, 9

Sugerencias para la oración ❤

Lee y medita Lucas 1 26-38.

Contempla la escena con tu imaginación. Visita la casa de María, como si fueras una vecina. Pon dimensión y color en la escena. No te preocupes acerca de la mayor o menor adaptación histórica. Lo importante es que estés muy presente en la escena, viendo, oyendo, observando, participando en lo que allí está sucediendo.

Observa a María en oración. Mira la expresión de su rostro. Penetra en su mente: ¿en qué piensa ella? Participa en la sorpresa de María, en sus temores, en sus preguntas cuando el ángel habla con ella. Entra en el diálogo. ¿Qué te dice a ti el ángel? Puedes dirigirle a María las palabras del Cantar de los Cantares 2, 8-14.

Pide a María que interceda para que tú experimentes la profunda fe y confianza que ella puso en Dios, y su deseo de entregar a Cristo en favor del mundo. ❤ ❤ ❤

**La plenitud del tiempo está cumplida;
rocío bienhechor,
baja del cielo, trae nueva vida
al mundo pecador.**
Himno de Vísperas (Navidad)

11 / 4   **Un «sí» de todo corazón**

Me da miedo, Señor, decir «sí», porque...
    ¿a dónde me vas a llevar?
Me da miedo de que me toque la «gran suerte».
Me da miedo firmar un acuerdo sin leerlo.
Me da miedo un «sí» que luego trae muchos «síes»...
Me da miedo poner mi mano en la tuya
    porque... no me la vas a soltar.
Me da miedo mirarte a los ojos
    porque me vas a hipnotizar.
Me da miedo lo que me vas a exigir
    porque eres un Dios muy insistente...

Michel Quoist

El Cristo Jesús que os hemos predicado
no fue un «sí» y un «no»
ya que él fue siempre «sí».

2 Corintios 1, 19

Sugerencias para la oración ❤

Continúa, como ayer, visualizando toda la escena de la Anunciación. Hoy, quédate con María en el momento en que acepta totalmente la voluntad de Dios.

La respuesta de María al ángel fue el más importante sí de la historia, porque ella aceptó, sin dudar, la invitación de Dios. No puso condiciones, no exigió protección ni seguridad, sino que hizo un acto de fe total, y dijo: ¡No comprendo todo lo que quieres, pero lo acepto totalmente!

¿Conoces a personas o grupos que, como María, le han dado a Dios un sí sin condiciones? ¿Y tú?

Escucha que el ángel te dice: «El Espíritu Santo vendrá sobre ti y el poder del Altísimo te cubrirá con tu sombra». Deja que las palabras entren profundamente. Y responde, en silencio, en profundo respeto y silencio.

Ruega a María que interceda ante Dios por ti, para que tengas valor para acatar la voluntad de Dios con total aceptación y presteza.❤ ❤ ❤

Ser libre, ser capaz
de alzarme en pie
y abandonarlo todo sin mirar atrás.
Decir «sí».
Si pudiera crecer...
en firmeza, en sencillez, en paz, en amor.
Dag Hammarksjold

11 / 5   El amor da fruto en el servicio

Cuando la dejó el ángel, María no se quedó allí, ensimismada en su propio gozo. Su corazón generoso sabía que su prima Isabel necesitaba sus servicios. Y fue así, «aprisa», como María recorrió el largo camino hasta la casa de su prima, en Ain Karim, para ayudarla. El saludo de María, al ver a Isabel, fue tan divinamente inspirado, que hizo brotar en Isabel una plegaria espontánea y movió el espíritu de su hijo Juan, aún no nacido. Isabel se sintió invadida de gozo y gratitud ante el «milagro» que Dios había obrado en ella, en su ancianidad.

Bendita eres entre todas las mujeres
y bendito es el fruto de tu vientre.
Lucas 1, 42

Sugerencias para la oración ❤

Lee y reflexiona, en Lucas 1, 39-52, la escena de la Visitación.

Visualiza la casa de Isabel. Las dos, María e Isabel han participado de los «milagros» de Dios. María lleva en su vientre a Dios, el Salvador. Isabel, ya fuera de edad, lleva en el suyo a Juan Bautista.

Participa en la escena. Siente la alegría de las dos primas, cuando se encuentran y se intercambian la «buenas nuevas». ¿Qué están diciendo? ¿Cuáles son las esperanzas que comparten? Toma parte en su conversación.

Recuerda las circunstancias en las que tú experimentaste una gran alegría por algo importante que aconteció en tu vida. ¿Reconoces que estuvo allí la mano de Dios?

Pide a María que interceda por ti para que, con la gracia de Dios, sientas un mayor deseo y urgencia de compartir tu servicio con otros, como preparación para que tu corazón esté totalmente abierto ante la llegada de Dios. ❤ ❤ ❤

> **Eva nos vistió de luto.**
> **De Dios también nos privó**
> **e hizo mortales,**
> **mas de Vos salió tal fruto**
> **que puso paz y quitó**
> **tantos males.**

11 / 6   Mujer hermosa

En Florencia hay una pintura del gran artista Rafael titulada *La Virgen del Barril*.

Sucedió que el artista estaba un día paseando por el mercado, cuando tropezó con una escena inspiradora: una mujer sentada dando el pecho a su niño. La mujer estaba pobremente vestida, pero su rostro resplandecía con una expresión de profundo amor maternal.

Rafael quedó tan impresionado por la escena, que no pudo resistir a su instinto artístico. Miró en torno, buscando algo donde pintar. Lo único que encontró fue un viejo barril que había allí cerca. Usando la tapadera del barril por todo lienzo, sacó las pinturas y pinceles que siempre solía llevar encima y reprodujo la escena para la posteridad.

* * *

En una de sus obras, Ashley Montagu relata una entrevista que tuvo con una joven universitaria.

—¿Tienes intención de casarte? —le preguntó.

Su respuesta fue: Sí.

—¿Piensas tener hijos? Sí, *algunos* —dijo ella.

—¿Piensas criarlos tú misma?

—¿Darles de mamar? ¡Eso lo hacen los animales!

**Dichoso el vientre que te llevó
y los pechos que te criaron.**
Lucas 11, 27

Sugerencias para la oración ❤

Contempla a María con el Niño en sus brazos mientras le da el pecho. Una escena pintada por miles de artistas. Mira, en ella, a tu propia madre que un día te dio a luz y te crió. Examina el papel que hoy representa la mujer en el mundo. Algunas explotadas por la publicidad, otras privadas de sus derechos y tratadas como seres humanos de segunda clase.

Canta el himno de alabanza, de María: Lucas 1, 46-55.

Pide a Dios que te ayude a profundizar en sus maravillosas palabras. Dale gracias por el don de las madres, especialmente de la Madre de Dios. Pide la gracia de ofrecer a Jesús al mundo.
❤ ❤ ❤

**Ya no podrás defenderte más contra la locura del amor,
porque es el amor
el que te trajo al mundo.**
San Francisco de Asís

11 / 7	Portadores de Cristo

Caryl Houselander, una laica inglesa, nos proporciona estas tres imágenes sobre las diferentes maneras en las que estamos llamados a ser portadores de Cristo.

La primera es la imagen de un nido de pájaros: un amasijo de hierbas, palitos y plumas, a los que el pájaro da forma para proporcionar un hogar a sus polluelos. La segunda imagen es la de un cáliz de oro: una copa forjada a golpes de martillo sobre el metal. La última imagen es la de una caña, un delgado tubo perforado con una afilada navaja para ser un instrumento músico, por ejemplo, una flauta.

María trajo a Cristo al mundo de estas tres maneras. Primero, en el blando calor de una vida ordinaria; después, cuando las cosas se hicieron más difíciles, ella fue forjada por el dolor. Por último, con la muerte de Jesús, su corazón fue perforado por el dolor, como ocurre con mucha gente que ha sufrido un gran dolor o una gran pérdida.

> **En adelante me felicitarán todas las generaciones,**
> **porque el Poderoso ha hecho, en mí, proezas.**
>
> *Lucas 1, 48-49*

Sugerencias para la oración ❤

¿En qué sentido eres portador/a de Cristo?

Reza, meditando, varias veces el *Avemaría*, ponderando cada frase en tu corazón.

Lee y medita: Juan 1, 1-18.

Pide a Dios que te dé un corazón como el de María, dispuesto a ser portador de su Hijo y a extender su buena nueva por el mundo. ❤ ❤ ❤

¡Oh quienquiera que seas,
si se desencadena el huracán de las tentaciones,
si las tribulaciones están a punto de doblegarte,
mira a la estrella, invoca a María!

Si el orgullo, la ambición y la envidia
amenazan sumergirte en su oleaje,
¡mira a la estrella, invoca a María!

Si la ira, la avaricia y la lujuria
hacen zozobrar tu frágil navecilla,
¡mira a la estrella, invoca a María!

Si confundido y aterrado en tu conciencia
por la enormidad de tus crímenes,
te hundes en la desesperación,
¡mira a la estrella, invoca a María!

En el peligro, en la angustia, en la duda
¡mira a la estrella, invoca a María!
¡No se aparte su nombre de tus labios
ni de tu corazón!

San Bernardo

TRAMO 12
Ven, Señor Jesús

A un mundo oprimido y destrozado
por el odio interminable y la violencia,
entre gente hambrienta, perdida, abandonada,
Dios envió a un niño.

A un mundo herido y muerto,
de naciones egoístas,
a un mundo perdido y sin gobierno,
Dios envió a un hombre.

Cuando la historia ha perdido su camino,
y el poder vale más que la persona,
a aquellos que le escuchen y le acaten,
Dios volverá a abrazarlos.

John Morrison

* * *

Esta semana cambiaremos nuestra atención, de la Madre al Niño. Pero continuaremos contemplando los hechos en torno al nacimiento de Jesús.

Para captar con más realidad las escenas y entrar más en ellas, será muy conveniente que te conviertas en actor más que en espectador de las mismas. Podrías, por ejemplo, convertirte en sirviente que acompaña a José y a María desde Nazaret hasta Belén. María está de nueve meses y necesita tu ayuda, tanto en el trayecto a lomos de asno, como en las paradas del camino.

No te limites a ver. Participa en la conversación, intenta sintonizar con lo que ellos piensan y sienten. Percibe el calor, el frío, el paisaje, los olores. Obsérvalo todo. Y ayúdales en todos los momentos en que lo necesiten.

Pide la gracia de que aumente tu entusiasmo por Jesús, para conocerle mejor y seguirle más de cerca.

Que me agarre a ti inseparablemente,
que te adore incansablemente,
que te sirva perseverantemente,
que te busque constantemente,
que te halle gozosamente,
que te posea eternamente.
Con estas palabras, alma mía,
pide fervientemente
a Dios que te encienda, que te inflame
y que te haga arder completamente
en deseos de él.

San Anselmo

12 / 1 — Hacerle un sitio en nuestros corazones

«Son las 8 de la tarde del 24 de Diciembre. Por la calle se oyen villancicos que nos transmiten el alegre espíritu de la Navidad... Yusuf, un campesino sin tierras y su esposa, Miriam, ostensiblemente encinta, han llegado a la ciudad de Bombay. Con los pies escocidos y el cuerpo fatigado después de una larga caminata, van por las calles buscando un cobijo para pasar la noche. Pero la ciudad es muy fría y sus habitantes están demasiado ocupados preparando la Navidad, para parar mientes en una pareja insignificante que viene de un pueblo insignificante.

La pareja pasa ante los porches que albergan los escaparates comerciales, ante los hoteles de cinco estrellas, ante los lujosos apartamentos, ante las viviendas de la clase media. Nadie los advierte mientras se pierden en el anonimato gris de la ciudad.

Son las 11,30 de la noche, cuando penetran en un miserable barrio periférico de la ciudad. Yusuf y Miriam no pierden tiempo. Se mueven entre las cabañas en un último intento desesperado por buscar refugio. Por fin, tienen la suerte de encontrar una cabaña abandonada, en el extremo del barrio. El anterior ocupante, un leproso, había fallecido hace sólo una semana y, desde entonces, el tugurio estaba vacante. Es una estructura ruinosa. Pero les va a servir. Los pobres no pueden elegir»

Cedric Rebello, S.J.

**El Hijo del hombre no tiene
donde reclinar su cabeza.**
Lucas 9, 58

Sugerencias para la oración ❤

Utiliza la escena anterior en la medida en que te ayude a contemplar lo que ocurrió en Belén, según lo describe Lucas 2, 1-5. Salta de una escena a la otra con el más crudo realismo.

Acompaña a José/Yusuf y a María/Miriam de puerta en puerta, con el talante sufrido, manso y humilde de los pobres, hasta llegar al amparo del establo/tugurio.

Pide la gracia de comprender el misterio que existe en el hecho de que Dios haya elegido nacer en pobreza. Ruega para que seas más sensible hacia los sin techo, «los últimos» de los hermanos y hermanas de Cristo. ❤ ❤ ❤

**Ver llorar a la alegría,
ver tan pobre a la riqueza,
ver tan baja a la grandeza
y ver que Dios lo quería.
¡Gran merced fue en aquel día
la que el hombre recibió.
¡Quién lo viera y fuera yo!**

12 / 2	Encarnado

Vamos a continuar con la narración de ayer. «Apenas habían entrado en la cabaña, cuando Miriam comienza a sentir los dolores de parto. Y allí, en medio de la suciedad y el abandono, sin nadie junto a ella más que su esposo Yusuf, a la vacilante luz de una vela, Miriam da a luz a un niño. Con gran ternura y cuidado, envuelve al niño en unos paños y lo recuesta sobre el suelo.

Y sucede que pasa por allí un trapero que anda recogiendo trapos abandonados. Se compadece de la pareja y del niño recién nacido. Sale enseguida y alerta a los vecinos más próximos.

Aunque ya es más de media noche, se levantan de sus lechos. Y van llegando, en una larga procesión de traperos, barrenderos, limpiabotas, recaderos y pordioseros, a la cabaña de los recién llegados. El trapero les ofrece una manta que encontró en una de sus correrías. El limpiabotas les da un billete de cinco rupias, todas las ganancias del día de ayer. Otra madre de familia les trae un puñado de arroz. Van llegando aportaciones, pobres pero muy significativas».

**Un silencio sereno lo envolvía todo,
y al mediar la noche su carrera,
la palabra todopoderosa bajó
desde el trono real de los cielos.**
Sabiduría 18, 14-15

Sugerencias para la oración ❤

Contempla a Dios que ahora, encarnado, es un pobre, desvalido y frágil recién nacido.

Aplica todos tus sentidos para sacar el máximo fruto de tu oración: huele el heno, el acre olor de los animales, la humedad del establo, el viento helado.

Observa todo a la débil luz de una pequeña lámpara de aceite. Mientras contemplas al niño, puedes pensar que su vida posterior no va a ser muy distinta: tendrá que trabajar, sufrirá hambre, calor, frío, insultos, ultrajes... para acabar muriendo en una infame cruz.

Lee y medita Isaías 35, 1-10.

Pide conocimiento interno de por qué Dios escoge nacer en pobreza e incomodidad. Pide valor para seguir muy de cerca a Jesús en el camino de su vida. ❤ ❤ ❤

> «Aunque mil veces Cristo
> fuera, en Belén, nacido;
> si no ha nacido en ti,
> por siempre estás perdido».

12 / 3 **La paz es fuente de armonía**

El que fue Superior General de la Compañía de Jesús, el español Pedro Arrupe, pasó más de un mes incomunicado en una prisión de Yamaguchi, Japón, en 1942, acusado de espionaje y otros mil falsos cargos. Sufrió un interrogatorio de treinta y seis horas seguidas...

El día de Navidad se sentía como si fuera Viernes Santo. Pero, de pronto, escuchó unas voces suaves y apagadas en el exterior de la ventana de su prisión. Mientras unas voces charlaban, para despistar a los guardias, otras cantaban un villancico que él mismo había enseñado a sus cristianos. Eran los suyos, quienes arrostrando el peligro de ser atrapados, habían venido a consolarle, a decirle que estaban con él. El Padre Arrupe no pudo contener las lágrimas.

Fueron unos breves minutos. Después, volvió el silencio. Pero el Príncipe de la Paz ya había llenado su corazón con gozo y paz increíbles. Más tarde, recordaba que había sido su Navidad más feliz. Había experimentado lo que significaba sentirse abandonado. Pero también aprendió la alegría que el amor puede llevar al que se halla abandonado.

Decid a los cobardes: «Sed fuertes, no temáis; mirad a vuestro Dios que viene y os salvará».
Isaías 35, 4

Sugerencias para la oración ❤

El mejor sermón de Navidad no fue pronunciado por ningún célebre predicador, sino cantado por un coro de ángeles: «Gloria a Dios en el cielo, y en la tierra paz a los hombres que ama el Señor» (Lucas 2, 14).

«Gloria a Dios» es una breve pero poderosa plegaria de adoración. «Paz en la tierra» es la expresión de la misión del Señor hacia un pueblo lleno de violencia, odio y desconfianza mutuos. Al contemplar al Niño en la cuna, deja que en tu mente y en tu corazón resuene, como un mantra, la canción de los ángeles. Experimenta la paz que sólo Dios puede dar.

Lee y medita: Isaías 2, 1-4.

Pide la gracia de dar gloria a Dios entregándote a los demás para crear una atmósfera de paz. Pide al Niño Jesús que te llene de su gracia y de su paz. ❤ ❤ ❤

Cuando llegue, lo conocerás
no por el redoble de sus tambores
ni por lo imponente de su aspecto
ni por su atuendo suntuoso
ni por su manto y su corona.
Sabrás que es él por la armonía
que su presencia hará vibrar en ti.
Anónimo

El novelista inglés H.G. Wells visitó, en cierta ocasión, al novelista norteamericano Henry James. Al entrar en el estudio de James, Wells se fijó en un ave disecada de aspecto extraño, y le preguntó:

—Mi querido James, ¿qué es eso?

—Eso –respondió James–, es una cigüeña.

—Vaya –replicó Wells–. No es la idea que yo tenía de una cigüeña.

—Sin embargo, parece –fue la respuesta– que ésa fue la idea que Dios tuvo de ella.

Dios nos dio a conocer el secreto designio que había de realizar en Cristo.

Efesios 1, 9

Sugerencias para la oración ❤

El plan de salvación de Dios es un «misterio»: ¿Por qué eligió tomar nuestra naturaleza humana? (No es, ciertamente, la idea que yo tendría de un Dios en su majestad) ¿Por qué escogió nacer pobre? ¿Por qué escogió vivir y morir como lo hizo? Los caminos de Dios son misteriosos.

A una muchacha pobre y desconocida de una aldea insignificante, Dios le dice: «Darás a luz un hijo a quien llamarás Jesús. Será grande, llevará el título de Hijo del Altísimo. El Señor Dios le dará el trono (...) y su reinado no tendrá fin» (Lucas 1, 31-33).

Entra en el corazón de María... que ha atesorado y reflexionado sobre los acontecimientos de los últimos días. ¿Comienza a tener sentido, para ella, el mensaje de arriba? Pregúntaselo. Escucha su respuesta.

Repite el nombre de **Jesús**, una y otra vez en tu corazón, sintiendo su suavidad y su fuerza curativa.

Pide la gracia de profundizar más en el misterio del amor de Dios, para que puedas comprender mejor a Jesús, y quieras seguirle con corazón generoso. ❤ ❤ ❤

**Mas no nace solamente
en Belén,
nace donde hay caliente
corazón.
¡Qué gran gozo y alegría
tengo yo!
Nace en mí, nace en cualquiera
si hay amor.
Nace donde hay verdadera
comprensión.
¡Qué gran gozo y alegría
tiene Dios!**

---

12 / 5　　　　　　　　　　　　　　　　　　　**La respuesta sabia**

El relato fascinante de los Magos de Oriente, en el evangelio de San Mateo, nos ayuda a observar tres actitudes diferentes hacia el Salvador recién nacido.

En primer lugar, tenemos a los «magos», unos *sabios* que contemplan el cielo. La «estrella» simboliza la luz interna que los guía por el verdadero camino que conduce a Jesús, cuando emprenden su peregrinación espiritual. Tienen que arrostrar toda clase de dificultades y un largo camino por el «desierto». Su valor, al abandonar su casa y sus seres queridos resulta generosamente recompensado.

En segundo lugar, tenemos al *egoísta* Herodes. El no vio ninguna estrella que le guiara, porque no sabía mirar hacia arriba. Su mundo estaba debajo de él. Vivía manipulando a la gente con el dinero y el poder. Vio, en Jesús, a un rival, un obstáculo para sus ambiciones políticas.

Por último, están ahí los *indiferentes* ciudadanos de Belén (excluyendo a los pastores), quienes dejaron pasar la gran oportunidad que habría transformado sus vidas. En sus corazones no había sitio para un Salvador.

**Al ver la estrella
se llenaron de un gozo inmenso.**
Mateo 2, 11

Sugerencias para la oración ❤

¿Qué clases de respuestas (*sabias, egoístas, indiferentes*) hallas hoy, entre cristianos y no cristianos, ante la venida de Jesucristo? ¿De qué clase es tu respuesta? ¿Por qué?

Contempla a los Magos que entran, en Belén, en la casa de la Sagrada Familia. Jesús es «imagen del Dios invisible (...) Por él fue creado todo en el cielo y en la tierra» (Colosenses 1, 15-16). Sin embargo, yace ahí, impotente, pobre. A los visitantes no puede ofrecerles nada, excepto a sí mismo. Sólo puede recibir dones; y lo que más aprecia, como la mayor parte de los niños, es al *donante* más que al don.

Lee y medita Isaías 9, 2-7.

Póstrate ante este frágil Rey de Reyes y ofrécete tú mismo. Ruega para que puedas comprender sus retos y tener el valor de seguirle. ❤ ❤ ❤

> Te diré mi amor, Rey mío,
> con una mirada suave,
> te lo diré contemplando
> tu cuerpo que en pajas yace.
> Te diré mi amor, Rey mío,
> adorándote en la carne,
> te lo diré con mis besos,
> quizás con gotas de sangre.

12 / 6 La sombra de la cruz

Unos estudiantes estaban decorando el salón de actos del colegio para la próxima celebración de la Navidad. Y puesto que el crucifijo no parecía ser muy apropiado para aquella fiesta, pensaron quitarlo de la pared, cuando entró uno de los profesores, que era sacerdote. Este les dijo que dejaran el crucifijo en su sitio. «Después de todo –les explicó–, para esto nació Jesús: ¡para morir en la cruz!»

Sobre la cuna está la sombra de la cruz. En ambos casos tenemos a un Dios que ha elegido ser *vulnerable*. En Jesús, Dios hace una opción, ya desde el momento de su nacimiento, la opción de entrar en la pobreza de la condición humana. En Jesús,

Dios se vacía a sí mismo. Y este auto-vaciamiento alcanza su clímax en la cruz.

**Dios envió a su Hijo al mundo
para que el mundo se salve por medio de él.**
Juan 3, 17

Sugerencias para la oración ❤

Lee el relato de la Presentación, en Lucas 2, 22-38.

Entra en la escena, como siempre. No te preocupes acerca de la exactitud histórica, sino en representar la escena en tu imaginación. «Mira» el templo con sus pórticos, columnas, altar, sacerdotes y fieles. Escucha el canto de los salmos. Huele el aroma del incienso. Observa a las personas de la narración y procura entrar en sus mentes y en sus corazones. Responde, según las inspiraciones que sientas.

Contempla a María cuando Simeón emplea las palabras proféticas: *«Una espada de dolor atravesará tu corazón»*. Quédate junto a María, durante la ceremonia de la presentación. Procura sentir los mismos sentimientos que ella.

Pide la gracia de profundizar en tu conocimiento y amor a Jesús. ❤ ❤ ❤

**La Virgen Madre ofrece al Niño
como una hostia para Dios;
la espada de la profecía
atraviesa su corazón.**

12 / 7   **Víctimas inocentes**

Casi cada día podemos leer en los periódicos historias parecidas a éstas, situadas aquí o allá, qué importa el lugar.

«Jayamma, de 35 años, fue arrestada cerca del templo de Mahalaxmi, en Kolhapur, bajo la acusación de haber estrangulado a un niño de un año. Dijo a la policía que lo hizo porque no tenía qué darle de comer y lloraba mucho. Hace ya trece años, había también matado a una niña de cuatro años, en Puna, en similares circunstancias, por lo que fue condenada a cadena perpetua, pero fue puesta en libertad hace cuatro meses, y no tenía adonde ir».

En los campos de refugiados de Asia, Africa y América pululan miles de «niños abandonados». Son famosos los «niños de la calle» de Brasil o los «gamines». Muchos de ellos están afectados por el SIDA, otros tienen minusvalías físicas o psíquicas, y todos viven en la suciedad y la miseria.

> **Estos han sido rescatados de la humanidad**
> **como primicias para Dios y para el Cordero;**
> **y acompañan al Cordero a donde vaya.**
> *Apocalipsis 14, 4*

Sugerencias para la oración ❤

Lee la narración de la Huida a Egipto y la brutalidad de Herodes, en Mateo 2, 13-23.

Experimenta la ansiedad, miedo, incertidumbre... en los corazones de José y María, mientras preparan su viaje a Egipto.

Escucha los gritos de los niños asesinados... cuyos ecos oirás por todas partes en el mundo de hoy... donde los inocentes son víctimas de toda clase de crueldades.

Siente la ansiedad y, luego, el alivio de la Sagrada Familia, después de regresar a su entorno familiar de Nazaret. Percibe el olor de la cocina. Juega con el Niño Jesús.

Pide la gracia de tener una fe fuerte ante las alegrías y tristezas de la vida. Centra tu corazón en Jesús, pidiéndole que, en todas las circunstancias, te acerque más a él. ❤ ❤ ❤

> **Cuando ha callado el canto de los ángeles,**
> **cuando se ha ido la estrella del cielo,**
> **cuando los Magos han regresado a sus tierras,**
> **cuando los pastores han vuelto a sus rebaños,**
> **entonces empieza el programa de Navidad:**
> **buscar al perdido, curar al lastimado,**
> **alimentar al hambriento, liberar al prisionero,**
> **reconstruir las naciones,**
> **conseguir la paz entre hermanos,**
> **llenar de música el corazón.**
> *Howard Thurman*

TRAMO 13
Enteramente humano

¿Fue Jesús un *Supermán?* Supermán nos puede fascinar, pero no es uno de nosotros. Supermán parece humano y pretende ser humano pero, en realidad, es un extra-terrestre que puede brincar sobre los edificios de un solo salto y volar a más velocidad que una bala.

¡Jesús no es un Supermán! Tampoco fue un actor representando en escena un papel que Dios le asignó. No era un omnipotente Hijo de Dios disfrazado de ser humano.

Por increíble que parezca, Jesús, al hacerse hombre «se vació de sí y tomó la condición de esclavo» (Filipenses 2, 7). Jesús asumió, verdaderamente, la naturaleza humana y vivió enteramente como un ser humano. Como cualquiera de nosotros, aprendía, crecía, elegía y era tentado.

De sus primeros doce años, no conservamos ninguna palabra suya. Ha llegado hasta nosotros una frase de cuando tenía doce años: «¿Por qué me buscabais? ¿No sabíais que tenía que estar en las cosas de mi Padre?» Después de esto, siguen otros dieciocho años de los que no conservamos ninguna palabra suya. La historia de esos treinta años la despachan los evangelios con una sola frase: «Fue a Nazaret y siguió bajo la autoridad de sus padres».

«En este mundo de enormes contrastes –la belleza de la creación, la paz, la pobreza humana, la opresión, el abandono y la esperanza mesiánica–, se desarrolla la visión de Jesús sobre el Reino de Dios. Va siendo él mismo. No tenemos datos de su crecimiento, de su oración, de su bondad, de su paciencia. Lo único que conocemos es su anónima inserción en el mundo en que ha nacido y su obediente aceptación del mismo» (J. Neuner).

Esta semana meditaremos sobre la «vida oculta» de Jesús, haciendo conjeturas a partir de los pocos datos que tenemos, y tratando de que influya en nuestras vidas.

Pide a Jesús que te ayude a un mayor «conocimiento interno» del misterio de su vida, para que le ames más íntimamente y le sigas más de cerca.

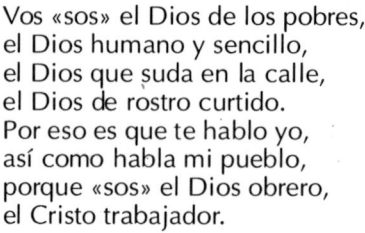

Vos «sos» el Dios de los pobres,
el Dios humano y sencillo,
el Dios que suda en la calle,
el Dios de rostro curtido.
Por eso es que te hablo yo,
así como habla mi pueblo,
porque «sos» el Dios obrero,
el Cristo trabajador.

Misa popular nicaragüense

13 / 1   Reconocer la presencia de Dios

«Muchas de las parábolas que Jesús predicó tienen el trasfondo de la vida rural de su juventud y reflejan sus impresiones de aquellos años: los campos, las viñas, las semillas sembradas en lo surcos y que crecen entre cizaña, la lluvia, el sol, las fiestas de la cosecha..., que aparecen, más tarde, ilustrando su mensaje. También le es familiar el cercano lago, con sus pescadores y su comercio. Conoce a la gente del pueblo, a los niños, al pobre que no logra que se le haga justicia, a padres que ven que se les escapan los hijos, a ladrones que penetran en las casas. El forma parte de todo ese mundo, mientras obedece a sus padres.

«Es en este mundo en el que "crece en edad y sabiduría". Es aquí donde percibe la situación social y religiosa que servirá de telón de fondo a su ulterior enseñanza. Es consciente de la suerte del pueblo pobre y marginado, del desprecio que éste sufre por parte de la élite religiosa. Es testigo de las reyertas entre vecinos, de sus críticas mutuas, de la falta de perdón y fraternidad, de la vaciedad de gran parte de su ritual religioso. Percibe, también, la inquietud política y la resistencia contra el poder romano que, a veces, estalla en alguna revuelta armada» (J. Neuner, *Caminando con El*, Ed. Mensajero, Bilbao).

¿Por qué os angustiáis por el vestido?
Observad cómo crecen los lirios silvestres.
Mateo 6, 28

Sugerencias para la oración ❤

Recuerda algunas de las parábolas o escenas del Evangelio, que reflejen las experiencias de la juventud de Jesús.

Jesús se aprovechó de los acontecimientos ordinarios de la vida, para aprender cómo Dios está presente y activo en el mundo.

¿Te enseña a ti la vida acerca de Dios? Repasa los acontecimientos ordinarios del último par de días. ¿Has visto en ellos la mano de Dios?

Pide la gracia de sentir la presencia de Dios en las cosas de todos los días. ❤ ❤ ❤

Sé muy bien que el cielo y la tierra
y toda la creación son grandes, generosos y bellos...
Que la bondad de Dios se ha derramado sobre sus criaturas
y que su actividad bendita las llena a todas hasta rebosar...
En todo lo que es bueno está Dios
y, a mi parecer, la bondad de todas las cosas
es la bondad de Dios.

Juliana de Norwich

13 / 2	Perfilando nuestra vocación

Cuando Jesús llega a los doce años, acompaña a sus padres al Templo, el símbolo visible de la presencia de Dios entre su pueblo. La edad de doce años marca el comienzo de la responsabilidad personal en la observancia de la ley. Es también el comienzo de la adolescencia, la edad del despertar personal y de la afirmación de sí mismo. Esto puede advertirse en la manera cómo Jesús conversa con los Maestros de la Ley y los asombra con sus acertadas preguntas.

Jesús se siente como en casa, en la «casa de su Padre». Advierte su verdadera misión en la vida. Abandona el Templo con una visión, un sueño que un día se hará realidad, cuando llegue su hora. Pero, por ahora, llevará una vida «ordinaria», obedeciendo a sus padres.

Porque yo no he hablado por mi cuenta;
el Padre que me envió me encarga
lo que he de decir y hablar.

Juan 12, 49

Sugerencias para la oración ❤

Lee y medita: Lucas 2, 41-52. Entra a formar parte de la escena. Vibra con los sentimientos de María y José. Escucha las palabras de Jesús. ¿Qué dice? Hazles preguntas.

Como María, atesora todos estos sucesos y experiencias en tu corazón, y sopésalos.

El incidente del Templo nos indica un especial despertar de Jesús a la llamada de Dios. «Descubre» su verdadera «vocación». De ahora en adelante, su vida estará toda orientada hacia Dios aun en medio de las ocupaciones que asuma.

¿Cuándo descubriste tu verdadera «vocación» de re-crear el mundo con Dios, poniendo orden en el Universo?

Pide la gracia de advertir que Dios ha llamado a cada uno de sus hijos a crecer hasta reflejar la imagen de su Hijo.

Ruega que te dé el deseo, la fuerza y la libertad interior que se requieren para hacer de ello una realidad. ❤ ❤ ❤

> **«Pero dime, hijo, ¿qué es lo que eliges?**
> **¿Qué quieres que te compre?»**
> **«Padre, lo que tú me compres,**
> **es lo que más quiero»**
> *Gerard Manley Hopkins, S.J.*

13 / 3	Testigos silenciosos

Un hombre volvía un día de su trabajo y encontró su casa hecha un desbarajuste. Las camas sin hacer, la fregadera llena de platos sucios, las ropas, los juguetes y los libros de los niños desparramados por toda la casa. Además, la comida estaba sin preparar.

—Pero, ¿qué es lo que está pasando aquí? –preguntó el hombre a su mujer.

—Nada –replicó ella–. Tú siempre te preguntas qué hago yo todo el día. Bueno, pues echa un vistazo. Hoy no lo he hecho.

* * *

«Ser héroe durante un momento, durante una hora, es mucho más fácil que llevar a cabo el heroísmo de la vida de todos los días. Aceptar la vida como es, gris y monótona, llevar a cabo esa actividad por la que nadie te va a alabar, ese heroísmo que nadie advierte, que no llama la atención. Quien soporta el desafío incoloro de la vida y persevera, ¡ese sí es un héroe!»

(Fedor Dostoievski).

Cuando hayáis hecho cuanto os han mandado, decid: «Somos siervos normales; sólo hemos cumplido nuestro deber».

Lucas 17, 10

Sugerencias para la oración ❤

Reflexiona sobre José, el «santo silencioso», y sobre María, que atesoraban todo y lo ponderaban en su corazón.

Recuerda a toda la gente «ordinaria», en tu vida: a los que conoces y a los que no conoces, cuyos servicios, tantas veces, los das por supuestos.

Mira a ver si tú, también, ofreces servicios que no te sitúan en el candelero, incluso que pasan desapercibidos.

¿Tienes la seguridad de que todo lo que haces está de acuerdo con la voluntad de Dios?

Pide la gracia de tener sensibilidad hacia toda esa gente solitaria que no es apreciada por todo lo bueno que hacen. ❤ ❤ ❤

Hace falta toda la habilidad del mundo para tocar bien de violín segundo.

13 / 4   Hacer la voluntad de Dios

Jesús fue hijo de un carpintero y, por lo mismo, creció entre las herramientas y el serrín de un taller de carpintería, ayudando y sustituyendo a su padre en el oficio. Las Escrituras le definen a Jesús como «artesano», que es algo más que carpintero. Jesús aprendió a fabricar arados y yugos para los agricultores locales. «Tomad mi yugo sobre vosotros...» (Mateo 11, 29) es una imagen que proviene de su propio oficio. Tal vez hizo algún puente para cruzar un arroyo, construyó muebles y edificó casas.

Fue voluntad de Dios que Jesús empleara la mayor parte de su vida en la oscuridad. No obstante, en su interior, tuvo que sentir un gran deseo de lanzarse a su misión. «Vine a poner fuego a la tierra ¡y qué más quiero si ya ha prendido! Tengo que pasar por un bautismo ¡y cómo me apuro hasta que se realice!» (Lucas 12, 49-50). Y así, más pronto o más tarde, al descubrir a dónde le conducía Dios, Jesús tomó la decisión de dejar su oficio y comenzar su misión de maestro y predicador.

Como cualquier otro ser humano, Jesús tendría que atravesar por un período de duda, ansiedad y búsqueda. ¿Dónde comenzar mi misión? ¿Cuál ha de ser la naturaleza de mi mensaje? ¿He de reunir un grupo que me ayude? ¿Sufriré oposición? ¿Cuáles van a ser los riesgos? Etc.

Mi sustento es cumplir la voluntad del que me envió y dar remate a su obra.

Juan 4, 34

Sugerencias para la oración ❤

Cuando examinas tu vida, ¿puedes decir, sinceramente, que siempre has elegido la voluntad de Dios, aunque ella te exigiera estar en segundo plano o realizar trabajos poco importantes? ¿Eres consciente del designio o el plan que Dios tiene sobre ti? ¿Has respondido a él con libertad interior, acomodando tu vida al mismo?

¿Estás viviendo hoy de acuerdo con el designio de Dios sobre ti, fiel y generosamente?

Pide luz para ver cuál es la voluntad de Dios sobre ti, para seguir, más de cerca, las huellas de Jesús. ❤ ❤ ❤

Dios de todos los pucheros, sartenes y cacharros, puesto que no tengo tiempo para ser santa haciendo cosas maravillosas ni para pasar la noche en vela contigo ni para contemplarte místicamente a la hora del alba ni para elevarme hasta el quinto cielo, hazme santa preparando las comidas y fregando los platos.
Fay Inchfawn

13 / 5   Crecer en sabiduría

Esta es la típica historia del chico del portal de al lado. Anupam Kher llegó a Bombay como lo hacen miles de jóvenes todos los días, lleno de ilusiones. Tenía 26 años, era calvo y estaba divorciado. En la gran ciudad, pasó desapercibido.

Tuvo que alquilar una destartalada habitación, en la que otros ocho como él compartían sus sueños. Kher fue llamando a muchas puertas, para conseguir una solución. Era en 1981.

Mahesh Bhatt, un célebre y batallador director de cine, le contrató para representar el papel de un hombre de 70 años, para su film *Saaransh*. El film resultó un gran éxito. Kher dio un salto instantáneo a la fama. Un actor que fascinaba a todos... A sus 35 años, Anupam Kher había llegado a ser un actor extraordinario. Rico, famoso, triunfador. Y salido de la nada.

Se humilló, se hizo obediente...
por eso Dios lo exaltó
y le concedió un título superior a todo título.
Filipenses 2, 8-9

Sugerencias para la oración ❤

Durante su «vida oculta», Jesús «crecía en sabiduría, edad y gracia ante Dios y ante los hombres» (Lucas 2, 51-52). Recuerda los diferentes estadios de tu crecimiento y la evolución de tu personalidad.

Recuerda, especialmente, los momentos en que tuviste que tomar determinaciones importantes que te condujeron a la situación en la que, al presente, te hallas. ¿Tuviste en cuenta la «voluntad de Dios» en aquellas determinaciones? ¿Hay algo que ahora tendrías que corregir?

El Espíritu de Dios te guía no solamente por medio de las normas existentes o por las disposiciones que te vienen de las autoridades instituidas, sino también, desde dentro de ti mismo. ¿Cuál es tu lugar en el mundo nuevo que ahora emerge? ¿A dónde te lleva ahora Dios? ¿Qué es lo que él quiere que seas y hagas en el presente?

Da gracias a Dios por su bondad hacia ti, por haberte ayudado en el desarrollo de tu personalidad. Ofrece a Dios todo tu ser, pidiéndole «sabiduría», para que tu vida quede completamente orientada hacia Dios. ❤ ❤ ❤

Somos aquello que somos:
un conjunto de corazones heroicos,
a los que el tiempo y las circunstancias hacen débiles,
pero con fuerza de voluntad para luchar,
para buscar, para encontrar
y para no rendirnos jamás.
Tennyson

13 / 6   Los amados de Dios

Un hombre marchó a Saranac Lake, en el estado de Nueva York, donde esperaba encontrar a alguien que hubiera conocido a Robert Louis Stevenson, cuando éste vivió allí y recibió tratamiento para su tuberculosis. Al cabo de una intensiva búsqueda, dio con una anciana en cuya casa había vivido Stevenson. Le dijo lo que buscaba. Al principio, ella no se acordaba del novelista pero, por fin, recordó:

—¡Oh, aquel tipo! –exclamó–. Sí, lo recuerdo. Solía escribir en la cama y fumaba cigarrillos mientras escribía. Me hacía agujeros en las sábanas.

Dios no ve como los hombres, que ven la apariencia. El Señor ve el corazón.
1 Samuel 16, 7

Sugerencias para la oración ❤

Jesús vivía una vida muy monótona; a los ojos del mundo no hacía nada importante. Pero, al final de todos esos «años oscuros», su Padre Celestial se hallaba tan complacido con esa vida, que declaró: «Tú eres mi Hijo muy amado; en ti me complazco» (Marcos 1, 11).

¿Tuviste una niñez interesante? ¿Cómo la comparas con la de Jesús? Cuando recuerdas tu pasado o te lo recuerdan los demás, ¿qué es lo que resalta más: las cosas buenas o las malas que hiciste? ¿Te condiciona, todavía, tu pasado?

¿Emplea el Padre Celestial contigo las mismas palabras que con Jesús? Cierra los ojos y escucha las palabras del Padre que resuenan en tu cabeza y en tu corazón. ¿Qué es lo que dice?

Pide a Dios la gracia de asemejarte más y más a la imagen de Jesús, sea cual haya sido tu pasado. ❤ ❤ ❤

Un célebre astrónomo le dijo a Einstein:
«Para un astrónomo, el hombre
no es más que un punto insignificante
en un universo infinito».
«Muchas veces he pensado eso mismo
–replicó Einstein–. Pero también me doy cuenta
de que ese punto insignificante, que es el hombre,
es también el astrónomo.

13 / 7	Vivir tu auténtica vida

Si consigues lo que pretendes en tu proyecto personal,
y el mundo te hace «rey por un día»,
vete al espejo, mírate,
y ve a ver qué te dice ese hombre.

Porque no es tu padre ni tu madre
los que te van a juzgar.
El personaje cuyo veredicto importa más en tu vida
es ése que te mira desde detrás del espejo...

Ese es el tipo a quien tienes que agradar.
¡No te importen los demás!
Porque es él quien va a estar contigo hasta el final.
Y habrás pasado la mayor de las pruebas,
si el hombre del espejo sigue siendo tu amigo.

Podrás engañar a todo el mundo,
y hacer que te aplaudan al pasar,
mas tu premio final será el llanto
si has engañado al hombre del espejo.
Anónimo

**Pues si uno escucha y no actúa,
se parece a aquél que se miraba la cara en el espejo...
Se marchó y, muy pronto, se olvidó de cómo era.**
Santiago 1, 23-24

Sugerencias para la oración ❤

¿Eres una persona auténtica?

¿Estás a gusto con la elección que has hecho de tu carrera, profesión... ¿Te satisface la manera en que transcurre tu vida espiritual? ¿Te vas pareciendo, cada vez más, a la imagen de Jesús? ¿Tienes un verdadero deseo de conocerle más íntimamente, para amarle más profundamente, y seguirle más fielmente?

Pide la gracia de entregar todo tu ser a Dios, para que haga contigo según su voluntad. ❤ ❤ ❤

**Ser tú mismo en un mundo que, noche y día,
hace lo posible para que tú seas otro,
significa estar dando la más encarnizada batalla
que puede entablar un ser humano
y que nunca deja de darla.**
E.E. Cummings

QUINTA ETAPA

Elección

Elección

Durante las tres semanas anteriores has reflexionado sobre los acontecimientos que rodean el nacimiento de Cristo, su infancia y juventud. Has visto que Dios tomó unas determinaciones radicales al elegir algunas de las circunstancias que acompañaron al nacimiento de su Hijo, determinaciones que afectaron el futuro de Jesús en su vida terrena.

Dios escogió, para su Hijo, la *pobreza*. Jesús no eligió nacer siendo un príncipe en un magnífico palacio, sino en la pobreza de un establo. Jesús vivió pobre toda su vida. Primero, como un artesano en una aldea; después, como un maestro y predicador itinerante. «Las zorras tienen madrigueras (...) pero el Hijo del Hombre no tiene dónde reclinar su cabeza» (Lucas 9, 58). Normalmente, se movió entre pecadores y desposeídos.

El pueblo quiso honrar a Jesús, tratando de hacerle rey en su provecho. Jesús no sucumbió a la tentación. En cambio, escogió el *menosprecio*, al aceptar, de acuerdo con la voluntad de su Padre, «padecer mucho y ser reprobado por esta generación» (Lucas 17, 25).

Jesús no usó su poder divino para dominar al pueblo; más bien, «adoptó la forma de esclavo» (Filipenses 2, 7), y permaneció siempre siendo «manso y humilde de corazón» (Mateo 11, 29). Escogió la senda de la *humildad*.

Jesús y su vida son una invitación a sus discípulos a que sigan sus huellas, escogiendo voluntariamente *pobreza, menosprecios y humildad* como estilo de vida.

Para sacar fruto de las meditaciones de las dos próximas semanas, es importante tener en cuenta la situación social del mundo en que vivimos. Podríamos ser arrollados por la *secularización* de los valores, la práctica indiferencia ante un Dios trascendente. Hemos de ser conscientes de las «actitudes operativas» que gobiernan las vidas y los actos de la gente:

Consumismo: Una búsqueda febril de tener más y más cosas materiales.

Ansia de poder: Sin reparar en los medios, pasando por encima de una respetuosa explotación de la naturaleza y utilizando a las personas y las colectividades en provecho de cualquier facción minoritaria, provocando situaciones de injusticia racial y social, enfrentamientos, violencia, imperialismos económicos y culturales...

Egocentrismo: Reducir el ámbito de las personas, los valores y derechos, sólo a aquéllas que yo considero de mi entorno y, por lo tanto, únicas beneficiarias de mi interés y atención.

Desinterés por Dios: No permitir que Dios intervenga en mi vida ni que afecte a mi modo de concebirla y vivirla.

Durante las dos próximas semanas, examinaremos también las elecciones y decisiones que hemos tomado anteriormente, y revisaremos nuestro «modo de proceder» y sus motivaciones.

Pide la gracia de tener siempre el valor de aceptar el reto que Cristo te plantea respecto a la pobreza, los menosprecios y la humildad, y de tenerlo siempre en cuenta a la hora de tomar decisiones vitales en tu vida.

Dios mío, creo que estás presente en todos y en todo.
Pero creo ue tu presencia está,
especialmente, en los pobres, los necesitados,
los huérfanos y los enfermos.
Al trabajar por la justicia social,
la libertad, la paz y la concordia,
sé que estoy trabajando contigo por tu Reino.

Pero, aunque sé muy bien todo esto, te sigo fallando
sin buscarte entre los pobres y los necesitados,
te sigo fallando no buscando la paz, la unidad y la justicia.
Sigo, todavía, buscando poder y posición social,
sigo buscando todas las comodidades
que el mundo me ofrece.
Amo la riqueza, amo la seguridad.

Ayúdame, Señor, a ser consciente
de la necesidad de los desamparados.
Ayúdame, Señor, a luchar por mejorar
la condición de mis hermanos.
Ayúdame a «ser para los demás».
Y, si no lo hago así, dame el valor
de decir que ya no soy cristiano. Amén.

Gerwin van Leeuwen, O.F

TRAMO 14
El maestro y el enemigo

En cierta ocasión, un patricio buscó el consejo del filósofo Epicteto.

—Nerón me exige que haga el payaso en el circo –le dijo–. Y esto afectaría seriamente a mi propia dignidad. ¿Qué harías tú en mi lugar?

Epicteto le respondió:

—En tu lugar, obedecería a Nerón.

—¡Cómo! ¿Harías tú el payaso en el circo?

—No –dijo Epicteto–. *Yo* no. Pero tú ya estás haciendo el payaso al someter el tema a discusión.

* * *

¿Tu decisión de seguir a Cristo es lo suficientemente firme, para no necesitar una ulterior deliberación?

En la sección anterior has meditado sobre el Reino de Dios, y has decidido seguir a Cristo Rey a toda costa. En las dos últimas semanas te ha inspirado la primera etapa de la vida de Cristo y lo has tomado por «modelo» para una vida de *pobreza, menosprecios* y *humildad*, que fueron las principales características de la vida de Cristo. Ahora tienes que dar otro paso, y ver qué significa, concretamente, este seguimiento de Cristo.

No es tarea fácil modelar nuestras vidas de acuerdo con el estilo de vida de Jesús, dadas nuestras limitaciones humanas y las permanente atracción del mundo *(riquezas, honores, soberbia)*, opuestas al Reino de Cristo. Pero lo hacen todavía más difícil los malos impulsos que experimentamos dentro de nosotros que, a veces, acaban triunfando sobre nuestras buenas intenciones. Nos sentimos maniatados, impotentes, sin libertad: «Porque no hago el bien que quiero, sino que hago el mal que no quiero» (Romanos 7, 19). Sin advertirlo, caemos en situaciones en las que nos disponemos a servir a «dos señores», uno de los cuales es Dios/Cristo; ¡y sólo podemos servir a uno! (Mateo 6, 24).

Si, a veces, nos desviamos de Cristo, luz del mundo, hacia los «poderes de las tinieblas» es porque sufrimos los engaños del diablo. «Satanás puede disfrazarse de ángel de luz» (2 Corintios

11, 14). Es un hábil embaucador. No nos arrastra al pecado, así, de golpe. Le sería casi imposible conseguirlo en alguien que se ha entregado sinceramente a Cristo. Por lo que emplea tácticas sutiles y cebos camuflados. Nuestra tarea de esta semana será desenmascarar sus disfraces, para que no caigamos fácilmente en sus trampas.

Puede que, a veces, nos abrume el poder del mal en este mundo. Es una maraña extendida por todas partes. Hay quien ha llegado a pensar que el Mal ha vencido al Bien, y que ahora es aquél el que domina en el mundo. Pero, los que tienen fe tienen un concepto muy distinto de la realidad. A pesar de toda su influencia, Satanás no es más que una insignificante criatura ante la inmensidad del Dios Todopoderoso, una luciérnaga frente al Sol. Después de todo, el Universo es de Dios. Es el amor de Dios el que domina y sustenta toda la Creación. Cristo es Señor y Rey, por el poder de su Resurrección. El amor vence sobre todo.

Solos, somos impotentes ante Satanás y su ejército. Con Dios, con Cristo a nuestro lado, no hay nada que pueda destruir o doblegar nuestra libertad. «Por tanto, requerid las armas de Dios para poder resistir el día funesto y manteneros venciendo a todos» (Efesios 6, 13).

Esta semana pediremos la gracia de percibir los funestos designios del diablo y sus secuaces, para no ceder y para permanecer fieles a Cristo. Además, trataremos de comprender con más claridad el misterio de la vida de Cristo, para seguirle gozosamente en pobreza, menosprecios y humildad.

Nota: Se recomienda que concluyas tu período de oración con *tres coloquios:*

Primero, pide a Nuestra Señora que ruegue a Jesús para que te acepte como discípulo suyo y te dé fuerzas para vivir conforme a su sistema de valores. Pide que, si es la voluntad de Dios, vivas una vida pobre y humilde, como la de Cristo, siempre que todo esto se haga sin ofender a Dios o ser causa de que otros ofendan a Dios. Termina con un *Ave María.*

Después, junto con María, acércate a Jesús y pídele lo mismo, terminando con el *Alma de Cristo* u otra plegaria apropiada.

Finalmente, en presencia de Jesús y María, repite esta misma plegaria ante el Padre Eterno, acabando con un *Padrenuestro.*

Este es tu escabel, y tus pies se posan aquí
entre los más pobres, los ínfimos y los abandonados.
Cuando trato de inclinarme ante ti, mi gesto no alcanza
la profundidad en la que se posan tus pies
entre los más pobres, los ínfimos y los abandonados.
La soberbia no puede acercarse adonde tú caminas,
vestido como los humildes
entre los más pobres, los ínfimos y los abandonados.
Mi corazón nunca podrá hallar el camino
hasta donde tú estás acompañando
a los que no tienen compañía,
entre los más pobres, los ínfimos y los abandonados.

R. Tagore

14 / 1   **Un cebo atractivo**

Había fuera un cartel que decía: «Se venden gatos». El hombre entró en la pequeña tienda japonesa y vio un gatito tomando leche de un cuenco que estaba en el suelo. Y se dio cuenta, enseguida, de que el cuenco era de un valor extraordinario, una pieza única de porcelana. Le dijo entonces al tendero:

—Me llevo ese gatito. ¿Le parecen bien 100 yens?

El dueño estuvo de acuerdo; y entonces, el comprador añadió:

—De paso, para que el gatito siga bebiendo en su propio cuenco, me llevaré también el cuenco. Le daré 200 yens por todo.

—¡Oh, no! –dijo el tendero–. Ese cuenco no tiene precio.

—Pues entonces –le dijo el comprador–, ¿cómo permite usted que el gato beba de él, en el suelo?

El hombre le respondió con una sonrisa:

—Es la forma que tengo de vender los gatos.

Vuestro adversario, el diablo, como león rugiente, anda buscando a quien devorar.

1 Pedro 5, 8

Sugerencias para la oración ❤

La anécdota anterior te puede descubrir la manera sutil con la que llevamos a cabo nuestras «malas intenciones».

¿Te sientes culpable de hacer algo parecido?

Lee y medita Efesios 6, 10-18.

Pide gracia para descubrir el poder sutil del mal en nuestros corazones, y para seguir a Jesús, que es la «Verdad» (Juan 14, 6).
❤ ❤ ❤

El diablo sabe citar las Escrituras para sus fines.
Un alma malvada que pronuncia juramentos sagrados
es como un malhechor sonriente,
una hermosa manzana con el corazón podrido.
¡Qué bella apariencia externa tiene la falsedad!
Shakespeare en *El mercader de Venecia*

14 / 2 — El rostro del mal

El célebre cuadro de Leonardo de Vinci, *La última cena*, es algo muy familiar en muchos comedores de los hogares del mundo entero. El artista tomó por modelo de Nuestro Señor a un joven que cantaba en el coro de la catedral de Milán. Se llamaba Pietro Bandinelli. Leonardo se admiró de la belleza, inocencia y amabilidad del rostro de este joven, que provenían de su carácter profundamente religioso y noble. La pintura del rostro de Jesús es una obra maestra.

Años más tarde, buscaba un modelo para pintar el rostro de Judas. Un día, halló en las calles de Roma al hombre que buscaba. El hombre era extraordinariamente repulsivo. La maldad y la avaricia aparecían escritas en su rostro. Al llegar al estudio y comenzar Leonardo el trabajo de pintar aquel horrible rostro, experimentó una repentina sorpresa. Su pincel cayó de su mano. Reconoció las líneas de aquel rostro y le preguntó: «¿No te he visto yo antes en alguna parte?» «Sí –dijo el hombre–. Tú me pintaste en otra ocasión. Yo soy Pietro Bandinelli».

Someteos, pues, a Dios.
Resistid al diablo y huirá de vosotros.
Santiago 4, 7

Sugerencias para la oración ❤

Lee y reflexiona acerca del endemoniado poseído, en Mateo 5, 1-20. ¿Has pasado tú también por una vida «entre tumbas», cuando de alguna manera estabas «muerto» (bajo losas de amargura, venganza, cólera...)? ¿Has experimentado el conflicto atracción/repulsión respecto a Jesús? ¿Cuantas maldades te han poseído: una «legión»?

Imagínate que estás, al borde de un precipicio, ante Jesús. Advierte tu cólera, tu soberbia... Entra en la piara de cerdos que saltan, uno tras otro, para ahogarse en el lago. Vuelve en ti, y pide a Jesús que te conserve a su lado.

Pide la gracia de quedar libre de las cadenas e influencias que te amarran por todas partes, para que puedas seguir a Jesús con libertad de corazón. ❤ ❤ ❤

> **La estratagema más hábil del diablo**
> **es convencernos de que**
> **no existe.**
> *Baudelaire*

14 / 3   Prisioneros de nosotros mismos

—Dime, prisionero, ¿quién es el que te encarceló?

—Fue mi amo –dijo el prisionero–. Creí que podría superar a todos en riqueza y poder, y reuní en mi propio cuarto del tesoro, riquezas que eran del rey. Luego me eché a dormir en la cama de mi señor y, al despertar, hallé que era prisionero dentro de mi propio cuarto del tesoro.

—Prisionero, dime: ¿quién te puso esa cadena irrompible?

—Fui yo –dijo el prisionero–, quien forjó, muy cuidadosamente, esta cadena. Yo pensaba que mi poder invencible mantendría cautivo el mundo, mientras yo permanecería tranquilo en libertad. Fue así como, noche y día, forjé esta cadena con grandes fuegos y duros golpes crueles. Cuando, por fin, acabé la obra y los eslabones estaban completos e irrompibles, me encontré con que la cadena me había agarrado en su abrazo

Rabindranath Tagore

¿Cómo es que Satanás se ha apoderado de ti?

Hechos 5, 3

Sugerencias para la oración 💜

Suele decirse que el diablo nos afloja tanta cuerda, que acaba convirtiéndose en un lazo en torno a nuestros cuellos, convirtiéndonos en sus cautivos.

Solemos quedar atrapados por nuestras inadvertidas tendencias y actitudes y, con frecuencia, nos damos cuenta demasiado tarde de nuestros errores.

Lee y medita: Mateo 12, 22-29, 43-45.

Recuerda a gente conocida que ha roto sus lazos con el mundo y ahora goza de la verdadera libertad en Cristo.

Ruega al Espíritu del Señor que venga sobre ti y te elija para llevar la Buena Nueva a los pobres, para proclamar la libertad a los cautivos, para hacer ver a los ciegos y para libertar a los oprimidos (Lucas 4, 18). 💜 💜 💜

**El diablo es muy fácil de identificar.
Aparece cuando estás terriblemente cansado
y te hace unas proposiciones muy razonables,
que sabes muy bien que no debes aceptar.**
Fiorello La Guardia

14 / 4	Cabalgar sobre un tigre

En medio del enorme éxito, después de su actuación en el papel de un anciano de 70 años en su primer film, *Saaransh*, el actor de cine Anupam Kher, de 28 años, fue sorprendido por esta pregunta del director, Mahesh Bhatt:

—¿Es esto lo que tú deseabas, Anupam?»

Anupam lo pensó un momento, sonrió y después respondió:

—No. Me siento cansado. Me dan ganas de dejarlo todo... Pero sé que no puedo. Es como cabalgar sobre un tigre. Si intento apearme, el tigre me devorará.

Mahesh Bhatt añadió a continuación:

—La tragedia de la vida no consiste en que el hombre pierde sino en que casi gana. La soledad del éxito y la debilidad del poderoso acaban destrozándole el corazón.

¿Qué le aprovecha al hombre ganar el mundo entero, si él mismo se pierde o se malogra?

Lucas 9, 25

Sugerencias para la oración ❤

Reflexiona sobre las palabras de Cristo arriba citadas. Según tus convicciones, ¿en dónde está el verdadero éxito?

Lee y medita: 1 Juan 3, 8-15.

Pide gracia y fuerza para seguir de cerca las huellas de Jesús, aun a costa de padecer deshonra. ❤ ❤ ❤

> **Cuando quiero ser libre a toda costa,**
> **ya estoy comenzando a maniatarme.**
> **Cuando persigo mis propios deseos,**
> **me estoy encadenando.**
> **Hago lo que no quiero hacer.**
> **Estoy a merced de mí mismo.**
> **Y, cuando al fin, pienso que estoy libre,**
> **mi libertad se convierte en una carga,**
> **porque tengo que tomar decisiones**
> **que soy incapaz de realizar,**
> **y mi libertad se convierte**
> **en una nueva prisión.**
> **Sólo puedo hallar la libertad**
> **en los lazos que me atan a ti.**
> *Ulrich Schaffer*

14 / 5	El sendero hacia la humildad

Se había organizado un concierto en una célebre y antigua iglesia. Para ello había sido invitado un célebre organista. El auditorio estaba entusiasmado con su música. En el intermedio,

dio un pequeño paseo por detrás del órgano, y fue felicitado por un anciano caballero que fumaba una pipa, mientras descansaba de su tarea de mover los fuelles del órgano. El buen hombre parecía muy satisfecho cuando le dijo al músico: «¡Vaya concierto más soberbio el que estamos dando esta noche!»

El célebre organista quedó un tanto estupefacto. «¿Cómo dice usted *estamos*, amigo? ¿No soy yo el que está dando el concierto?» A continuación se volvió para continuar el concierto. Cuando el auditorio se hubo acomodado, aplicó sus manos al teclado para atacar la segunda pieza musical. No salió ningún sonido. Corrió a la parte trasera del órgano. El viejo seguía tranquilo con su pipa en la boca. El músico le dijo, sonriente: «Tenía usted razón: *estamos* dando un concierto». Volvió al órgano y, cuando puso sus manos sobre las teclas, ¡esta vez cobraron vida!

Puede salir algo bueno de Nazaret?

Juan 1, 46

Sugerencias para la oración ❤

¿Has entendido la naturaleza del liderazgo de Jesús? En el fondo, se caracteriza por una falta de reconocimiento por parte de los demás, que llega hasta el desprecio y los insultos. Por otra parte, los poderes del mal te hacen que evites unas humillaciones de este tipo y te inclinan hacia la soberbia y el orgullo.

Lee y medita acerca del rechazo que sufrió Jesús en Nazaret, en Mateo 13, 53-58.

Si alguien te insulta por motivo de tu entrega al Reino de Cristo o a la vida de oración, responderías... o te quedarías en silencio? ¿Por qué?

Pide a Cristo que te conceda su espíritu de humildad y servicio. ❤ ❤ ❤

**El diablo tiene tres hijos:
Soberbia, Falsedad y Envidia.**
Proverbio galés

14 / 6 Solidaridad con el pobre

Malcolm Muggeridge observa en *Algo bello para Dios:*

«Al acompañar a la Madre Teresa en sus diversas actividades durante la filmación de las mismas, lo mismo en el Hogar de los Moribundos que con los leprosos o con los niños abandonados, me di cuenta de que nosotros atravesábamos por tres fases: la primera era la de un horror mezclado con piedad; la segunda, la de la compasión pura y simple; y la tercera, algo que iba mucho más allá que la compasión, algo que nunca habíamos experimentado antes: un profundo sentimiento de que estos hombres y mujeres moribundos, estos leprosos con muñones en vez de manos, estos niños abandonados, no eran unos desgraciados, repulsivos o abandonados, sino más bien unos seres queridos y amables. Como podrían serlo unos viejos amigos, unos hermanos y hermanas.

> **Hizo justicia a pobres e indigentes.**
> **Y eso sí que es conocerme.**
> *Jeremías 22, 16*

Sugerencias para la oración ❤

El reto que Jesús lanza a sus discípulos es vivir una vida de *pobreza, menosprecios* y *humildad*, y apartarse de las riquezas, los honores y la soberbia.

Los discípulos de Jesús han de identificarse con los pobres. Y hay varios niveles y estadios de conocer y servir a los pobres. ¿En qué estadio estás tú ahora? ¿Qué más puedes hacer por Cristo?

Lee y medita: 1 Timoteo 6, 3-19.

Pide la gracia de comprender el valor de la pobreza, y de hacer todo lo esté en tu poder para identificarte más y más con los pobres. ❤ ❤ ❤

¿Agarrarías del brazo a un leproso
para consolarlo?
¿Cuidarías a una persona moribunda?
¿Curarías un cuerpo llagado?
¿O enviarías un cheque aséptico,
y dejarías el trabajo sucio para otro?

Aquarius

14 / 7   Identidad cristiana

El gobierno de El Salvador había estado abusando de su pueblo durante muchos años. La rebelión trajo un baño de sangre. Los que se atrevían a hablar en favor de los pobres eran torturados, amenazados y, en muchos casos, asesinados. Tenemos ahí el caso del arzobispo Romero.

Ante estas increíbles injusticias, el arzobispo habló en favor de la justicia y acusó al gobierno de opresor del pueblo. «Soy optimista... Lo que me sostiene en la lucha es mi amor a Dios, mi deseo de ser fiel al Evangelio y mi amor hacia el pueblo de El Salvador, especialmente hacia los pobres». Con su liderazgo, su celo y su amor, le recordaba al pueblo de El Salvador su verdadera herencia de hijos de Dios. Y promocionó la solidaridad mutua entre los pobres.

El día 25 de Marzo de 1980, el arzobispo Romero fue asesinado mientras celebraba la Eucaristía. El día de su entierro apareció una gran pancarta sobre el presbiterio de la catedral, que decía: *Monseñor Romero, tú no has muerto; tú vives en el pueblo salvadoreño.*

Dichosos cuando os odien los hombres
y os destierren y os insulten
y denigren vuestro nombre
a causa del Hijo del Hombre.

Lucas 5, 22

Sugerencias para la oración ❤

Las fuerzas del mal no toleran las conquistas del Reino de Dios. Luchar contra ellas os puede llevar a la muerte.

Trae a la memoria la contribución de los «mártires de hoy» a la causa de Cristo.

¿Hasta qué punto te sientes capaz de dar, ante el mundo, un completo testimonio de los valores de Cristo?

Lee y medita: Juan 8, 41-44.

Pide la gracia de comprender el verdadero sentido de tu entrega a los valores del Reino, y valor para luchar denodadamente bajo la bandera de Cristo. ❤ ❤ ❤

> **Era la gran masa de los pobres y los trabajadores**
> **los que eran católicos en este país,**
> **y fue este hecho el que me atrajo a la Iglesia.**
> *Dorothy Day*

TRAMO 15
Tres actitudes de servicio

Imaginemos a un grupo de montañeros que han salido a escalar un pico difícil, y vamos a observarlos unas cuantas horas después de que han comenzado su empresa. Para entonces, es de suponer que el grupo se haya dividido en tres subgrupos.

Los primeros están pesarosos de haber abandonado el refugio. Piensan que la fatiga y los riesgos no guardan proporción con lo que les supondría la satisfacción de haber llegado a la cumbre. Deciden volverse.

Hay otros que no se arrepienten de haber salido. Brilla el sol y el paisaje es maravilloso. ¿Qué necesidad tienen de subir más arriba? Es mucho mejor disfrutar de la montaña desde aquí (en la amena pradera o en lo profundo del bosque). Y así, se recuestan en la hierba o exploran el entorno hasta que llegue la hora de atacar sus provisiones.

Nos quedan los verdaderos montañeros; los que mantienen la mirada fija en las cumbres que han decidido coronar. Son los que continúan hacia adelante.

Los cansados - los hedonistas - los entusiastas. Tres tipos humanos. En el fondo de nosotros mismos, llevamos los gérmenes de los tres

(Pierre T. de Chardin)

* * *

Al cabo de la última semana de oración, sabes ya muy bien que la mejor manera de llevar el Reino a tu corazón y convertirlo en una realidad sobre la tierra, es seguir a Cristo en *pobreza, menosprecios y humildad*. Esto te capacita, además, para *alabar, hacer reverencia y servir* a Dios de una manera concreta, y para vivir tu compromiso de «*co-creador/a*», tal y como lo hiciste en tus primeras semanas de oración.

Con objeto de realizar el plan de Dios en ti y en la creación, y para seguir a Cristo más de cerca, has hecho unas elecciones importantes en tu vida. Pues bien: existen, por lo menos, tres maneras con las que la gente procede cuando se trata de tomar una decisión tan importante ante el Reino de Dios.

Vamos a aclarar esto suponiendo una situación imaginaria:

Imagina que hay tres amigos que habían hecho una inversión en un proyecto y, de pronto, se encuentran con que les produce una ganancia inesperada que les supone 100.000 dólares a cada uno. Están entusiasmados. Pero como son gente de conciencia y saben que, en último término, su actual riqueza les viene de manos de Dios, deciden servir a Dios haciendo uso de esta riqueza para su gloria. Y, siendo como son, de caracteres diferentes, adoptan diferentes decisiones para cumplir su propósito.

El primero, a quien llamaremos el *dilatorio*, traza planes maravillosos para emplear el dinero a favor del Reino de Dios. Cada vez que le viene una idea feliz, viene siempre acompañada de varias razones por las que cree que no funcionará. Y, si es que no halla excusas, acaba convenciéndose a sí mismo de que la va a poner en práctica... mañana. Debido a sus flojas convicciones y al apego secreto que tiene hacia el dinero, ¡ese «mañana» nunca llega! Le llega la muerte sin haber cumplido sus propósitos.

El segundo, el *ambiguo,* parece tomar con entusiasmo la idea de donar a los necesitados una buena participación de su reciente riqueza. Pero es un hombre calculador. Y se pone a sopesar los pros y los contras. Cuanto más discurre, más se aferra a su dinero. Acaba convenciéndose, muy astutamente, de que ese dinero, al fin y al cabo, es un regalo que Dios le ha hecho «a él». No hay nada malo en utilizarlo para sí mismo. Desde luego que piensa ayudar a los necesitados, pero de una manera que no le afecte a él demasiado. Decide invertir los 100.000 dólares en un depósito a plazo fijo, y dedicar los intereses a obras de caridad. A veces se siente un poco culpable. ¿No debería emplear el mismo depósito de una forma más generosa para con los pobres? Vuelve a pensar y repensar, y acaba convenciéndose de que lo que ahora hace está bien hecho delante de Dios.

El tercero es el *decidido*. Es un personaje auténtico. Tiene la firme convicción de que su riqueza recientemente adquirida pertenece totalmente a Dios y ha de disponer de ella de acuerdo con la voluntad de Dios. Para él, lo importante no es lo que *yo* decida hacer con el dinero, sino lo que *Dios* quiere. Está sinceramente decidido a entregar toda la cantidad, si Dios lo quiere así. Y como es verdad que siente cierta atracción hacia ese dinero, para obrar limpia y objetivamente, decide poner el dinero en manos de un amigo íntimo y comportarse como si él ya no lo poseyera.

Cuando le asaltan inquietudes o sentimientos de culpabilidad, examina sus raíces. Pide que Dios le ilumine y le dirija. Por último y, a través de un serio discernimiento, llega a ver lo que Dios quiere que haga con ese dinero. Y entonces lo ejecuta, de todo corazón, cumpliendo la voluntad de Dios.

¿Qué clase de persona eres tú: el dilatorio, el ambiguo o el decidido? Esta semana tendrás la oportunidad de reflexionar sobre tus actitudes y decisiones. ¿Sueles, normalmente, inclinarte por la salida fácil? ¿Realizas, por el contrario, elecciones que refuerzan tu entrega a Cristo?

Pide la gracia de seguir de cerca a Cristo, de forma que te entregues sin condiciones a la Voluntad del Padre, aun a costa de entregar todo lo que tienes o de perder la vida.

Haz el *triple coloquio*, al final del período de oración de cada día.

Se balanceaba, suavemente, colgado
de las cuerdas del columpio.
Con los ojos cerrados, relajado
y dejándose llevar.

Señor, camino por la ciudad
como por un campo inmenso,
y veo a gente que se deja llevar
impulsada por las vientos de la vida.
Algunos sonríen y se entregan a placeres pasajeros.
Otros, con el rostro contraído, maldicen el viento
que los sacude y los hace chocar unos con otros.

Señor, yo quiero que detengan su balanceo,
quiero que agarren fuertemente las cuerdas
que tú les tiendes.

Quiero que tensen sus músculos,
que esfuercen sus cuerpos vigorosos
y pisen fuerte, en sus vidas,
en la dirección que han escogido.
Porque tú no quieres que tus hijos se dejen llevar,
sino que vivan.

Michel Quoist

15 / 1   **¿Nos lanzamos o lo dejamos para mañana?**

En la extraña novela de Albert Camus, titulada *La caída,* el protagonista es un abogado parisino orgulloso y muy seguro de sí mismo. Una noche, cuando regresa a casa cruzando un puente sobre el Sena, le ocurre algo que luego no podrá olvidar jamás. Fue su «error», su error irremediable.

«Habría recorrido unos cincuenta metros de puente, cuando oí el ruido de un cuerpo que caía al agua. Escuché el grito de una muchacha, varias veces repetido, que se alejaba río abajo; luego, cesó. Quise correr en su ayuda y, sin embargo, me quedé quieto. Luego, despacio, bajo la lluvia, me marché. No avisé a nadie del suceso. Al día siguiente y durante varios días, no leí los periódicos».

El recuerdo de este incidente le persiguió atormentándole. Años más tarde, sintiendo aún dentro de sí una sensación de culpabilidad, se decía: «Oh, muchacha, tírate otra vez al agua, para que esta segunda vez tenga yo la oportunidad de poder salvarnos a los dos. Ahora es demasiado tarde, siempre será demasiado tarde».

Jesús le dijo: «Sígueme».
Pero el hombre le contestó:
«Señor, déjame ir primero a enterrar a mi padre».
Lucas 9, 59

Sugerencias para la oración ❤

¿Hay compromisos tuyos con el Reino de Dios, que has ido dejando de lado? ¿Por qué? ¿Vas a hacer, ahora, algo sobre el particular?

Lee y medita la parábola de la higuera estéril en Lucas 13, 6-9.

Determina un plazo de tiempo en el que realizar tus propósitos... llevarlos a término.

Pide la gracia de hacer elecciones acertadas en la vida y de vivirlas responsable y deliberadamente. ❤ ❤ ❤

Ante todo ser humano se abren varios caminos.
El alma excelsa trepa por el camino excelso,
y el alma rastrera se arrastra por el camino rastrero.
Y, entre los dos, en la brumosa media altura,
va el resto, acá y allá, a la deriva.
Pero cada ser humano tiene abierto, ante sí,
un camino elevado y otro rastrero.
Y cada uno decide
la ruta que va a seguir su espíritu.
John Oxenham

---

15 / 2   **Aplazar tu ayuda**

Leo Buscaglia recoge un bello poema escrito por una muchacha que quiso permanecer anónima:

¿Recuerdas el día en que me prestaste tu coche nuevo
y yo le hice unas rozaduras?
Creí que me ibas a matar, pero no lo hiciste.
¿Y te acuerdas cuando me empeñé en que fuéramos a la
playa, y me dijiste que iba a llover, y llovió?
Creí que me dirías: «Ya te lo dije». Y no me lo dijiste.
¿Te acuerdas cuando yo flirteaba con todos los chicos
para que estuvieras celoso, y lo estabas?
Creí que me abandonarías, pero no lo hiciste.
¿Te acuerdas cuando...

Sí, hubo muchas cosas que no hiciste.
Al contrario: me acompañaste, me quisiste
y me protegiste.
Hubo muchas cosas de las que te quise resarcir
cuando volvieras del Vietnam.
Pero no volviste.

Si está en tu mano dárselo,
no digas al prójimo:
«Vete y vuelve, mañana te lo daré».
Proverbios 3, 28

Sugerencias para la oración ❤

Repasa tu vida ¿Tienes remordimientos? No es cuestión de andar rumiándolos. Deposítalos en el Corazón de Jesús. El te comprende y te perdona.

Piensa en el presente. ¿Hay gente a la que tienes que devolver alguna atención, y has estado dando largas para hacerlo?

¿Encuentras, dentro de ti, resistencias a la llamada de Cristo?

Pide la gracia de ser capaz de sentir y mostrar tu agradecimiento, aprecio, aliento... a aquellos que se lo merecen o lo necesitan. Pide fortaleza para vencer cualquier resistencia para seguir totalmente a Jesús. ❤ ❤ ❤

> **Una hablaba con gran aprecio de otra persona:**
> **«La he conocido bien durante veinte años.**
> **No hay cosa que no haría por ella**
> **y no hay cosa que ella no haría por mí.**
> **En realidad, hemos pasado juntas todos estos años**
> **y no hemos hecho absolutamente nada**
> **la una por la otra».**

15 / 3   Moverse en círculos

Scott Peck, en *La ruta menos viajada*, relata una entrevista entre un sargento del ejército estacionado en Okinawa, que tenía problemas con la bebida, y el psiquiatra.

—¿Te gusta leer? –le pregunté.

—Sí. Claro que me gusta leer.

—Entonces, ¿por qué no lees por las noches en lugar de beber?

—En los barracones hay mucho ruido para leer.

—Y ¿por qué no vas a la biblioteca?

—La biblioteca queda muy lejos.

—¿Queda mucho más lejos que el bar adonde sueles ir?

—Es que no soy muy lector. No soy muy aficionado a leer.

—¿Te gusta pescar? –le pregunté después.

—Sí. Me gusta mucho pescar.

—¿Por qué no vas a pescar en lugar de beber?

—Porque tengo trabajo durante todo el día.

—¿No puedes ir a pescar por la noche?

—No. Por la noche no se pesca en Okinawa.

—Pero –le dije– yo conozco varias organizaciones que salen aquí a pescar por la noche. ¿Quieres que te ponga en contacto con alguna?

—Bueno. La verdad es que no me gusta pescar.

—Por lo que te oigo decir –le dije claramente–, en Okinawa hay otras cosas que se pueden hacer, además de beber, pero lo que a ti más te gusta hacer en Okinawa, es beber.

—Sí. Creo que sí.

—Pero es que la bebida te está creando complicaciones, y tienes un serio problema, ¿no es así?

—Es esta maldita isla la que empuja a la bebida.

Os encargo que procedáis según el Espíritu y no sigáis los deseos del instinto.
Gálatas 5, 16

Sugerencias para la oración ❤

¿Hasta qué punto has decidido vivir según el sistema de valores de Cristo, sin excusas, compromisos o componendas? Hay en tu conducta resabios parecidos a los del sargento arriba descrito?

Pide tener una visión clara para elegir sólo aquello que esté totalmente en línea con tu entrega a Cristo y a los valores de su Reino. ❤ ❤ ❤

En juego infantil unos desfilan, en círculo, mientras cantan heroicamente: «¡Avanzamos, avanzamos!» Pero los que los contemplan tienen que decirles: «¡Pero si no avanzáis!»

15 / 4   Morir de hambre en medio de la abundancia

Sylvia Plath, la poetisa norteamericana, describía muy bien a una persona incapaz de tomar una decisión importante:

«Contemplaba mi vida que se ramificaba ante mí, como la higuera de un cuento. En los extremos de las ramas me aguardaba y me llamaba un magnífico futuro representado por unos hermosos higos. Uno de los higos era un esposo con un hogar feliz y unos hijos; otro higo era una célebre poetisa, otro era una brillante profesora, otro era Europa, Africa, Sudamérica, otro higo... Quedaban muchos higos que no podía ni contar.

«Mientras tanto, allí estaba yo, sentada en una rama de la higuera, muriéndome de hambre, porque no acababa de decidirme a escoger alguno de los higos. Quería tomar todos ellos, y elegir uno significaba perder todos los demás; y yo seguía sentada, incapaz de decidirme, mientras los higos comenzaban a arrugarse, a pudrirse y a caer, uno por uno al suelo, a mis pies».

**Quien no renuncie a sus bienes
no puede ser discípulo mío.**
Lucas 14, 33

Sugerencias para la oración ❤

¿Llevas una vida inestable o dispersa? ¿Te dedicas a muchas cosas, sin hacer bien ninguna de ellas?

¿Cómo va tu entrega total a la misión de Jesús? ¿Qué importancia tiene ella para ti? ¿Cómo has planificado tu vida en orden a conseguir este objetivo?

Lee y medita: Lucas 14, 25-33.

Pide la gracia de entregarte totalmente a Dios y de despegar tu corazón de cualquier deseo insano (cosas, personas...), para entregarte totalmente a la misión de Cristo. ❤ ❤ ❤

Cuando Miguel Angel atacó el bloque de mármol,
a cada piedra que saltaba se perdía una posibilidad;
pero poco a poco, surgió la «Pietà».
Si no hubiera mordido aquel bloque de mármol,
éste hubiera permanecido hasta el fin lleno de posibilidades,
pero vacío de realizaciones.
Una buena elección significa crecimiento,
pero también pérdida.
Mientras crece una posibilidad,
tienen que perderse las demás
(Gerard McGinnitty).

---

15 / 5   **Cuando nos volvemos atrás**

Colleen McCullough estaba realizando un trabajo de investigación médica, en Australia, para el que andaba muy escasa de fondos mientras, por otro lado, estaba escribiendo *Los pájaros desgarrados.* Apenas entregó su manuscrito a un editor, decidió escribir una novela sobre un tema de hospitales y, para estar bien enterada del tema, decidió hacer un curso práctico de enfermería, en Inglaterra. «Por supuesto que no les dije que era novelista; puesto que lo que yo pretendía era un verdadero trabajo físico, ya que soy adicta al trabajo».

Quedaron en que comenzarían el curso práctico el 11 de Abril. Pero sucedió que, a fines de Febrero, *Los pájaros desgarrados* había ya conseguido unas ventas sin precedentes. «Aparecí, por todas partes, en los titulares de la prensa. Ya no había razón para que siguiera de enfermera. ¡Podéis imaginaros una novelista millonaria llevando un orinal!»

Es más fácil para un camello pasar el ojo de una aguja
que para un rico entrar en el Reino de Dios.
Mateo 19, 24

Sugerencias para la oración ♥

¿Has hecho una componenda con tus ideales, a causa de alguna inclinación material o algún éxito inesperado?

¿Hasta qué punto has demostrado sinceridad y decisión en el cumplimiento de la misión de Cristo? ¿Hasta qué punto vas a seguir aceptando los desafíos del Reino de Cristo?

Lee y medita: Mateo 19.

Pide la gracia de fortalecer tus convicciones y de esforzarte por vivir según los valores del Evangelio, para no sentir apego al dinero y al estado social y así ser libre para seguir a Cristo en los necesitados. ❤ ❤ ❤

> **El corazón es rico cuando está contento,**
> **y siempre está contento**
> **cuando sus deseos están fijos en Dios.**
> **Nada puede traer mayor felicidad**
> **que hacer la voluntad de Dios por amor a Dios.**
> *Cordero-Muñoz*

15 / 6   Elegir ser como Cristo

Era un matrimonio joven, muy rico pero sin hijos. Decidieron adoptar a dos huérfanos. Visitaron un orfanato en el que fueron tratados como personajes de la realeza. Les rogaron que rellenaran los formularios prescritos y, una vez hecho esto, el director de la institución, radiante de satisfacción, les dijo: «Ahora les voy a presentar a los dos mejores niños del hogar».

La esposa se volvió rápidamente y le dijo, amable pero firmemente: «¡No, por favor! No estamos interesados en los mejores niños. Dénos dos de aquéllos que nadie se quiera llevar!»

> **Si amáis a los que os aman,**
> **¿qué mérito tenéis?**
> *Lucas 6, 32*

Sugerencias para la oración ❤

Al tomar decisiones en tu vida, ¿cuántas veces has escogido las más difíciles?

La entrega total a Cristo puede implicar una elección deliberada para vivir pobre, humilde y aislado o tenido en poco por la gente rica, poderosa e influyente. Este fue el esquema de la propia vida de Jesús. ¿Hasta qué punto estás en disposición de adoptar ese estilo de vida?

Jesús nos transmitió unas enseñanzas muy radicales que nos habrían de hacer reflexionar acerca de la naturaleza de nuestras relaciones a la luz y a tono con el Reino de Cristo.
Lee y medita: Lucas 6, 27-36.

Pide la gracia de tener, al menos, el deseo de ser pobre y humilde, como Cristo, y de escoger siempre la opción más difícil, siempre que ésta sea la que más conduzca a la extensión del Reino. ❤ ❤ ❤

> **Alguien debería hacerlo, pero ¿por qué yo?**
> **Alguien debería hacerlo, ¿y por qué no yo?**
> **Entre estas dos frases**
> **hay siglos de evolución moral**
> *Annie Besant*

15 / 7   El gran desafío

Era un cañón terriblemente profundo. A través de su abertura superior, de 70 metros, habían tendido un cable delgado y resistente. Un valeroso acróbata atravesó el cañón caminando sobre el alambre que se balanceaba, siendo calurosamente aplaudido por la multitud.

La vez siguiente hizo lo mismo, pero con los ojos vendados. La multitud le aplaudió con más entusiasmo aún. Por último, cruzó una vez más el cañón empujando una carretilla llena de arena, mientras el cable cedía casi a punto de ruptura. En cuanto sus pies pisaron tierra firme, el público, antes aterrado, lo aclamó con locura.

—Usted puede hacer cualquier cosa sobre el cable –le dijo un joven–. No he conocido otro mejor que usted.

El acróbata se puso a vaciar la arena de la carretilla.

—Entonces, ¿confías en mi habilidad?

—Totalmente. Es lo mejor que he visto.

—Muy bien –le dijo el acróbata–. Volveré a cruzar una vez más. Esta vez llevándote a ti en la carretilla.

Pero, repentinamente, el joven entusiasta perdió toda su confianza.

El prudente sube por el camino que lleva a la vida.

Proverbios 15, 24

Sugerencias para la oración ❤

¿Hasta dónde llega tu fe en Dios? ¿Te lanzarías al vacío... ahora?

El deseo y la vocación a una vida idéntica a la de Cristo son un don de Dios. Hemos de permanecer atentos a su voz y abiertos para aceptar su desafío.

Lee y medita: 2 Corintios 6, 1-10.

Pide la gracia de elegir una vida con Cristo, y de hacerlo así tan pronto como te llame el Señor. ❤ ❤ ❤

Los caminos se dividían en el bosque.
Y yo tomé el menos transitado.
Y ahí estuvo toda la diferencia.
Robert Frost

No se trata de «¿Cómo murió?» sino de «¿Cómo vivió?»
No se trata de «¿Cuánto ganó?» sino de «¿Cuánto dio?»
Estas son las unidades para medir el valor
de todos los seres humanos, y no su nacimiento.

No se trata de «¿Tuvo dinero?» sino de «¿Tuvo corazón?»
¿Cómo representó el papel que le había dado Dios?
¿Tuvo siempre una palabra amable, una sonrisa?
¿Supo siempre enjugar una lágrima?

No importa cuál fue su templo ni cuál fue su credo.
Lo que importa es si ayudó a los necesitados.
No importan los elogios que, al morir, le hizo la prensa.
Lo que importa son cuántos lloraron su muerte.

Anónimo

* * *

Trazó un círculo que me dejó fuera,
como si fuera un hereje, un rebelde, un enemigo.
Pero el amor y yo queríamos vencer
y trazamos un círculo que lo incluyó a él.

Edwin Markham

SEXTA ETAPA

La misión de Jesús

La misión de Jesús

Continuamos con nuestro programa, centrándonos esta vez en la verdadera fuente de nuestro desarrollo espiritual: Jesucristo, que es «el Camino, la Verdad y la Vida» (Juan 14,6). Trataremos de comprender mejor el misterio de la Encarnación; trataremos de sentir a Jesús «que se hizo semejante a los hombres» (Filipenses 2, 7), y nos enseñó a luchar contra «el poder de las tinieblas» (Lucas 22, 53) y a andar en la luz (cfr. Juan 12, 35): porque él es «la luz del mundo» (Juan 8, 12).

Ser cristianos no consiste en seguir toda una serie de normas o doctrinas institucionalizadas que afectan solamente a lo externo de la Religión. Ser cristianos consiste en *estar unidos a Jesús*. Porque, ¿qué es la vida? Para mí la vida es Cristo... Vivir en Cristo te hace fuerte y su amor te conforta (cfr. Filipenses 1, 21).

«Todo lo considero pérdida, comparado con el superior conocimiento de Cristo Jesús, mi Señor, por el cual doy todo por perdido y lo considero basura con tal de ganarme a Cristo (...) Conocerlo a él y el poder de su resurrección» (Filipenses 3, 8-10).

En Jesús, Dios nos enseña que los seres humanos entran dentro de su plan y nos confiere su misión ante el mundo. Es importante que nos esforcemos por *conocer* a Cristo, a través de un encuentro personal en la contemplación, mucho más que por medio de la reflexión o la lectura. Los sabios tienen un conocimiento de Jesús, a través de los libros, lo mismo que conocen a otras personalidades históricas con las que no han establecido un contacto personal de amistad.

Pero una cosa es conocer el corazón de una persona observando su radiografía, y otra muy distinta, *conocer* ese mismo corazón a través de un contacto de amistad. Durante las próximas semanas, nuestro objetivo será llegar a ser amigos íntimos de Jesús. Crecerá nuestro deseo de conocerlo y amarlo, por varias razones. Primero, porque creemos que él es nuestro Camino hacia la vida. Segundo, porque es amable en sí mismo. Tercero, porque él mismo nos ha declarado que a sus discípulos los trata como amigos, no como siervos. Y cuarto, porque creemos que su palabra es poderosa, y queremos experimentar ese poder.

A lo largo de todas nuestras vidas nos han hablado de Jesús y nos hemos familiarizado con sus palabras y sus obras, a través de los Evangelios. Ahora vamos a encontrarnos cara a cara con él y vamos a tener que darle una respuesta personal a esta pregunta: ¿Quien decís vosotros que soy yo? «¿Me amas más que éstos?» (Juan 21, 15).

Hemos de contemplar la vida humana de Jesús, de forma que nuestros actos y actitudes se vayan transformando gradualmente en sus actitudes: las Bienaventuranzas. Hemos de convencernos, cada vez más, de la misión que Dios nos ha confiado: colaborar con Cristo para realizar el Reino. Hemos de apasionarnos más en nuestro amor por la persona de Jesús, y hemos de sentirnos fuertemente arrastrados a seguirle y a servirle hasta el final.

Pide la gracia de conocerlo mejor, para amarlo más entrañablemente y seguirle más de cerca, ¡día tras día!

> Padre, me abandono en tus manos.
> Haz de mí lo que quieras.
> Hagas lo que hagas, te lo agradezco.
> Estoy dispuesto a todo, lo acepto todo.
> Hágase tu voluntad en mí
> y en todas las criaturas.
> Esto es todo lo que quiero, Señor.
>
> En tus manos, Señor, encomiendo mi alma.
> Te la ofrezco con todo el amor de mi corazón
> porque te quiero, Señor.
> No puedo menos de ofrecerme a mí mismo,
> de entregarme en tus manos,
> sin reservas y con ilimitada confianza,
> porque tú eres mi Padre.
>
> *Charles de Foucauld*

TRAMO 16
La persona de Jesús

El Mahatma Gandhi fue un gran admirador de Jesús. Quedó profundamente afectado por los criterios del Sermón del Monte, que puso heroicamente en práctica durante su vida. Aunque, según propia confesión, no aceptaba a Jesús como Hijo de Dios y no pretendió ser un cristiano bautizado.

En cierta ocasión, su gran amigo y admirador, el protestante Reverendo Stanley Jones, le escribió al Mahatma la siguiente carta:

«Sabe usted muy bien lo que le aprecio a usted y a su campaña de la no-violencia (...) Creo que usted ha captado el sentido de la fe cristiana, pero me temo... que ha captado sus principios, pero no a la persona. Usted dijo a los misioneros, en Calcuta, que no acudía al Sermón del Monte en busca de consuelo, sino al Bhagavad Gita. Tampoco yo acudo, en busca de consuelo, al Sermón del Monte, sino a la persona que encarna e ilustra el Sermón del Monte; porque él es mucho más. Creo que aquí está la parte más débil de su comprensión. Yo le sugeriría que, a través de los principios, penetrara usted en la persona y volviera después a decirnos qué es lo que había encontrado».

Gandhi le respondió inmediatamente: «Estimo de veras el aprecio que subyace en su carta y su amable preocupación por mi bien, pero mi dificultad viene de lejos. Antes de ahora, otros amigos míos ya me habían sugerido lo mismo. Sé que no me basta captarlo con el entendimiento; es preciso que se vea afectado el corazón. Saulo se convirtió en Pablo, no por un esfuerzo de su entendimiento, sino por algo que tocó su corazón. Lo único que puedo decirle es que mi corazón está totalmente abierto; quiero hallar la verdad, ver a Dios cara a cara».

* * *

Acabamos por convertirnos en aquello
que pensamos de Jesucristo...
si le conocemos mejor, es decir,
si nuestras mentes se van haciendo más abiertas,
más fervientes;
si nuestros corazones más sabios y más amables;
si nuestro humor más sereno y más entrañable;

si somos más conscientes de la maravilla
que es la vida;
si nuestros sentidos se hacen más sensibles;
si nuestras simpatías más fuertes;
si es mayor nuestra capacidad de dar y recibir;
si nuestras mentes reflejan con más brillo la luz...
porque la luz es la vida de Cristo.

Caryll Houselander

* * *

Este plan de Ejercicios está pensado, precisamente, para ayudarte a llegar, más allá de las ideas, «hasta la persona» de Jesucristo. Está pensado para tocar tu corazón.

Esta semana meditarás en la humanidad de Jesús. Experimentarás las batallas que tuvo que arrostrar y las opciones radicales que adoptó en su vida para ser totalmente fiel a la misión que su Padre le confió.

Pide la gracia de tener un corazón «totalmente abierto», de manera que puedas «hallar la verdad» y ser capaz de contemplar la imagen de Dios en el rostro de Cristo, su Hijo. Pide la gracia de conocer más íntimamente a Cristo, de amarle más profundamente y de seguirle más de cerca.

Señor Jesucristo,
tú dejaste de lado
toda clase de poder y seguridad,
para abrazar los terribles riesgos
de amar a Dios en todos
y amar a todos en Dios.
Tú caminaste
a través de todos los valles tenebrosos.
Tú te enfrentaste
a todas las fuerzas del mal,
para ver, por ti mismo, el camino
para sacarnos del pecado y de la muerte.
No hubo desierto que pudiera agostar
tu amor a Dios.
No hubo egoísmo que pudiera agostar
tu amor hacia nosotros.
Señor, enséñame tu camino.

Joseph Tetlow, S.J.

16 / 1   **Uno de nosotros**

Una escena que no nos han relatado los Evangelios es la de la despedida de Jesús, de su familia, cuando tenía 30 años de edad. Al contrario de cuando se quedó en el templo, a los 12 años, esta vez es seguro de que les explicaría por qué se tenía que marchar: «para estar en las cosas de su Padre». De todas maneras, la partida tuvo que ser dolorosa. Jesús, después de todo, era humano.

No debemos pasar por alto el hecho de que Jesús era «verdadero hombre», en el pleno sentido de la palabra. Sus vecinos le conocían como «el hijo del carpintero». Como cualquier ser humano normal, Jesús pasa hambre (Mateo 4, 2) y sed (Juan 19, 28); comía y bebía (Marcos 7, 33; 8, 23; Mateo 9, 10); sentía cansancio (Juan 4); (Marcos 4, 38).

Jesús expresó, también, toda una amplia serie de emociones: sintió alegría (Lucas 10, 21) y sorpresa (Marcos 6, 6) y cólera (Marcos 8, 21) y piedad (Lucas 7, 13) y compasión (Lucas 15, 20) y desilusión (Lucas 17, 17). Se rodea de amistades femeninas (Lucas 8, 2; Juan 11, 5); toma a los niños en sus brazos (Marcos 9, 36; 10, 16); llora por su amigo Lázaro, y la gente exclama: «¡Ved cómo lo amaba!» (Juan 11, 35). Y sufre en su Pasión.

> **El Verbo se hizo carne, y habitó entre nosotros... lleno de gracia y de verdad.**
>
> *Juan 1, 14*

Sugerencias para la oración ❤

¿Crees que la frase «en todo semejante a nosotros», se aplica a Jesús en su vida terrena? ¿Hasta qué punto?

Lee y haz oración sobre Filipenses 2, 1-11. Describe cómo Jesús escogió vivir como un ser humano normal.

Pide la gracia de que, como Jesús, tú también tengas una profunda y completa humanidad. ❤ ❤ ❤

Hay tres milagros de nuestro Hermano Jesús, que no están descritos en el Libro:

**el primero, que fue un ser humano como tú y yo;
el segundo, que tenía sentido del humor;
y el tercero, que sabía que era un conquistador,
pero conquistado.**
Kahlil Gibran

16 / 2   Jesús, nuestro hermano

Jesús no sale de Nazaret como un mesías majestuoso, sino como un hombre que va a cumplir una misión. Para cumplir el plan de su Padre, su primer paso será juntarse, lo más estrechamente posible, con la *humanidad pecadora*. Y así, se pone a la cola de los «pecadores» que recibían de manos de su primo, Juan, el «bautismo de penitencia». Juan quiso oponerse a bautizar a Jesús, ya que le reconoció como a alguien mucho más grande que él. Sólo ante la insistencia de Jesús, cedió Juan.

En cuanto Jesús salió del agua, vino una voz del cielo: «Tú eres mi Hijo querido, mi predilecto». Fue éste un momento importante para Jesús, cuando reconoció con más claridad que nunca, quién era y qué era lo que tenía que hacer en la vida. Fue un momento de revelación, de aliento y de afirmación. Fue un momento en que se confirmaba su misión.

**El que me envió está conmigo
porque yo hago siempre lo que le agrada.**
Juan 8, 29

Sugerencias para la oración ❤

En una meditación anterior descubriste por qué el Padre se sentía complacido con su Hijo. Recuerda las inspiraciones que allí recibiste.

En los diversos estadios de tu crecimiento espiritual habrás recibido alguna «confirmación divina», algún sentimiento profundo, de parte de Dios, de que estabas en el verdadero camino, fiel a tu misión y haciendo su voluntad. Recuerda esos momentos. Si no has pensado antes en ello, hazlo ahora, y recuerda las veces en que te has sentido especialmente cerca de Dios y con deseos de ser más fiel a su voluntad.

¿Ha habido alguna ocasión en tu vida en la que el apoyo y el aliento de otra persona te hayan ayudado?

Lee y medita sobre la humildad de Juan y la actitud de Jesús en Mateo 3, 1-16.

Aplica las palabras de Isaías 42, 1-7 a Jesús. Pide la gracia de sentir la obediencia de Jesús a la voluntad de su Padre, para animarte a seguirle más de cerca. ❤ ❤ ❤

> **Lo verdaderamente notable acerca de Jesús era**
> **que, aunque provenía de la clase media**
> **y no padecía ninguna minusvalía personal,**
> **se mezcló socialmente con los más humildes**
> **y se identificó con ellos.**
> **Eligió ser un descastado.**
> *Albert Nolan*

6 / 3   Guiado por el Espíritu

El Espíritu de Dios tomó posesión de Jesús, de una manera especial, para dirigir sus energías hacia la tarea que le había sido encomendada: su misión mesiánica. Después de que Jesús fue bautizado por Juan, el Espíritu que había sobrevolado el caos, en la aurora de la creación, sobrevoló esta vez sobre Jesús, anunciando así la «nueva creación», el Nuevo Adán.

Toda la vida y obra de Jesús está guiada por el Espíritu. Para empezar, el Espíritu conduce a Jesús al desierto para que afronte, en la soledad, las circunstancias en las que se va a ver envuelta su misión. Más tarde, en su primera aparición pública en la sinagoga de Nazaret, Jesús confirmó, según leía el texto de la Ley, que «el Espíritu del Señor está sobre mí, porque me ha escogido para llevar la Buena Nueva a los pobres».

Mientras Jesús se movía entre la gente, el Espíritu continuó mostrándole que podía enseñar las cosas del Reino de Dios con autoridad propia. El Espíritu ayudó a Jesús a verlo todo desde el punto de vista de Dios. El Espíritu le dio a Jesús el poder de hacer milagros, de curar a los enfermos y a los poseídos por malos espíritus.

El Espíritu Santo, que enviará el Padre en mi nombre, os lo enseñará todo y os recordará todo lo que yo os dije.

Juan 14, 26

Sugerencias para la oración ❤

Observa los frutos que produce el Espíritu (léelo en Gálatas 5, 22-23) y recuerda los incidentes de la vida de Jesús en los que aparecen evidentes uno o varios de esos frutos.

¿Podrías declarar, en confianza, que el Espíritu de Dios te guía en la vida? ¿Qué evidencia tienes de ello?

Pide llenarte del Espíritu, de forma que aumenten tu conocimiento y amor hacia Jesús, para que crezca tu deseo de seguirle de cerca. ❤ ❤ ❤

**Cada cual tiene su propia vocación específica
o misión en la vida.
Cada cual ha de realizar una tarea concreta
hasta su cumplimiento.
En ella no puede ser reemplazado
y su vida no puede vivirse una segunda vez.
Por lo que la tarea de cada cual es única,
como lo es su específica oportunidad de llevarla a cabo.**

Victor Frankl

16 / 4   Jesús fue tentado

En su libro *Experiencia de Jesús: Su Vida,* Mark Link, S.J. nos relata un suceso interesante:

Hace años, un equipo de la BBC se trasladó a Tierra Santa para rodar un film sobre la vida de Jesús. Tropezaron con dificultades cuando trataron de filmar las tentaciones de Jesús. El mayor problema estaba en cómo personificar al diablo. Es verdad que hubo muchos antiguos actores que personificaron muy bien al diablo, pero...

La BBC Británica decidió representar al diablo mostrando, simplemente, una sombra sobre la arena. La solución parecía buena. Evitaba la inútil discusión acerca de cómo Jesús tuvo experiencia del diablo. ¿Estuvo el diablo presente en la mente de Jesús? ¿O estuvo físicamente presente? Es decir: ¿se acercó el diablo a Jesús como puedo acercarme yo a ti, en la calle? El equipo de la BBC decidió enfocar a Jesús, no al diablo.

* * *

El drama total de la experiencia de Jesús, durante los cuarenta días en el desierto, queda velado por el misterio, pero se nos ha transmitido el núcleo del episodio: Jesús fue «tentado» por las fuerzas del mal (las fieras, el diablo...) y halló consuelo y valor fuera de sí mismo (los ángeles le sirvieron). El se mantuvo firme, manteniendo sus convicciones sin vacilaciones ni compromisos.

**Concluida la prueba,
el diablo se alejó de él hasta otra ocasión.**
Lucas 4, 13

Sugerencias para la oración ❤

Lee Mateo 4, 1-11. Este dramático episodio es, muy posiblemente, un compendio simbólico de la clase de pruebas que Jesús arrostró durante toda su vida. Toma nota de que Jesús fue tentado para elegir riquezas - honores - poder y respondió firmemente que su misión requería pobreza - menosprecios - humildad. Contempla a Jesús discutiendo con el diablo. Advierte que esas tentaciones se dan muchas veces en tu vida. ¿Cómo has respondido a ellas?

Pide la gracia de ser siempre fiel a Jesús y a su misión (que también es la tuya), en cualquier circunstancia. ❤ ❤ ❤

**A mí también me visitan ángeles y diablos,
pero me deshago de ellos.
Cuando se trata de un ángel,
digo una vieja oración, y él se aburre;
cuando es un diablo, cometo un viejo pecado,
y se marcha.**
Kahlil Gibran

16 / 5   **Frente al enemigo**

Hay una viejo mito griego acerca de las sirenas: solían aparecer como bellas muchachas sentadas en la costa rocosa de un estrecho por el que tenían que pasar los barcos. Su canto maravilloso hacía que los marineros abandonaran los remos y el timón, a resultas de lo cual, los barcos acababan siendo arrastrados y destruidos contra las rocas.

Cuando Ulises tuvo que pasar por allí, decidió disfrutar del canto pero, a la vez, mantener el barco a salvo. Para lo cual, taponó con cera los oídos de los marineros, mientras hizo que a él lo amarraran fuertemente al mástil con cuerdas. Pidió a la tripulación que no hicieran caso de las órdenes que él mismo les diera, hasta acabar de pasar el estrecho. Gracias a esta previsión, pudo superar la «tentación».

En otra ocasión, Orfeo navegó por el estrecho pero, esta vez, él mismo cantó y tocó tan maravillosamente su flauta, que consiguió ahogar el canto de las sirenas, mientras los marineros permanecían absortos escuchando a Orfeo.

**El sumo sacerdote que tenemos no es insensible a nuestra debilidad, ya que, como nosotros,
ha sido probado en todo, excepto el pecado.**
Hebreos 4, 15

Sugerencias para la oración ❤

¿Cedes con facilidad a las «tentaciones»? ¿Sientes frecuentemente que te llevan, contra tu voluntad, hacia las cosas? ¿Actúas contra tus propias convicciones, debido a presiones «sociales», pasiones impulsivas o hábitos incontrolados?

Recuerda, una vez más, las Tentaciones de Jesús y su manera de actuar ante ellas.

Lee y reflexiona sobre Santiago 1, 12-18.

Pide fortaleza para luchar contra el «enemigo» y gracia para entregarte totalmente a Cristo: para amarle y seguirle apasionadamente. ❤ ❤ ❤

**No serás capaz de luchar contra el animal que hay en ti,
sin acabar convirtiéndote totalmente en animal...
Quien quiere conservar limpio su jardín,
no reserva una parcela para las zarzas.**
Dag Hammarskjold

16 / 6   Opción por los pobres

En cierta ocasión, un soldado norteamericano viajaba en autobús por Suecia. El sueco que iba sentado junto a él parecía muy amable, y el soldado entabló conversación con él. Hablaron de esto y aquello, hasta que el soldado le dijo: «Mi país es el más democrático de todo el mundo. Cualquier ciudadano es bienvenido en la Casa Blanca para ver al presidente y discutir asuntos con él».

El sueco, para no ser menos, le dijo: «Eso no es nada. En Suecia, el rey viaja en el mismo autobús que la gente corriente».

En cuanto bajó del autobús, los otros pasajeros le informaron al norteamericano que había viajado sentado junto al rey Gustavo Adolfo VI.

**Conocéis la generosidad de Nuestro Señor Jesucristo,
que siendo rico, por nosotros se hizo pobre
para enriquecernos con su pobreza .**
2 Corintios 8, 9

Sugerencias para la oración ❤

Jesús hizo una clara opción por los pobres.

Lee y medita: Lucas 4, 18-21; 5, 29-32.

¿Qué te inspiran estos pasajes?

La misión de Jesús queda claramente determinada en Lucas 4, 18-19.

Redacta tu propia misión específica comenzando por:

**El Espíritu del Señor está sobre mí,
porque me ha escogido para...**

Pide que el Espíritu de Jesús te mueva a hacer grandes cosas por el Reino de Dios, tras las huellas de Jesús. ❤ ❤ ❤

**El «Jesús dulce y suave»
es un lloroso invento moderno
que no se puede deducir de los Evangelios.**
G.B. Shaw

16 / 7   Unidos a él

En *El diario de la fe,* J.M. Fuster, S.J. dice: «Jesucristo es, indudablemente, el centro del plan de Dios para el mundo, tanto en la creación como en la salvación. El esclarece y da sentido al designio total de Dios en su creación. Para nosotros, el reto es descubrir quién es ese hombre histórico de Galilea llamado Jesús. Dicho de otra manera, el reto es responder adecuadamente a la pregunta que Jesús nos hace a cada uno de nosotros: «¿Quién dices tú que soy yo?»

Los apóstoles y los primeros seguidores de Jesús se enfrentaron al mismo reto y lo hicieron con éxito... Su crecimiento en la fe estuvo siempre fundamentado en la experiencia que tuvieron de Jesús en diversas facetas... En nuestro descubrimiento de Jesús de Nazaret, el factor más importante es el Espíritu Santo quien, como dijo Jesús, «os lo enseñará todo y os recordará todo lo que yo os dije» (Juan 14, 26).

Descubrir a Cristo es dejarnos poseer cada vez más por él y, por lo mismo, penetrar más y más en el misterio que es él.

El que se une a Cristo es una nueva criatura.
2 Corintios 5, 17

Sugerencias para la oración ❤

Lee y reflexiona sobre Juan 15, 1-10: la vid y los sarmientos. ¿Cuál es tu intimidad con la persona de Jesucristo? ¿Hallas inspiración en su vida su enseñanza y su lucha?

Ruega para que Cristo habite, por la fe, en tu corazón. Pide echar raíces profundas en el amor hacia él, para que puedas tener la capacidad de comprender lo largo y lo ancho, lo alto y lo profundo del amor de Cristo. Pide llegar a conocer su amor -aunque nunca podrás hacerlo totalmente- y llenarte completamente de la plenitud de Dios (cfr. Efesios 3, 17-19). ❤ ❤ ❤

Ignorando mi vida,
golpeado por la luz de las estrellas,
como un ciego que extiende,
al caminar, las manos en la sombra,
todo yo, Cristo mío,
todo mi corazón, sin mengua, entero,
virginal y encendido se reclina
en la futura vida, como el árbol
en la savia se apoya, que le nutre,
le enflora y verdea.
Todo mi corazón, ascua de hombre,
inútil sin tu amor, sin Ti vacío
en la noche te busca,
le siento que te busca, como un ciego
que extiende al caminar las manos llenas
de anchura y alegría.
Leopoldo Panero.

TRAMO 17
Un modelo de oración

A veces, la gente se pregunta: si Jesús era Dios, ¿por qué tenía que orar? Es una pregunta que suelen hacerse los que creen que la oración consiste en «pedir favores». Pero esto no lo es todo en la oración. Como dijo el Mahatma Gandhi: «Rezar no es pedir. Es un anhelo del alma».

Jesús, aunque era el Hijo de Dios, vivió una vida completamente humana. Como todos nosotros, sentía la real necesidad de comunicarse con alguien a quien amaba profundamente: su Padre. En la oración, compartía sus experiencias y sentimientos con alguien que se interesaba por ellos, y buscaba realizar la Voluntad de Dios en su vida.

Jesús experimentó una cercanía constante, cálida y abierta con el Padre. Y toda relación estrecha implica comunicación. Esta comunicación incluye el *escuchar y participar*. Sabemos, por experiencia, que nuestros amigos son auténticos cuando están dispuestos a dejar todo lo que tienen entre manos, para escucharnos. Y sólo a nuestros íntimos les comunicamos nuestros éxitos y fracasos, nuestras alegrías y tristezas, nuestros buenos y malos momentos.

Los Evangelios nos ofrecen la evidencia de que Jesús «escuchaba» a Dios a través de la naturaleza, a través del pueblo y en el silencio. Compartió con Dios sus preocupaciones, los acontecimientos de su vida, sus sentimientos. En lugar de procurarnos un «manual de instrucciones» para orar, se nos presentó a sí mismo como un modelo vivo para nuestra oración.

Pídele a Jesús que te enseñe a orar, para que te sientas tan cerca de Dios como él lo estaba, y ora sin cesar (1 Tes 5, 17).

Padre, enséñame a orar,
dime qué tengo que hablar.
¡Quisiera orar como Jesús!

Padre, enséñame a vivir.
Quiero darte lo mejor de mí.
¡Quisiera vivir como Jesús!

Padre, enséñame a servir
y tu santa voluntad cumplir.
¡Quisiera servir como Jesús!
Walter M. Lee

17 / 1   Orar la naturaleza

Jesús siempre estaba abierto para escuchar la voz del Padre. Y, a veces, el Padre le comunicaba su mensaje a través de la naturaleza. Las maravillosas auroras y crepúsculos sobre las colinas de Galilea, le hablaban a Jesús del cálido amor del Padre a sus criaturas. Jesús utilizó esta intuición cuando enseñó a sus discípulos que tenían que amar, también a sus enemigos, porque Dios «hace que el sol salga lo mismo sobre buenos y malos» (Mateo 5, 45).

Los vientos que soplaban del desierto le hablaban a Jesús de los misteriosos movimientos de Dios en el mundo. Jesús dijo: «El viento sopla hacia donde quiere: oyes su rumor, pero no sabes de dónde viene ni a dónde va. Así sucede con el que ha nacido del Espíritu» (Juan 3, 8).

Jesús creció en el campo. Mientras observaba cómo maduraba la mies, pensaba en el gran deseo que tenía su Padre, de reunir consigo a todo el pueblo. Jesús utilizó esta imagen cuando enseñó a sus discípulos cómo habían de extender su mensaje: «Observad los campos clareando ya para la cosecha» (Juan 4, 35). «La mies es mucha, pero los obreros pocos...» (Mateo 9, 37).

**No hay árbol sano que dé fruto podrido,
ni árbol podrido que dé fruto sano.**
Lucas 6, 43

Sugerencias para la oración ❤

Jesús estuvo en contacto con su entorno, y lo vio como un medio para escuchar a su Padre en la oración. ¿Te ocurre a ti lo mismo?

Recuerda los símbolos de la naturaleza que utilizó Jesús en su enseñanza. El árbol y el fruto (Lucas 6, 43-45). El sembrador (Lucas 8, 4-8). El árbol estéril (Lucas 13, 6-9). El grano de mostaza (Lucas 13, 18-19). La higuera (Lucas 21, 29-31). La cizaña (Mateo 13, 24-30)...

Escoge una o dos cosas de la naturaleza que te llamen la atención todos los días, y alaba a Dios por ellas. Contempla a Jesús en oración (Lucas 5, 15-16).

Pide a Jesús que te enseñe a ser como él: siempre en contacto con Dios, a través de las cosas corrientes de la vida. ❤ ❤ ❤

> **De mañana te busco, hecho de luz concreta,**
> **de espacio puro y tierra amanecida.**
> **De mañana te encuentro, vigor, origen, meta**
> **de los sonoros ríos de la vida.**
> **El árbol toma cuerpo, y el agua melodía;**
> **tus manos son recientes en la rosa;**
> **se espesa la abundancia del mundo al mediodía**
> **y estás de corazón en cada cosa.**
> *Himno de Laudes*

17 / 2 — Orar la gente

Jesús escucha a su Padre cuando le habla a través de las demás personas. Pudo ver la amabilidad de su Padre reflejada en la manera como le trataron sus padres, maestros y vecinos. Pudo ver a gente que había sido cruelmente tratada y que perdonaba a quienes les habían tratado así, de donde dedujo que el poder de su Padre hacía que fuera posible el perdón. Conoció a gente rechazada por sus discapacidades físicas, su pobreza o sus pecados. El ánimo y el deseo que estas personas tenían de ser curadas, le convenció a Jesús de que Dios entra con más facilidad en las vidas de esta gente desafortunada que en los orgullosos y soberbios. Fue así como definió claramente su misión: «No vine a llamar a justos, sino a pecadores» (Marcos 2, 17).

La vida de las familias de la vecindad le hablaba a Jesús de la generosidad de su Padre. Veía cómo los padres trabajaban duro para alimentar y vestir a sus hijos, y observaba cómo podemos confiar en la providencia del Padre. Utilizó esta experiencia, cuando nos habló de la oración: «¿Quién de vosotros, si su hijo le pide pan, le da una piedra? (...) ¡Cuánto más dará vuestro Padre del cielo cosas buenas a los que se las pidan!» (Mateo 7, 9-11).

Jesús escuchaba a su Padre, a través de los niños. Sus rostros felices, su sentido del asombro, su facilidad para perdonar le decían que «el Reino de Dios pertenece a los que son como ellos» (Mateo 19, 14).

> **Ya no os llamo siervos, porque os comuniqué cuanto escuché a mi Padre.**
>
> *Juan 15, 15*

Sugerencias para la oración ❤

¿Cuántas veces oras por la gente, como lo hacía Jesús? Recuerda a la gente con la que, normalmente, te encuentras cada día. ¿Te dice algo Dios a través de ellos? Jesús alaba a Dios a partir de la gente: Juan Bautista (Mateo 10, 11); su «familia» (Mateo 12, 46); su madre (Lucas 11, 27-28); la fe del centurión (Lucas 7, 9).

Contempla a Jesús en oración: Mateo 14, 23.

Pide la gracia de amar y respetar a toda la gente, y de hacer de ellos una ocasión para orar. ❤ ❤ ❤

> **Veo a la gente con ojos nuevos desde el momento en que te encontré.**
>
> *Gen Rosso*

---

17 / 3   Orar en silencio

En los Evangelios se menciona en diecisiete ocasiones a Jesús en oración. Encontraba tiempo y espacio para orar, en lo alto de las colinas o caminando por el desierto. Sabemos que, a veces, madrugaba para tener tiempo para estar con su Padre Celestial. Otras veces, dedicaba toda la noche a la oración. Para ello escogía los lugares solitarios y los ratos silenciosos.

Lejos de convertirlo en un introvertido o un solitario, estos retiros iban enriqueciendo su tesoro espiritual. En la oración, Jesús se llenaba del amor de Dios. Pedía, y recibía, toda la visión que necesitaba. Cargaba sus baterías espirituales, regresando a su tarea con renovado vigor espiritual y físico.

Mi Señor me ha dado una lengua de iniciado
para saber decir al abatido una palabra de aliento.
Cada mañana me espabila el oído para que le escuche.

Isaías 50, 4

Sugerencias para la oración ❤

Examina tu propia vida de oración. ¿Sientes, frecuentemente, la urgencia de estar a solas con Dios? ¿Hasta qué punto satisfaces esta urgencia?

Lee y medita: Marcos 1, 35-37; Lucas 4, 42; 11, 1-4.

Pídele a Jesús que ponga en tu corazón un gran deseo de estar unido a Dios a través de intensos momentos de oración.

❤ ❤ ❤

En este templo de Dios, en esta divina morada
Dios goza solo con el alma
en el más profundo silencio.
No hay razón para que el entendimiento
se mueva ni busque nada,
porque el Señor que la creó
quiere darle aquí su descanso.

Santa Teresa de Jesús

17 / 4	Consultar al Señor

En la oración, Jesús le comunicaba a su Padre todas las preocupaciones de su vida. Lo hacía, especialmente, antes de adoptar decisiones importantes. En cada momento crucial de su ministerio, hallamos a Jesús en oración.

Fue, mientras oraba después de su bautismo, cuando el Espíritu descendió sobre él y la voz del Padre proclamó que era su «Hijo muy amado». Estuvo toda la noche en oración antes de escoger a los doce discípulos, sus más cercanos colaboradores. Mientras oraba, en presencia de sus discípulos, les propuso la pregunta: «¿Quién decís vosotros que soy yo?», dando ocasión a la gran confesión de Pedro: «Tú eres el Cristo, el Hijo del Dios Vivo». Fue el Padre quien se lo enseñó a Pedro, en respuesta a la oración de Jesús.

Al final de un día fatigoso, cuando se agotaban sus energías, sentía necesidad de retirarse aparte para recuperar fuerzas en la oración. Después de su primer gran día de milagros, en Cafarnaún, «marchó a un lugar solitario para orar allí». Después del milagro de la multiplicación de los panes y los peces, despidió a la multitud y «se retiró al monte a hacer oración». Cuando los discípulos regresaron de su primera misión, entusiasmados pero cansados, Jesús los llevó a un lugar tranquilo, al otro lado del lago, para estar a solas.

En la Ultima Cena rogó por sus discípulos y por todos los que, en el futuro, le habrían de seguir. Oró antes de la Pasión, en Getsemaní. Y oró, estando clavado en la cruz.

> **Yo rogaré al Padre,**
> **y él os dará otro intercesor... el Espíritu.**
> *Juan 14, 16*

Sugerencias para la oración ❤

Antes de emprender algo importante o de tomar una decisión, ¿sueles «consultar» a Dios, como lo hacía Jesús?

Contempla a Jesús en oración: Lucas 22, 44.

Pide la gracia de imitar en todo a Jesús, especialmente en cosas de oración. ❤ ❤ ❤

> **Dios me ayuda a encontrar, cada día,**
> **un momento para la oración.**
> **Dios me escucha en ese momento tranquilo,**
> **aumentando mi fe y mi fortaleza.**
> *Grace Mathews Walker*

17 / 5   Confianza en Dios

La oración de Jesús fue siempre sencilla y directa. Una y otra vez elevaba sus ojos al cielo y exclamaba: «¡Padre!», ya fuera en medio de la alegría de resucitar a su amigo Lázaro o en medio de las angustias de su agonía. Era consciente del poder de esta oración y sentía plena confianza: «¿Crees que no puedo invocar a mi Padre, que pondría inmediatamente a mi disposición más de doce legiones de ángeles?» (Mateo 26, 53).

No solía orar, normalmente, en favor de sí mismo y, en estos casos, su oración era siempre condicional: «Padre, si es posible, que pase de mí este cáliz».

«Que se haga tu voluntad, no la mía». Y concluyó su vida con el mayor acto de confianza: «Padre, en tus manos encomiendo mi espíritu». Por muy desesperada que pareciera la situación, nada pudo derrotarlo, debido a su total confianza en Dios.

Orad siempre, sin desfallecer.

Lucas 18, 1

Sugerencias para la oración ❤

¿Brota siempre tu oración, de lo profundo de tu corazón? ¿Cuántas veces te has rendido a la voluntad de Dios que se te ha manifestado en la oración? ¿Cuántas veces te has dejado dominar por tus propias inclinaciones egoístas?

Lee y medita: Lucas 21, 34-37. Jesús nos avisa que estemos alerta y que oremos sin cesar.

Pide la gracia de sentir a Dios como Padre, y de dirigirte a él con la misma confianza con que lo hacía Jesús. ❤ ❤ ❤

**Prefiero caminar en tinieblas con Dios,
que avanzar sola a plena luz.
Prefiero caminar con él, por la fe,
que avanzar sola con mi evidencia.**
Mary G. Brainard

17 / 6	Orar por los demás

Durante la Ultima Cena, Jesús rogó por sus discípulos, ejercitando su papel de Mediador entre Dios y los hombres. Rogó, especialmente, para que Dios los mantuviera unidos por el amor y libres de las garras del Mal. Rogó por los que habrían de creer en él, en las futuras generaciones (Juan 17). Rogó por Pedro: «Satanás os ha reclamado para cribaros como trigo. Pero yo he rogado por ti, para que no desfallezca tu fe» (Lucas 22).

Jesús rogó por los niños: «Algunos trajeron niños a Jesús, para que les impusiera las manos» (Marcos 10). Jesús rogó por los enfermos y los curó. Rogó por los que no creían: «Padre, perdónalos, porque no saben lo que hacen». Jesús rogó para que recibiéramos el Espíritu Santo, que haría eficaces sus enseñanzas en nosotros: «Rogaré al Padre para que os envíe un Abogado»

> **Ruego para que todos sean uno,**
> **como tú, Padre, estás en mí y yo en ti,**
> **así también ellos sean uno en nosotros.**
> *Juan 17, 21*

Sugerencias para la oración ❤

Lee y medita: Juan 17. Jesús rogó por sus discípulos. Haz una lista de toda la gente por la que quisieras rogar: padres, amigos, vecinos, los que están enfermos, los que sufren, los necesitados, los oprimidos...

Contempla a Jesús en oración: Lucas 9, 29.

Pide la gracia de tener sensibilidad con los demás, como la tenía Jesús. ❤ ❤ ❤

> **No puedes rezar el Padrenuestro,**
> **y seguir diciendo «Yo...»**
> **No puedes rezar el Padrenuestro,**
> **y seguir diciendo «mi...»**
> **No puedes rezar el Padrenuestro,**
> **sin rezar por los demás.**
> **Porque, cuando pides el pan de cada día**
> **tienes que incluir a tu hermano.**
> **Porque los demás están incluidos en cada petición.**
> **Desde el comienzo al fin,**
> **nunca dice «mi...» o «Yo...»**
> *Charles Thomson*

17 / 7   **Cualidades de la oración**

Jesús nos encarece algunas de las cualidades que tiene que tener nuestra oración. Entre otras: soledad, brevedad, atención a Dios y al prójimo.

Soledad (Mateo 6, 5-6). En la semana anterior hemos visto cómo Jesús elegía lugares solitarios para la oración. Nos dice que «cerremos la puerta», literal y metafóricamente, al mundo exterior. Debemos apartar, de nuestra mente y corazón, todo lo que no nos conduce a la oración. Estar solos con Dios hará que nos sintamos más cercanos a él. A resguardo de las miradas y los juicios de los demás, nos sentiremos más libres con Dios, sin máscaras ni disfraces, concentrados totalmente en Dios.

Brevedad (Mateo 6, 7-8). Esto no quiere decir que empleemos menos tiempo en la oración. Quiere decir que hablemos menos y escuchemos más a Dios.

Atención a Dios y al prójimo (Mateo 6, 9-13). La oración ideal es la que está centrada en Dios y en el prójimo. Este el modelo que nos dio Jesús en el Padrenuestro. Comienza alabando a Dios, dirige luego la atención a su Reino, para pedir, más tarde, ayuda en nuestras necesidades y expresar, finalmente, nuestro deseo de vivir en armonía con los demás.

Orad... en el Espíritu...
intercediendo por todo el Pueblo de Dios.
Efesios 6, 18

Sugerencias para la oración

Estudia la estructura de ese Padrenuestro que recitas tantas veces. ¿Te parece que es un «modelo de oración»? ¿Por qué? Si lees Mateo 6, verás que Jesús se dirige a su Padre una docena de veces, sólo en ese capítulo.

Pide gracia para comprender que, en la oración, siempre serás «principiante», puesto que cada vez que oras, te acercas a Dios de una manera distinta. La oración es un don de Dios.

❤ ❤ ❤

La oración no creará el mundo, pero mueve montañas.
No cambiará a Dios, pero sí te cambia a ti.
No le exijas a la oración que haga lo que ella no puede,
lo que no debe y no que no querrá hacer.
Lo que sí puede y debe y querrá hacer
es mucho más interesante y satisfactorio.
Cambia nuestras vidas,
porque puede y debe cambiar nuestras actitudes.
Con unas pocas palabras, fáciles de decir,
nuestra voluntad podrá desear totalmente a Dios.
Algo tan fácil de decir como pedir el pan de cada día.
John Fandel

TRAMO 18
Maneras de responder

Cuando el Dr. David Livingstone estaba en Africa, un grupo de amigos le escribió: «Queremos enviarle gente que le ayude. ¿Existe ya una buena carretera hasta ese lugar?» El Dr. Livingstone mandó, como respuesta, este mensaje: «Si tienen ustedes gente que sólo vendría si hubiera una buena carretera, no los quiero para nada. Sólo quiero gente dispuesta a venir aunque no haya carretera».

* * *

En tiempo de Jesús, los que tenían inquietudes religiosas escogían un rabino sabio y santo, para hacerse discípulos suyos. Acudían con frecuencia a casa del rabino para ser instruidos y, en pago, se convertían en «criados» del rabino, haciéndose cargo de sus necesidades.

Jesús hizo todo lo contrario: fue él mismo quien escogió a sus discípulos. Fue él mismo quien se dirigió a la orilla del lago, al mercado, a las mesas de los recaudadores, para escoger a las personas que habrían de ser útiles para su ministerio. «Ven, sígueme», les decía y, sorprendentemente, ellos dejaban todo y le seguían.

Los discípulos de Jesús le seguían a todas partes y él les enseñaba cuidadosamente lo que Dios esperaba de ellos. Jesús les enseñaba, sobre todo, con el ejemplo: «Aprended de mí, que soy manso y humilde de corazón». Su vida de servicio generoso hacia ellos y hacia los demás constituía el modelo para sus propias vidas: «Amaos los unos a los otros, como yo os he amado».

Jesús hizo partícipes de su misión a sus discípulos. No eran aprendices pasivos sino participantes activos de su propia obra. Los envió a predicar y les dio autoridad para obrar milagros. Al final, Jesús los envió a difundir su mensaje por todas partes. Les dijo: «Id y adoctrinad a todos los pueblos...»

Sin embargo, Jesús no consideró a sus seguidores como siervos, sino como amigos. Les dijo: «Yo no os llamaré siervos... yo os llamaré amigos,» Para probarlo, en la Ultima Cena, Jesús quiso remachar esta idea lavando los pies de sus discípulos. Era la clase de amistad sin egoísmo que quería que sus seguidores pusieran en práctica con él y unos con otros.

Como cristianos, hemos sido llamados a ser discípulos de Jesús. Aquellos que tengan vocación «religiosa», habrán asumido algunas responsabilidades más, pero todos los cristianos estamos llamados a dar testimonio del amor de Dios viviendo una vida como la de Cristo.

Dedica esta semana a examinar qué es lo que te exige la Llamada de Jesús. Pídele generosidad para responder a esta Llamada y para vivirla en su totalidad, como él lo hizo.

Haz de mí, Señor, un instrumento de tu gracia.
Donde haya ignorancia, que yo ponga tu inspiración.
Donde haya debilidad, fortaleza.
Donde haya fealdad, belleza.
Donde haya tristeza, alegría.
Donde haya miedo, valor.
Donde haya dudas, fe.
Donde haya odio, amor.

Señor, llena mi mente con tu verdad,
mi corazón con tu amor,
todo mi ser con tu Espíritu.
Concédeme el don supremo
de olvidarme de mí
en servicio de los demás.
Y haz que tu misión sea la mía.

* * *

Tú estás escribiendo tu Evangelio,
a capítulo por día,
con las obras que realizas
y las palabras que dices.

La gente está leyendo lo que escribes,
a ver si es verdad o mentira.
¿Cómo es tu Evangelio,
el «Evangelio según Tú mismo»?

Anónimo

18 / 1   Dejarlo todo

Tomado de una revista católica norteamericana:

«El Padre Michael William Murphy, que fue ordenado sacerdote a sus 80 años de edad (probablemente el más anciano en recibir el presbiterado), falleció el mes pasado a la edad de 98 años. El Padre Murphy se hizo sacerdote después de toda una carrera de hombre de negocios en el sector inmobiliario. Se dedicó también a la construcción de iglesias. Quizá sea el único sacerdote ordenado en una iglesia que él mismo construyó, siendo seglar. El obispo Vincent Waters, de Carolina del Norte, le animó a que ingresara en el seminario. Después de pensarlo bien durante bastante tiempo, ingresó en el seminario ¡a la edad de 78 años!»

> **«Maestro, ¿dónde vives?»**
> **«Venid y ved», respondió Jesús.**
> *Juan 1, 39*

Sugerencias para la oración ❤

Compara la vocación arriba descrita con la respuesta de los primeros discípulos a la llamada de Jesús, en Marcos 1, 16-20, o con la llamada a Leví, en Lucas 5, 27-28.

Lee la vocación de Abrahán, en Gen 12, 1-9. Fue una llamada que condujo a Abrahán a una tierra totalmente extraña y desconocida, fuera de los caminos que había seguido durante toda su vida.

¿Qué te sugiere todo esto? ¿Cómo se comparan estas respuestas con la tuya propia? ¿Hay alguna llamada que ahora estás sintiendo? ¿Cómo vas a responder a ella?

Pide la gracia de ser fiel a la voluntad de ❤ Dios, y sigue a Jesucristo siempre, de la mejor manera posible. ❤ ❤ ❤

**No te pido, Señor, que mi vida
sea un camino placentero.
No te pido que me quites de encima
ni un gramo de su carga...**

**No te pido seguir detrás de ti
para comprender mi cruz.
Prefiero, en la oscuridad, sentir tu mano
y seguir detrás de ti.**
Adelaida Proctor

18 / 2   Experiencias íntimas

Los hermanos Chuang se encontraban en un puente sobre el Río Amarillo cuando uno de ellos le dijo al otro:

—Mira los pececillos que van y vienen. ¡Qué felices son!

—Tú no eres un pez –le contestó su hermano– ¿Cómo puedes saber si los peces son felices?

—Tú no eres yo –le replicó–. ¿Cómo puedes saber que yo no sé si los peces son felices?... Yo lo sé por lo feliz que yo me siento en el agua.

**Pongo siempre al Señor ante mí,
con él a mi derecha no vacilaré.**
Salmo 16, 8

Sugerencias para la oración ❤

¿Tus convicciones sobre Dios se basan en tus experiencias personales?

San Pablo tuvo una dramática experiencia de Cristo, que cambió su vida: Hechos 9, 3-19. Lo mismo ocurrió con Isaías: Isaías 6, 1-10. Lee y medita sobre uno o sobre los dos relatos.

¿Has sentido, en tu corazón, unas atracciones tan fuertes hacia Cristo? ¿Te llama él para alguna tarea especial? ¿Cuál es tu respuesta?

Pide la gracia de permanecer fiel a las promesas que has hecho a Dios, de sentir su presencia, de seguir siempre tras las huellas de Jesús. ❤ ❤ ❤

**Dios es fuego,
y tú tienes que caminar sobre él...
danzar sobre él.
Y, en ese momento,
el fuego se convertirá en agua fresca.
Pero hasta llegar a ese extremo,
¡qué lucha, Señor, qué agonía!**
Nikos Kazantzakis

18 / 3   Una llamada dentro de otra llamada

Bárbara Dent, en *Cristo, nuestra vocación,* nos dice algo importante:

«Cada cristiano tiene que ser Cristo allí donde Cristo quiere que lo sea. Este apostolado es independiente de cualesquiera circunstancias externas o vocaciones adicionales a determinados servicios o trabajos. La vocación de ser Cristo, el «canal de su gracia», precede y está por encima de todas las demás vocaciones, relegándolas siempre a un segundo plano...

«Fue la llamada del Cristo personal, personalmente conocido y personalmente amado, la que me condujo a su Iglesia. Fue él quien me dijo a mí, una persona llamada Bárbara, como se lo dijo a Felipe, Pedro, Santiago, Juan y los demás: «Ven, sígueme». Y así como ellos respondieron sin la menor vacilación, porque sus corazones sabían que era el Señor, así también lo hice yo. Me fue imposible obrar de otra manera. Su influencia es hipnótica, cuando te lo encuentras cara a cara. "Un abismo llama a otro abismo". La respuesta espontánea es: Ya voy, Señor, ahora mismo.

**Habla mi amado y me dice:
«¡Levántate, amada mía, hermosa mía, ven a mí!»**
Cantar de los Cantares 2, 10

Sugerencias para la oración ❤

El pasaje arriba citado nos habla de «una llamada dentro de otra llamada». ¿Has tenido experiencia de esta llamada profunda?

¿Cómo has respondido? Si no ha sido así, será porque no has escuchado seriamente a tu corazón o no la habías esperado?

Reflexiona sobre la vocación del profeta Jeremías: Jeremías 1, 1-10.

Pide al Señor que te prepare para descubrir su llamada íntima y para responder a ella con toda generosidad, de forma que te asemejes más y más a la imagen de Cristo. ❤ ❤ ❤

> *Roberto:* **¿De qué voces estás hablando?**
> *Juana:* **Oigo voces que me dicen lo que he de hacer. Vienen de Dios.**
> *Roberto:* **Vienen de tu imaginación.**
> *Juana:* **Por supuesto. Esta es la manera como llegan a nosotros los mensajes de Dios.**
> B. Shaw en *Santa Juana*

18 / 4   Llamados por nuestro nombre

El *Rumpelstiltskin* de los Hermanos Grimm es un cuento maravilloso. El Enano retiene a la Princesa, como prenda, hasta que la Reina descubra su nombre. Afortunadamente, ella le oye a él cantar su propio nombre, y así consigue rescatar a la princesa.

Como muchos cuentos infantiles, éste contiene algo más que una mera diversión para los niños. Contiene la antigua idea arraigada en muchos pueblos, de que el nombre de alguien (ser humano, dios o demonio) tiene algo así como una vida propia.

Tu propio nombre es un símbolo de todo lo que tú eres, como persona. Cuando le revelas tu nombre a alguien, estableces una relación. Ya no eres un ser extraño. Pero, de tu nombre se puede usar y también abusar. Te pueden llamar y controlar. Te pueden clasificar y utilizar.

Vuestros nombres están escritos en el cielo.
Lucas 10, 20

Sugerencias para la oración ❤

Lee y medita: Juan 1, 35-42. Reflexiona sobre el significado del nuevo nombre que Jesús da a Simón (v. 42), después de haberlo elegido por discípulo.

Jesús te invita a seguirlo de una manera especial. Te pone un nombre nuevo. ¿Cuál es? ¿Simboliza la nueva manera de tu entrega a él?

Pide la gracia de dar gloria al nombre de Jesús, siguiendo sus huellas de cerca. ❤ ❤ ❤

**«Si no te importa
-le dijo una mujer a su nueva sirvienta-,
te voy a llamar Casilda.
Este era el nombre de mi antigua sirvienta,
y no me gusta tener que cambiar mis hábitos».
«En ese caso
-replicó la sirvienta-,
si no le importa,
yo la llamaré a usted Señora Quiroga,
que era el nombre de mi anterior señora».**

18 / 5	No me elegisteis vosotros

El Padre Pedro Arrupe S.J., que fue Superior General de la Compañía de Jesús, durante quince años, nos cuenta cómo fue su encuentro personal con Jesús y cómo se decidió a seguirle.

Pedro era un brillante estudiante de medicina, que obtenía las mejores calificaciones en la universidad de Madrid. En Octubre de 1926, teniendo Pedro diecinueve años, fue a Lourdes, donde se puso a trabajar de camillero voluntario. Un día, acompañaba a la procesión de los enfermos junto a una madre que empujaba una silla de ruedas donde iba su hijo, de veintiséis años, víctima de la polio con su cuerpo paralizado y deformado. Su madre rezaba constantemente: «Virgen María, ayúdanos». En esto, llegó el obispo con el Santísimo Sacramento e hizo con él la señal de la cruz sobre el paralítico. Y, al instante, el muchacho saltó de su silla de ruedas completamente curado.

Pedro, después, contaba: «Regresé a Madrid, y los libros se me caían de las manos. Mis compañeros estudiantes me decían: "¿Qué te pasa? ¡Pareces alucinado!" Así era. Estaba alucinado por el recuerdo que me invadía, día tras día. No veía más que la imagen de la Sagrada Forma bendiciendo al paralítico, y a éste saltando de su silla de ruedas».

Tres meses más tarde, Pedro abandonó sus estudios de medicina y entró en el noviciado de la Compañía de Jesús, en Loyola, para entregarse al servicio de Dios como jesuita.

No me elegisteis vosotros;
yo os elegí y os destiné a ir y dar fruto.
Juan 15, 16

Sugerencias para la oración ❤

Lee y medita sobre la vocación de los Apóstoles en Lucas 5, 1-11. Dios te ha escogido para una misión específica. ¿La has descubierto? ¿Te encuentras aún en los lazos de tu «red», tratando de satisfacer tus necesidades egoístas? ¿O, lo has dejado todo para seguir a Jesús?

Pide la gracia de una total generosidad en el seguimiento de Jesús. ❤ ❤ ❤

Señor, me has mirado a los ojos.
Sonriendo has dicho mi nombre.
En la arena he dejado mi barca,
junto a ti buscaré otro mar.
Tú necesitas mis manos,
mi cansancio que a otros descanse,
amor que quiera seguir amando.
C. Gabaráin

18 / 6   El Señor dijo: «¡En marcha!»

Y el Señor dijo: «¡En marcha!».
Y yo dije: «¿Quién, yo?».
Y Dios dijo: «¡Sí, tú!».
Y yo dije: «Pero aún no estoy libre

y vivo en compañía
y no puedo dejar a mis hijos.
Ya sabes que no hay nadie que me pueda suplir».
Y Dios dijo: «Estás poniendo disculpas».

Y el Señor dijo otra vez: «¡En marcha!»
Y yo dije: «Pero, no quiero».
Y Dios dijo: «Yo no te he preguntado si quieres».
Y yo dije: «Mira, yo no soy ese tipo de persona
que se mete en líos.
Además, a mi familia no le va a gustar,
y ¡qué van a pensar los vecinos!»
Y Dios dijo: «¡Cobarde!»

Y, por tercera vez, el Señor dijo: «¡En marcha!»
Y yo dije: «¿Tengo que hacerlo?»
Y Dios dijo: «¿Me amas?»
Y yo dije: «Verás, me da mucho reparo...
A la gente no le va a gustar...
Y me van a hacer picadillo...
No puedo hacerlo sin ayuda».
Y Dios dijo: «¿Y dónde crees que estaré yo?»

Y el Señor dijo: «¡En marcha!»
Y yo dije, con un suspiro:
«¡Aquí estoy, envíame!»

Louis Hodrick

**Id por todo el mundo
y predicad el Evangelio a toda la humanidad.**
Marcos 15, 16

Sugerencias para la oración ❤

Lee y medita la Misión de los Apóstoles, en Lucas 9, 1-6. ¿Cuál es tu confianza en Dios? ¿Llevas muchos «bártulos» que te estorban? Te sientes libre para amar y servir siempre a Dios?

Pide la gracia de estar siempre libre para amar y servir. ❤
❤ ❤

Hay, en los evangelios, dos palabras
que Jesús empleó mucho:
Una es «¡Ven!» y la otra es «¡Vete!».
De nada sirve venir, si no vas;
y de nada sirve ir, si no vienes.

Anónimo

18 / 7   El camino del amor

Cuando te llama el amor, síguele,
aunque sus caminos sean ásperos y empinados.
Y cuando sus alas te envuelvan, entrégate,
aunque te pueda herir la espada oculta entre sus plumas.
Y, cuando te hable, créele,
aunque su voz perturbe tus sueños
como arrasan el jardín las ráfagas del viento norte.
Pues, a la vez, el amor te corona y te crucifica.
A la vez, él te hace crecer y te poda.
Y mientras te eleva a las alturas y acaricia
tus más tiernas ramas que tiemblan al sol,
baja, también, a tus raíces y las sacude
para que no se agarren a la tierra.
Te desgrana para sí como a granos de maíz,
te trilla hasta dejarte desnudo,
te aventa para limpiarte del salvado,
te muele hasta la blancura,
te amasa hasta dejarte dúctil.
Y luego te manda su fuego sagrado,
para que te conviertas en pan sagrado
para el sagrado festín de Dios.

Kahlil Gibran

Quien no carga con su cruz y me sigue,
no puede ser discípulo mío.

Lucas 14, 27

Sugerencias para la oración ❤

Lee Juan 6, 25-71. Medita especialmente los versículos 66-71.

¿Qué preguntas te hace Jesús respecto al cumplimiento de tu misión? ¿Cuál es tu respuesta?

Pide la gracia de seguir fielmente a Jesús. ❤ ❤ ❤

No temas: Yo voy por delante.
Emprende, otra vez, mi camino,
no temas pronunciar mis palabras,
que yo te diré lo que has de decir.
No temas a los que matan,
porque no pueden matar el alma.
No temas a la inmensidad del mar,
porque yo lo abrazo todo.
No temas a la palabra de Dios,
sólo yo soy quien la dice.
No temas el rostro de la muerte,
porque la fe da fuerza a los débiles.
John Halbert, M.M.

TRAMO 19
Aprender de Jesús

El aspecto más importante del magisterio de Jesús fue la autoridad con la que enseñaba. Los demás maestros de Israel enseñaban a partir de la tradición, mientras que él lo hacía en su propio nombre: «Habéis oído que se dijo a los antiguos... Pero yo os digo...» (Mateo 5, 33). Y así, mientras otros maestros *terminaban* su instrucción con el «Amén», para referirse a la autoridad de Dios, Jesús *comenzaba* sus instrucciones con «Amén, yo os digo», para afirmar su propia autoridad. No es extraño que la gente se asombrara con su enseñanza, y que los otros maestros se molestaran con su estilo de enseñar.

Jesús comenzó su magisterio en la sinagoga de Nazaret, su pueblo natal. Algunas veces enseñaba en las sinagogas, pero sobre todo lo hacía al aire libre. Su clase eran los caminos, la orilla del lago, las colinas y las calles de los pueblos.

Esta circunstancia atraía una gran variedad de oyentes: jóvenes y viejos, creyentes y no creyentes, judíos, griegos, romanos, instruidos e ignorantes, trabajadores y maestros. Para captar la atención de un auditorio tan variado y conseguir que recordaran su mensaje, Jesús usaba varias técnicas pedagógicas.

Esta semana nos fijaremos en una parte de esta enseñanza de Jesús, tal y como viene relatada en el Sermón del Monte (capítulo 5 de San Mateo).

Pide la gracia de una total apertura a las enseñanzas de Jesús, a fin de responder a ellas con un corazón generoso.

Nosotros somos los mediocres,
nosotros somos los tacaños,
nosotros somos los que amamos a medias,
nosotros somos los insípidos.
Señor, Jesucristo, restáuranos ahora
al esplendor primero del primer amor,
a la luz pura del día que amanece.
Que sintamos hambre y sed,
que nos quememos en tu fuego.
Rompe la dura costra de nuestra complacencia.
Despierta en nosotros la intensa gracia del deseo.
Caryll Houselander

Las pequeñas bienaventuranzas

Bienaventurados los que se ríen de sí mismos, porque nunca acabará su diversión.

Bienaventurados los que no confunden un grano de arena con una montaña, pues se ahorrarán muchas preocupaciones.

Bienaventurados los que saben descansar sin buscar excusas, porque están en el camino de la sabiduría.

Bienaventurados los que no se toman muy en serio, porque serán más estimados por los demás.

Dichosos seréis si tomáis en serio las cosas pequeñas y afrontáis con calma las grandes: llegaréis muy lejos en la vida.

Dichosos si apreciáis una sonrisa y olvidáis un mal gesto, pues caminaréis por la vertiente feliz de la vida.

Dichosos si sois comprensivos con los malos gestos de los demás; os tendrán por tontos, pero ése es el precio de la caridad.

Bienaventurados los que piensan antes de obrar y oran antes de pensar, porque evitarán muchos errores.

Dichosos si reprimís vuestra lengua y sabéis sonreír, aunque os contradigan y os molesten; porque el Evangelio ha prendido en vuestro corazón.

Y, sobre todo, bienaventurados, si reconocéis, en todos, al Señor; porque la luz de la verdad brilla en vuestra vida y habéis hallado la verdadera sabiduría.

Joseph Folliet

Mark Tierney, O.S.B., en sus *Homilías ocasionales*, pone una lista de las que él llama «Bienaventuranzas modernas»:

Dichosos los que confían en sí mismos, porque saben que no necesitan de los demás.

Dichosos los agresivos, porque disfrutarán pisoteando a la gente.

Dichosos los que no se privan de nada, porque nunca sabrán qué es un sacrificio.

Dichosos los que ponen el dinero ante todo, porque el dinero será su consuelo.

Dichosos los que no se compadecen, porque sus corazones serán invulnerables.

Dichosos los consumidores de sexo, porque nunca sabrán qué es la ternura.

Dichosos los violentos, porque Satanás los tendrá por hijos.

Dichosos los que se salen con la suya, porque de ellos es el reino de este mundo.

¡Compara estas bienaventuranzas con las de Jesús!

**El cielo y la tierra pasarán,
pero mis palabras no pasarán.**
Mateo 24, 35

Sugerencias para la oración ❤

Lee y medita las Bienaventuranzas de Jesús (Mateo 5, 3-12). Recuerda escenas de la vida de Jesús que reflejen estas enseñanzas.

Vuelve a leer las arriba citadas «Bienaventuranzas modernas»,de una manera más realista. Sustituye el «Dichosos» por «Desgraciados» los que..., etc. Los «premios» de estas bienaventuranzas nos darán una buena idea del vacío y frustración que acompañan a los que las practican.

Haz una lista de tus Bienaventuranzas personales. Comienza con *«Dichoso yo...»*

Pide entender mejor las enseñanzas de Jesús, y valor para seguir sus huellas. 💜 💜 💜

> **Así como las ondas de radio son captadas**
> **allí donde un receptor las sintonice,**
> **así también nuestros pensamientos de todos los días**
> **se irradian al mundo para influir,**
> **para bien o para mal,**
> **en los demás.**
> *Christmas Humphreys*

19 / 2   Dar sabor a la vida

El profeta Eliseo se llegó, en cierta ocasión, a un manantial de Jericó. Y los habitantes de la ciudad le dijeron: «El emplazamiento de la villa es bueno, como puedes ver. Pero el agua es malsana y hace abortar a las mujeres». Eliseo pidió un cuenco de sal que arrojó sobre el manantial, diciendo una oración. ¡El agua ha permanecido pura hasta el día de hoy! (2 Reyes 2, 19-22).

Desde tiempo inmemorial, se ha usado la sal por dos motivos principales: para hacer más sabrosa la comida y, también, para *evitar la impureza,* impidiendo la corrupción de los alimentos. Pero, la misma sal puede perder su sabor, su «salinidad», si el cloruro sódico se moja, privándolo de su utilidad.

> **Vosotros sois la sal de la tierra;**
> **si la sal pierde el gusto, ¿con qué la sazonarán?**
> **Sólo vale para tirarla y que la pise la gente.**
>
> *Mateo 5, 13*

Sugerencias para la oración 💜

«Vosotros sois la sal de la tierra», dijo Jesús a sus seguidores. No les dijo que tendrían que *convertirse* en sal, sino que *ya eran* sal.

La primera responsabilidad de un cristiano es hacer que el mundo sea más sabroso para Dios, más a su gusto. ¡Hay muchas cosas, hoy, que dejan mal gusto en el paladar de Dios! La segunda tarea del cristiano es preservar al mundo de la corrupción, impedir que se pudra y controlar la polución.

Pide la gracia de hacer lo que esté en tu mano para hacer este mundo más sabroso para el gusto de Dios. ❤ ❤ ❤

> **No voy a jugar a dar bofetadas,**
> **prefiero jugar a dar caricias.**
> **En donde todos se abracen**
> **en lugar de tirar, cada uno por su lado.**
> **En donde todos rían y retocen,**
> **como niños en la alfombra.**
> **En donde todos sonrían.**
> **En donde todos jueguen**
> **y todos ganen.**
> *Shel Silverstein*

19 / 3   Irradiar vuestra luz

La esposa de Premchand lo amonestó por trabajar demasiado, a pesar de su precaria salud. Y el célebre autor hindi le respondió: «El deber de la lámpara es dar luz. Si ello beneficia o daña a los demás, no es asunto de la lámpara. Mientras en ella haya aceite y mecha, seguirá cumpliendo con su deber. Y cuando se le acabe el aceite, se apagará». Premchand falleció al año siguiente, dejando sin terminar su última novela.

«Yo soy la luz del mundo» -dijo Jesús.
Juan 8, 12

Sugerencias para la oración ❤

Lee y medita sobre las palabras de Jesús, en Mateo 5, 14-16. ¿De cuántas maneras puedes seguir sus enseñanzas?

Reflexiona sobre las siguientes frases:

No hay suficiente oscuridad en todo el mundo como para poder apagar una pequeña vela».

Hay muchas maneras de irradiar luz: ser una vela o un espejo que la refleje».

Lee y medita las enseñanzas para vivir en la luz: Efesios 5, 6-14.

Pide la gracia de ser tan semejante a Cristo, que su luz pase a través de ti. ❤ ❤ ❤

**Dame un amor que me guíe en el camino,
una fe que nada pueda quebrantar,
una esperanza a prueba de fracasos,
una pasión que arda como el fuego.
Que no me hunda como cualquier pedrusco.
Hazme combustible tuyo, llama de Dios.**
Amy Carmichael

19 / 4   Vivir el espíritu de la Ley

Mientras paseaba, una tarde, Nasruddin encontró un collar de diamantes en la calle. Se lo quiso quedar pero, según la ley, quien encuentre un objeto perdido tiene que declararlo en la plaza del mercado, gritando tres veces, para que el propietario lo pueda reclamar. Si nadie responde, entonces se lo puede quedar.

Nasruddin fue a la plaza del mercado, a las tres de la madrugada, y anunció a voz en grito que había encontrado un collar precioso, lo describió y preguntó a ver si el propietario lo quería recobrar. Repitió dos veces más la llamada. Después de la tercera vez, la gente empezó a acudir.

—¿Qué ocurre? -preguntaban.

—Según la ley –dijo Nasruddin–, sólo tengo que decirlo tres veces, y ya lo he hecho. Y no quiero violar la ley, diciéndolo una vez más. De todas maneras, quiero informaros de que ahora soy yo el propietario de un collar de diamantes.

**Jesús les dijo a los fariseos:
«Vosotros pasáis por justos ante los hombres,
pero Dios os conoce por dentro».**

Lucas 16, 15

Sugerencias para la oración ❤

Lee, primero, Mateo 5, 17-20 y, después, Mateo 12, 1-14.

¿Adviertes la diferencia que hay entre la «letra» y el «espíritu» de la Ley? ¿Qué lecciones has sacado para ti mismo?

Pide la gracia de tener un corazón amplio, como el de Jesús, y de ser libre y valiente para «obviar» la Ley, cuando ello lo requiera un bien mayor. ❤ ❤ ❤

**Donde hay voluntad, hay un camino;
donde hay un camino, hay una ley:
donde hay una ley, hay una escapatoria;
donde hay una escapatoria, allí estoy yo.
¡Pase!**
Aviso en la puerta del despacho de un abogado

19 / 5   Respuesta amable

Sucedió que una persona tuvo que hacer una llamada telefónica urgente a las seis de la mañana. Desgraciadamente, marcó mal el número y le respondió una somnolienta voz femenina. Se disculpó y volvió a colgar. Al cabo de un rato, volvió a llamar y, para su total desesperación, escuchó una vez más la voz de la mujer a la que había despertado anteriormente. Le pidió, encarecidamente, mil disculpas. Pero la mujer le interrumpió:

—No tiene por qué disculparse –le dijo tranquilamente–; estoy sentada en la terraza con una taza de te y disfrutando de la salida del sol. Si usted no me hubiera despertado, me la habría perdido.

**Si os irritáis, no pequéis.
No se ponga el sol mientras dura vuestra ira.
No cedáis al diablo.**

Efesios 4, 26-27

Sugerencias para la oración ❤

Lee en Mateo 5, 21-26 acerca de la corrección fraterna.

¿Cómo sueles reaccionar cuando alguien te ha herido?

Recuerda algunas de tus recientes «situaciones conflictivas». ¿Cómo se hubiera comportado Jesús en tu lugar?

Pide la gracia de tener un gran corazón y de conservar siempre el respeto hacia los demás, aun cuando te molesten y necesiten ser corregidos. ❤ ❤ ❤

Cuando veas, con pena, que tu hermano se desmanda,
o que se desvía en una noche fatal,
devuélvelo al camino y a la luz del día.
Para dirigir sus pasos, emplea tu gesto más amable,
y trata con compasión a quien no puedas persuadir.
Deja al Cielo el castigo de su terquedad,
pues, recuerda, que aún sigue siendo tu hermano.
Jonathan Swift

19 / 6   Preservar tu integridad

Se cuenta una historia acerca de dos monjes seguidores del Zen, Tanzan y Ekido, que caminaban bajo una lluvia torrencial cuando llegaron a un cruce totalmente inundado. Vieron allí a una bella joven vestida con un deslumbrante kimono de seda, no atreviéndose a cruzar el camino. Tanzan acudió espontáneamente en su ayuda. La levantó en sus brazos, atravesó todo el barro y la depositó, sana y salva en la otra orilla. Ekido permaneció en silencio hasta que llegaron al santuario. Entonces no se pudo contener más:

—Se supone que los monjes no han de tocar a las mujeres –le amonestó a Tanzan–, especialmente si son jóvenes y bellas. Puede ser peligroso. ¿Cómo te atreviste a transportar a aquella dama?

Estas palabras le cogieron a Tanzan por sorpresa. La verdad es que no había pensado mucho en aquel incidente. Entonces, sondeando la mente de Ekido, le respondió:

—Yo dejé a la dama en aquel cruce. ¿Es que tú la llevas aún encima?

**¿No sabéis que vuestros cuerpos son miembros
de Cristo?
Y ¿voy a tomar los miembros de Cristo
para hacerlos miembros de una prostituta?**
1 Corintios 6, 15

Sugerencias para la oración ❤

Toma cada una de las siguientes referencias y léelas meditando: Mateo 5, 27-30; 1 Corintios 6, 12-20; 1 Corintios 12, 12-30.

Pide la gracia de amar al Señor, tu Dios, con todo tu corazón, con toda tu alma, con toda tu mente y con todas tus fuerzas.
❤ ❤ ❤

**Hay un mundo dentro de mi alma:
no visto, no conocido, no oído.
Y nadie se atreve a poseer mi alma:
ni de pensamiento ni de obra ni de palabra.
No ondea bandera alguna sobre esta alma:
ni mapas ni planos ni leyes.
Y nadie es capaz de entrar allá dentro:
ni con espadas ni con dientes ni con zarpas.
Dentro de mi alma yace una libertad:
intacta, sin mancha.
Una libertad que nadie puede violar:
ni ley ni lucha ni victoria.**
Joan R. Brown

19 / 7	Ojo por ojo

Entró un hombre en un restaurante y, mientras se dirigía a una mesa vacante, le preguntó a la persona de la mesa de al lado:

—Perdón, señora, ¿puede decirme la hora?

De pronto, la dama, levantando la voz, replicó:

—¿Cómo se atreve a hacerme semejante proposición?

El hombre se quedó estupefacto y sintió, con desagrado, que todos los ojos estaban fijos en él. Sólo pudo proferir con voz queda:

—Lo siento, señora, pero todo lo que quería es saber la hora.

A lo que, la dama se puso a gritar:

—Si me dice usted una palabra más, llamaré a la policía.

Terriblemente avergonzado, el hombre se apresuró hasta el rincón más alejado del local, medio ocultándose detrás de una mesa y tratando de escabullirse lo antes posible por la puerta de atrás.

Apenas un minuto más tarde, la dama se le acercó y le dijo, a media voz:

—Siento, de veras, señor, haberle tratado así. Sólo estaba haciendo un experimento. Soy estudiante de Psicología, en la universidad, y estoy realizando un trabajo sobre las reacciones de los seres humanos ante circunstancias imprevistas.

El hombre la miró durante un par de segundos y exclamó con voz fuerte, para que todos lo oyeran:

—¿Usted me hará todo eso, y durante toda la noche, por sólo dos mil pesetas?

La dama cayó al suelo, desmayada.

Habéis oído que se dijo:
«Ojo por ojo y diente por diente»
Pues yo os digo:
«Si uno te da un bofetón en la mejilla derecha,
ofrécele la izquierda».

Mateo 5, 38-39

Sugerencias para la oración ❤

Lee y medita sobre cada uno de los pasajes en los que Jesús nos habla sobre la venganza (Mateo 5, 38-48), y sobre el ejemplo que él nos dio (Mateo 26, 47-56).

Pide gracia y fortaleza para tratar a tus «enemigos» con amor, siguiendo el ejemplo de Jesús. ❤ ❤ ❤

Dices que no tienes enemigos.
Suena a pobre, amigo mío, tu jactancia.
Quien haya arrostrado la refriega del deber,
como lo hacen los valientes,
¡tiene que haberse suscitado enemigos!
Si es que tú no los tienes:
es que no has denunciado al traidor;
es que no has desenmascarado al perjuro;
es que no has arreglado lo que está mal;
es que has sido un cobarde en la batalla.
John Cross

TRAMO 20
Relatos de salvación

Jesús contó muchos relatos para adaptarse al pensamiento de sus oyentes. El Reino de Dios suponía un sueño tan radical y tan lleno de posibilidades para relacionar a los hombres entre sí y con el Padre, que requería la sorpresa de unas parábolas que penetraran en nuestra imaginación. Las parábolas son como alfombras mágicas que nos transportan más allá de nuestros límites estereotipados. Los símbolos de la narración son inagotables y nos llevan a otros ámbitos en los que podamos reconducir nuestros valores y nuestras acciones, a la luz naciente del Reino de Dios. Los célebres comienzos: "En aquel tiempo..." o "El Reino de Dios se parece a..." sugieren una dimensión nueva del pensamiento, acerca de las personas y las cosas.

Mateo nos dice que "la multitud estaba de pie, en la orilla, y Jesús les explicó muchas cosas con parábolas" (Mateo 13, 3). Como narrador, Jesús echaba mano de los incidentes de la vida normal: viajeros asaltados, pastores, sirvientes, agricultores y muchachas dormidas a la espera de una boda *(Kevin Treston)*.

Esta semana tendremos ocasión de disfrutar y de extraer enseñanzas de alguno de los relatos que Jesús contó a sus oyentes.

Pide la gracia de que las palabras de Jesús calen hondo en tu corazón y lo transformen con su poder, para que te muevan a amar a Jesús más íntimamente y a seguirle más de cerca.

> Señor, que se haga tu voluntad en la tierra como en el cielo. Que te amemos con todo nuestro corazón, mientras pensamos siempre en ti; con toda nuestra mente, mientras dirigimos toda nuestra atención hacia ti y buscamos tu gloria en todas las cosas; y con todas nuestras fuerzas, mientras empleamos todas las energías de alma y cuerpo solamente al servicio de tu amor. Y que amemos a nuestro prójimo como a nosotros mismos, mientras exhortamos a todos a que te amen, disfrutando de la buena suerte de los demás como si fuera la nuestra, compadeciéndoos de sus desgracias y no haciendo mal a nadie
>
> *(San Francisco de Asís).*

20 / 1   Amar al pastor

En una reunión familiar, un célebre actor dramático fue soli-
citado para hacer una demostración de su talento y de su arte. El
actor aceptó y pidió que alguien sugiriera el pasaje que iba a
recitar. Un clérigo, también miembro de la familia, sugirió el
salmo del Buen Pastor (Salmo 23). El actor aceptó, con una condición: que el sacerdote recitara, después de él, el mismo salmo.

—No soy orador –se disculpó el sacerdote–, pero ya que
usted lo desea, lo haré.

El actor recitó el salmo magníficamente. Su voz y su dicción
fueron perfectas. Todos estuvieron pendientes de sus labios. Al
terminar su «actuación» estallaron calurosos aplausos.

Entonces le tocó recitar el salmo al clérigo. Su voz sonaba un
tanto áspera y su dicción algo entrecortada. Pero las palabras bro-
taban como si estuvieran vivas, y el ambiente parecía embargado
por un misterio espiritual. Cuando acabó, siguieron unos momentos de silencio reverente; a algunos les asomaban las lágrimas.

El actor se puso en pie y dijo con voz emocionada:

—Yo he llegado hasta vuestros ojos y oídos; pero nuestro
sacerdote ha llegado hasta vuestros corazones. La razón es, sencillamente ésta: Yo conozco el *salmo;* ¡pero él conoce al *Pastor*!

Mis ovejas oyen mi voz;
yo las conozco y ellas me siguen.
Juan 10, 27

Sugerencias para la oración ❤

La parábola del Buen Pastor: Juan 10, 1-16; Lucas 15, 1-7.
Contempla a Jesús, el Buen Pastor.

Pide la gracia de seguir siempre a Jesús, y de ser, también tú,
un «pastor», siguiendo su ejemplo, dentro de tus posibilidades.
❤ ❤ ❤

El problema de unos corderos,
carneros u ovejas individualistas,
es que no tienen algo así como un «buen pastor».
Aldous Huxley

20 / 2   **Ayudar a tu prójimo**

El filántropo alemán, Oberlin, caminaba perdido bajo una tormenta de nieve, cerca de Estrasburgo. Vencido por la fatiga, se tumbó sobre la nieve, casi cierto de su muerte. Sucedió que pasó por allí un carretero que, inmediatamente lo rescató, lo subió al carro, envolvió en una gruesa manta su helado cuerpo y lo llevó hasta la casa del propio Oberlin.

Cuando el carretero ya se retiraba, Oberlin, conmovido por la caritativa y oportuna ayuda de su salvador, le expresó el deseo de ofrecerle una recompensa. Algo que el hombre no admitió de ninguna manera.

—Dígame, al menos, su nombre –le pidió Oberlin.

—Dígame el nombre –le replicó el otro–, del buen samaritano.

—No consta su nombre –le dijo Oberlin.

—Entonces, permítame que oculte también el mío –le dijo el carretero.

> **Guardaos de hacer las buenas obras en público**
> **para ser contemplados** (...)
> **que tu mano izquierda no sepa**
> **lo que hace tu mano derecha.**
>
> *Mateo 6, 1-3*

Sugerencias para la oración ❤

El relato del Buen Samaritano: Lucas 10, 25-37.

Contempla a Jesús, según va haciendo el bien. Toma alguna escena de los evangelios a este respecto.

Pide un espíritu de servicio desinteresado y de entrega total a Dios. Puedes decir la siguiente oración de San Ignacio de Loyola:

> Tomad, Señor, y recibid toda mi libertad,
> mi memoria, mi entendimiento y toda mi voluntad,
> todo mi haber y mi poseer.

Vos me lo disteis, a vos, Señor, lo torno;
todo es vuestro,
disponed a toda vuestra voluntad;
dadme vuestro amor y gracia,
que ésta me basta. ❤ ❤ ❤

**De alguna manera, todos somos responsables
ante todos y por todo.**
F. Dostoievski

20 / 3	Mirar por los demás

Recogiendo donativos para un Hogar de Leprosos, acudió un joven al hombre más rico de la ciudad. Este no accedió a su petición.

—Tiene usted que comprender –le explicó el hombre rico–, que tengo una madre de 91 años alojada en una residencia de ancianos, hace ya ocho años. Y tengo una hija, viuda hace tres años, que lucha por sostener a sus cinco hijos. Y tengo dos hermanos que solicitaron unos préstamos que ahora no pueden pagar...

—Lo siento –le dijo el joven–. No sabía que tuviera usted tantas necesidades a las que atender.

—No; no he querido decir eso –replicó el hombre rico–. Solamente trataba de explicarle que, ya que no les doy a ellos ni un sólo céntimo, ¿por qué le voy a dar algo a usted?

**Los que comían manjares exquisitos,
desfallecen en la calle,
los que se criaron entre púrpura,
se revuelcan en la basura.**

Lamentaciones 4, 4

Sugerencias para la oración ❤

La parábola del rico y Lázaro: Lucas 16, 19-31.
¿Qué lecciones has aprendido de esta parábola?

Pide la gracia de ser sensible a las necesidades de los demás, especialmente de los pobres y necesitados, siguiendo el ejemplo de Jesús. ❤ ❤ ❤

Ante el que sufre, uno no tiene derecho
a hacerse el desentendido, a no mirar.
Ante la injusticia, no hay derecho
a mirar hacia otra parte.
Cuando hay alguien que sufre, él es el primero.
Su mismo sufrimiento le está dando prioridad.
Elie Wiesel

20 / 4   Libertad ante las riquezas

Edith Sitwell, en su libro *Los excéntricos,* nos habla de un pobre avaro que solía bajar al sótano de su casa para regodearse ante los tesoros que tenía allí guardados, hasta que un día se quedó allí encerrado al cerrársele la puerta automática que había instalado. Notaron su ausencia, pero nadie fue capaz de averiguar su paradero. Por fin, desistieron y vendieron la casa.

El nuevo propietario quiso realizar algunas modificaciones en el sótano, y los trabajadores hallaron el cadáver del avaro rodeado de oro y joyas. Junto a él yacía la mecha desnuda de una vela, puesto que la vela misma había sido comida. En sus ataques de hambre, el avaro se había mordido la carne de ambos brazos.

Donde está vuestro tesoro,
allí estará vuestro corazón.
Lucas 12, 34

Sugerencias para la oración ❤

El rico insensato: Lucas 12, 13-21.
¿Dónde está tu tesoro? Es decir: ¿dónde está tu corazón?

Pide la gracia de tener una confianza total en Dios y no en los bienes perecederos, siguiendo el ejemplo que nos dio Jesús.

❤ ❤ ❤

«¡Ah! –exclamó débilmente el moribundo–
¡Si pudiera llevarme mi oro conmigo!»
«De nada le iba a servir –le dijo el sacerdote–
Se derretiría».

20 / 5	No guardarse nada

El regalo es una narración muy interesante de O'Henry. Della y Jim son una pareja que se quieren de veras. Lo comparten todo, pero cada uno tiene una cosa muy exclusiva. Della tiene una hermosa y larga cabellera que le cae como un manto sobre los hombros. Jim tiene un reloj de oro, heredado de su padre. Ambos están muy orgullosos de estos «tesoros».

Al llegar la víspera de Navidad, Della quiere hacerle un regalo a Jim, como expresión de su amor por él. Todo lo que tiene es un dólar y 87 centavos. ¿Qué podría comprar con esto? Sólo ve una manera de conseguir dinero: vender lo único que posee: ¡su cabellera! Dicho y hecho: corta y vende su cabellera, y con el producto de su venta, compra una cadena de platino para el reloj de Jim.

Cuando Jim regresa a casa, aquella tarde, queda estupefacto al ver que ha desaparecido la hermosa cabellera de Della. Con manos temblorosas, le ofrece su regalo: un valioso juego de engarces de carey enjoyados para su cabellera. Había vendido su reloj de oro para comprarlos.

Todos ésos han echado donativos de lo que les sobraba:
esta viuda, aunque necesitada,
ha echado cuanto tenía para vivir.

Lucas 21, 4

Sugerencias para la oración❤

La parábola de los talentos: Mateo 25, 14-30.

Y tú, ¿te has reservado algo? ¿Por qué?

Pide la gracia de darle al Señor todo lo que te pida. ❤ ❤ ❤

Cuando alguien tiene de sobra para comer,
no es heroico convidar a un peregrino.
Cuando alguien tiene más de lo que puede gastar,
no es difícil el dar o prestar.
Quien da aquello que no va a echar de menos,
nunca sabrá lo que supone el dar.
Quien no da más que lo que no le cuesta,
pocas alabanzas recibirá del Señor.
La viuda pobre fue derecha al cielo,
porque el suyo fue un *verdadero sacrificio*.

20 / 6   Detalles positivos

En la clase había dos muchachos con el mismo nombre: Ashwin. Uno de los Ashwin, el más pequeño, tenía que ser constantemente reprendido, porque no guardaba la disciplina exigida por la maestra y era muy poco aplicado en sus estudios. Al no lograr controlarlo, la maestra se preguntaba a sí misma acerca de su propia aptitud para ser maestra.

En la siguiente reunión de padres de alumnos, una señora de modales muy finos se presentó a sí misma como la madre de Ashwin. Creyendo que se trataba de la madre del otro Ashwin, que era uno de sus alumnos favoritos, la maestra hizo grandes alabanzas de éste, diciéndole que era un verdadero placer tenerlo en clase.

A la mañana siguiente, Ashwin, el revoltoso, llegó temprano al colegio y fue derecho a la sala de profesores, encontró a su maestra y, casi entre sollozos, le dijo: «Muchas gracias por haberle dicho a mi madre que yo era uno de sus alumnos preferidos y que era un placer tenerme en su clase. Ya sé que hasta ahora no he sido bueno, pero desde ahora lo voy a ser».

La maestra se dio cuenta, enseguida, del error de identidad, pero guardó un prudente silencio. Fue hacia el muchacho y acarició su inclinada cabeza. El pequeño Ashwin cambió totalmente desde entonces y fue, realmente, un placer tenerlo en clase.

¿Cómo podré abandonarte...?
Me da un vuelco el corazón,
se me conmueven las entrañas...
No ejecutaré la condena.
Oseas 11, 8-9

Sugerencias para la oración ❤

Parábola de la cizaña: Mateo 13, 24-30.

En la vida ordinaria nos encontramos con «santos» y con «pecadores», con «trigo» y con «cizaña». ¿Sentimos, tal vez, prisa por deshacernos de la cizaña, sólo porque nos molesta?

Pide la gracia de tener paciencia y amabilidad al tratar con la cizaña que hay en ti y en los demás. ❤ ❤ ❤

Si nos conociéramos bien, el uno al otro,
si ambos pudiéramos vernos como Dios nos ve
y conocer el fondo de nuestros corazones,
no estaríamos, ciertamente, tan distantes
y estrecharíamos, francamente, nuestras manos.
Estaríamos de acuerdo, felizmente,
si nos conociéramos bien, el uno al otro.
Nixon Waterman

20 / 7	Estrategias para obrar el bien

Uno de los mejores logros artísticos del pintor italiano Pietro Annigoni, se relata en el *Libro de celebridades, chistes y anécdotas* de Daniel Jacob. Annigoni había alquilado, en Florencia, un estudio que utilizaba, también, como vivienda. Después de nueve años de ocupación, el casero le pidió que lo desalojara, pues pensaba venderlo. Annigoni se sintió desolado.

—Pensé que, si había grietas en las paredes, la venta resultaría mucho más difícil, y comencé a pintar grietas muy realistas que pudieran engañar a cualquiera, sobre todo una grieta siniestra, terriblemente realista, que corría desde el techo hasta la parte superior de una ventana.

El resultado fue mucho más allá de lo que él mismo había imaginado. Durante año y medio, vinieron a ver la casa varios posibles compradores que se volvieron sin intentar comprarla.

Creo que, si alguna vez he realizado una obra maestra –decía alegremente el artista–, lo he hecho como pintor de grietas.

> **Si con el dinero sucio no habéis sido de fiar,
> ¿quién os confiará el legítimo?**
>
> *Lucas 16, 11*

Sugerencias para la oración ❤

Parábola del administrador astuto: Lucas 16, 1-12.

¿Nos esforzamos en las cosas espirituales, tanto como nos esforzamos en las cosas materiales?

Pide la gracia de tomar muy en serio tu vida espiritual y de poner todos los medios para avanzar en la misma para poder seguir muy de cerca a Jesús. ❤ ❤ ❤

**Se atrapan más moscas
con una cucharilla de miel
que con un barril de vinagre.**
San Francisco de Sales

TRAMO 21
Palabras de sabiduría

Sabemos muy bien que, dentro del lenguaje humano, una expresión cualquiera puede suscitar respuestas diferentes en personas diferentes, que dependen de su educación, nivel de conocimientos, simpatía hacia el orador/escritor, estado actual de ánimo, etc. Todo esto queda muy bien ilustrado gracias a un claro ejemplo de Erich Fromm, acerca de las diversas actitudes de la gente ante un bosque:

«Un pintor que va allá a pintar, el propietario del bosque que quiere hacer cálculos para sacarle el mayor provecho, un militar que se preocupa por los problemas tácticos para defender aquel área y un paseante que quiere disfrutar de la naturaleza; todos ellos tienen una idea completamente diferente sobre el bosque, puesto que lo ven desde un aspecto diferente.

«Las ideas del pintor versarán sobre las formas y los colores; las del hombre de negocios, sobre la cantidad y la edad de los árboles; las del militar, acerca de la visibilidad y protección; las del paseante, acerca de los caminos y las distancias. Mientras todos ellos estarán de acuerdo ante el concepto abstracto de que se hallan al borde de un bosque, los diferentes objetivos que les han llevado allá serán los que determinen *cómo ven el bosque*».

Esta semana continuaremos con el *Sermón del Monte*. En tu examen después de la oración, revisa tus actitudes e inspiraciones acerca de la correspondiente «palabra del Señor» sobre la que has orado. Esto te dará una idea de tu disposición de mente y corazón. «Descríbeme el aspecto de Jesús que has percibido, y yo te describiré algunos rasgos importantes de ti mismo» (Oscar Pfister).

Pide la gracia de conocer más íntimamente a Jesús, para amarle más profundamente y seguirle más de cerca.

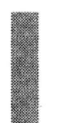

Si puedo hacer, hoy, alguna cosa,
si puedo realizar algún servicio,
si puedo decir algo bien dicho,
dime cómo hacerlo, Señor.

Si puedo arreglar un fallo humano,
si puedo dar fuerzas a mi prójimo,
si puedo alegrarlo con mi canto,
dime cómo hacerlo, Señor.

Si puedo ayudar a un desgraciado.
si puedo aliviar alguna carga,
si puedo irradiar más alegría,
dime cómo hacerlo, Señor.

Grenville Kleiser

21 / 1   Un matiz importante en el amor

Me enfadé con mi hermano,
y no sé por qué.
Una cosa llevó a otra,
y acabamos distanciados.
El comienzo fue suave,
y el final fue muy duro.
Decía que él tenía razón,
¡y yo sé que no la tenía!

Nos odiamos mutuamente.
Fue aquélla una tarde negra.
Pero, de pronto, mi hermano
me dio una palmada en el hombro,
y me dijo: «¡Pero, venga!
No hay por qué seguir así;
quien se equivoca soy yo».
Y él tenía la razón.

Hellen Ferris

**Dios, por el gran amor que nos tuvo,
estando nosotros muertos...
nos hizo revivir con Cristo.**

Efesios 2, 4-5

Sugerencias para la oración ❤

¿Con qué facilidad y con qué *amor* nos acercamos a nuestros «enemigos»?

Lee y reflexiona acerca de las enseñanzas de Jesús sobre la generosidad de nuestra vida de relación y sobre el amor cristiano, en Mateo 5, 43-48.

Lee y medita: Romanos 12, 17-21.

Pide la gracia de tener generosidad con todos, aunque su respuesta no sea siempre alentadora u oportuna. ❤ ❤ ❤

**—Ve y dale una moneda a ese mendigo ciego
—le dijo el Rabino de Witkowo a su hijo,
mientras paseaban juntos.**

El muchacho lo hizo y volvió adonde su padre.
—¿Por qué no te quitaste el sombrero ante él?
—le preguntó el padre.
—Es que es ciego –replicó el hijo–. No podía verme.
—¿Y cómo sabes tú que no es un falso ciego?
–le dijo el Rabino–.
Ve otra vez y quítate el sombrero.
Moshe Hakotun

21 / 2   Servir sin condiciones

En su libro, *Aventuras en dos mundos,* A.J. Cronin describe sus experiencias como médico de una Compañía Minera galesa. Prestaba allí sus servicios una enfermera de distrito que «durante más de veinte años había servido a la gente de Tregenny con fortaleza, paciencia, calma y cariño... Pero, aunque era muy querida por el pueblo, su salario era muy escaso». Cronin quedó impresionado «por su total falta de egoísmo, que era la nota más saliente de su carácter». El pensó que se merecía una mejor remuneración. Por lo que decidió hablar del asunto con ella.

—Enfermera –le dije–, ¿por qué no hace usted que le paguen más? Es ridículo que trabaje usted por tan poco.

Ella alzó levemente sus ojos y me dijo sonriente:

—Tengo bastante para salir del paso.

—No es verdad –insistí–. Debería cobrar, por lo menos, una libra más por semana. Dios sabe que usted se lo merece.

Hubo una pausa. Siguió sonriendo, pero su mirada adquirió una gravedad e intensidad que me sorprendieron.

—Doctor –dijo–, *si Dios sabe que me lo merezco, es lo único que me importa.*

Tu Padre, que ve lo escondido, te lo pagará.
Mateo 6, 4

Sugerencias para la oración ❤

Lee las enseñanzas de Jesús sobre la caridad, en Mateo 6, 1-4.

Pide la gracia de que tu servicio sea totalmente desinteresado, inspirándote en la vida de Cristo. ❤ ❤ ❤

La compasión es la última y más completa realización de la madurez emocional. A través de la compasión, la persona alcanza la cota más alta y el nivel más profundo de su propia realización.
Arthur Jersild

21 / 3 Confiar sin límites

Había un gran «guru» que creía totalmente en la Providencia de Dios. Todas las limosnas que recibía, las distribuía, al atardecer, entre los pobres.

Una tarde, cayó enfermo de gravedad. Antes del reparto diario, el discípulo que le atendía guardó aparte unas pocas rupias para un caso de emergencia. Hacia la medianoche, el «guru» se sintió muy inquieto.

—¿Llamo al médico? –preguntó, preocupado, el discípulo.

—Estoy seguro de que no es por culpa mía –le dijo su maestro–. Hoy ha ocurrido algo que es lo que me causa esta inquietud.

Sintiéndose culpable, el discípulo le confesó lo que había hecho. Entonces, el Guru le ordenó salir inmediatamente a repartir el dinero.

—Ya es medianoche –exclamó el discípulo–, ¿cómo voy a encontrar a la gente?» –Pero el maestro insistió.

Apenas había andado unos metros, cuando se encontró con un mendigo que le dijo que era forastero en la ciudad, que andaba perdido y que le agradecería unas pocas monedas para comprar comida. El discípulo, muy contento, le dio todo el dinero que tenía y volvió para informar a su maestro.

—Recuérdalo bien –le reprendió el maestro–: aprende a confiar totalmente en Dios. El proveerá.

Y, tras estas palabras, descansó en paz.

¡Refugio mío, alcázar mío! Dios mío, confío en ti.

Salmo 91, 2

Sugerencias para la oración ❤

Lee y medita las enseñanzas de Jesús sobre la confianza en la Providencia de Dios: Mateo 6, 23-34.

Reza el Salmo 91.

Pide la gracia de entregarte totalmente a la voluntad de Dios, confiando enteramente en su amorosa providencia. ❤ ❤ ❤

Podré decir que tengo caridad,
si, cuando le pido algo a Dios
y Dios no me lo concede,
sigo amándole todavía más.
O, si cuando Dios me da
lo contrario de lo que le pido,
le sigo amando el doble que antes.
Jacopone de Todi

---

21 / 4   **Quitar las motas de nuestros ojos**

Tiene gracia pero cuando el prójimo tarda mucho tiempo en hacer algo, es que es lento. Pero cuando yo me tomo tiempo para hacer alguna cosa, es que soy concienzudo y consciente.

Cuando el prójimo no lo hace, es que es un vago. Cuando yo no lo hago, es que estoy muy ocupado.

Cuando el prójimo lo hace sin que se le diga, es que se está entrometiendo. Cuando lo hago yo sin que me digan, es que tengo iniciativa.

Cuando al prójimo no le gustan mis amigos, es que tiene prejuicios. Cuando a mí no me gustan los suyos, es que tengo buen juicio.

Cuando el prójimo mantiene fuertemente su opinión, es que es un terco. Cuando yo mantengo fuertemente la mía, es que tengo firmeza.

Cuando el prójimo se fija en pequeños detalles, es que es un maniático. Cuando yo me fijo en pequeños detalles, es que soy cuidadoso.

Anónimo.

**Quita la viga de tu propio ojo,
y entonces podrás ver claramente
para quitar la mota del ojo de tu hermano.**
Mateo 7, 5

Sugerencias para la oración ❤

Lee y reflexiona sobre las enseñanzas de Jesús respecto a juzgar a los demás, en Mateo 7, 1-6.

¿Criticas con dureza las faltas y defectos de aquéllos con quienes convives? ¿Eres, más bien, tolerante y paciente?

Pide la gracia de aceptar a la gente sin prejuicios y sin egoísmo, y de tratar de ver las cosas desde otro punto de vista, antes de hacer conclusiones precipitadas. ❤ ❤ ❤

**Padre e hijo ven la televisión, después de cenar,
mientras madre e hija friegan los platos en la cocina.
De pronto, se oye el ruido de algo que se cae y se rompe.
Luego, un completo silencio.
—Ha sido mamá la que ha dejado caer el plato
–dijo el muchacho.
—¿Cómo puedes estar cierto? –le dijo el padre.
—Porque –dijo el chico– ella no ha dicho nada.**

21 / 5   **Los ecos del amor**

Una vez, un panadero de la ciudad y un agricultor de una aldea vecina hicieron un trato. Se cambiarían, todos los días, una libra de pan por una libra de mantequilla. Las cosas marcharon bien durante algún tiempo. Pero, un día, el panadero sospechó que la mantequilla no llegaba al peso convenido. Durante varios días pesó la mantequilla y halló que cada vez pesaba menos. Por último, hizo que arrestaran al agricultor por fraude.

En el juicio, el juez quedó sorprendido cuando el agricultor le dijo que tenía balanza pero no usaba las pesas para pesar la mantequilla. El juez le preguntó cómo la pesaba.

El agricultor lo explicó de esta manera:

—Cuando el panadero comenzó a comprarme esta mantequilla, yo pensé que me pagaría con el mismo peso de pan, como habíamos convenido. Entonces yo he estado recibiendo una libra de pan que usaba para pesar mi mantequilla. Si el peso de la mantequilla no es cabal, ¡él es el único que tiene la culpa!

La medida que uséis es la que usarán con vosotros.
Lucas 6, 38

Sugerencias para la Oración ❤

Continúa con la meditación de ayer, poniendo ahora el acento en otra frase de Jesús: «Tratad a los demás como queréis que os traten a vosotros» (Mateo 7, 12). ¿Qué te supone todo esto? ¿Cuál es tu respuesta?

Pide la gracia de obrar siempre con lealtad y justicia al tratar con los demás. ❤ ❤ ❤

Nuestro destino común nos hace hermanos:
nadie hace solo su camino.
Aquello que damos a los demás
acaba volviendo hacia nosotros
Edward Markham

21 / 6 **Pausas del latido**

Hay quienes saben que
las puertas son para cerrarlas
y cierran todas las puertas,
cerrando, a veces, el paso
de la vida hacia el manantial
para que muera de sed.

Hay quienes saben que
las puertas son para abrirlas,
dejando, expuesta a la destrucción,
la vida que la puerta protegía.

Hay quienes saben que
las puertas son pausas del latido
que, atentas a su ritmo,
se mueven en consecuencia.

Ione Hill

Estrecha es la puerta que lleva a la vida.
Mateo 7, 14

Sugerencias para la oración ❤

Lee y reflexiona sobre lo que dice Jesús acerca de los caminos que llevan hacia él, en Mateo 7, 13-14.

Advierte que tienes que mirar bien hacia adelante si quieres atravesar una «puerta estrecha». Ten en cuenta, además, de que tendrás que desembarazarte de todo exceso de equipaje, si quieres pasar por ella.

Pide la gracia de seguir a Cristo, el «Camino», ligero de equipaje .❤ ❤ ❤

**Las buenas obras son
bisagras invisibles
para las puertas del cielo.**
Victor Hugo

21 / 7   Vivir responsablemente

Un hombre de la ciudad salió a disfrutar de un día de campo. Acercándose a una granja, vio un caballo tan robusto que decidió comprarlo. El granjero se lo vendió a regañadientes. El comprador saltó inmediatamente a lomos del caballo y le animó con los gritos que había aprendido en las películas de cine. El caballo no se movió.

—Debiera haberle advertido –le explicó el granjero–. Este es un caballo muy especial, muy «religioso». Para que eche a andar, tiene usted que decir: «Alabado sea el Señor». Y para que se detenga, tiene que gritarle: «Amén».

Siguiendo estas instrucciones, el nuevo dueño gritó: «Alabado sea el Señor». El caballo salió a todo galope y se dirigió derecho hacia el borde de un precipicio. El jinete se acordó, justo a tiempo, de decir: «Amén». El caballo se detuvo, instantáneamente, al borde del precipicio. En medio de su alivio, el jinete elevó sus ojos al cielo y exclamó: «¡Alabado sea el Señor!»

No todo el que me dice: ¡Señor, Señor! entrará en el Reino de los cielos.
Mateo 7, 21

Sugerencias para la oración ❤

¿Estás viviendo junto al borde? ¿Tienes ánimo para arrostrar todos los riesgos por el Reino de Dios? ¿Tus palabras están de acuerdo con tus convicciones? ¿O son meras frases rutinarias? ¿Hasta qué punto es sólido el fundamento de tu fe?

Medita sobre las enseñanzas de Jesús en Mateo 7, 21-27.

Pide entregarte totalmente a Cristo. ❤ ❤ ❤

**—Ya sabes que mi cabeza está llena de paja,
por lo que voy a Oz, en busca de algunos sesos.
¿Tienes tú algunos? –le preguntó el Espantapájaros.
—No, mi cabeza está totalmente vacía
—le respondió el Hombre de madera–;
pero hubo una vez en que tuve sesos
y también un corazón.
Habiendo probado los dos,
preferiría, con mucho,
tener un corazón»**
L. Frank Baum

TRAMO 22
Compasión para todos

«Compasión, en su sentido más profundo, no es mera *piedad*, sino un *compartir* una pena, una especie de *unión*. Tampoco se reduce a puro sentimiento. Se expresa en la acción, en el alivio del dolor de los demás. En el contexto bíblico, la compasión se desarrolla en las *obras de misericordia*. Alimentar, vestir, dar cobijo, liberar, dar de beber, visitar, enterrar, educar, aconsejar, corregir, soportar, perdonar, alentar... todo esto son obras de misericordia. Aunque broten del corazón y se dirijan también al corazón, no se reducen a sentimientos o emociones. Son también actividades que se realizan con los demás, son actos que obran la justicia» *(M. Fox)*.

«Compasión es una palabra llena de sentido. Significa participar de la misma pasión, compartir el mismo sufrimiento, compartir la misma agonía, aceptar en mi corazón el dolor del tuyo. Tu dolor me cuestiona. Afecta a mi corazón. Suscita algo dentro de mí y yo me uno a tu dolor. Tal vez no alivie tu dolor, pero al comprenderlo y compartirlo, te hace posible soportarlo de una manera que enaltece tu dignidad y te ayuda en tu propia superación» *(Jean Vanier)*.

Una viva ilustración de lo que es la compasión la hallamos en la parábola del Buen Samaritano (Lucas 10, 35), quien realiza actos concretos, como acercarse al herido, derramar vino y aceite sobre sus heridas, vendarlo, montarlo sobre su asno, etc.

Jesús mostró compasión cuando curó a los ciegos, limpió a los leprosos, enseñó a los ignorantes, resucitó a los muertos y alimentó a los hambrientos. Los Evangelios nos dicen, con frecuencia, que Jesús «se conmovió», es decir, tuvo piedad y compasión al contemplar el dolor de la gente que sufría. Jesús «amó al prójimo» en el más amplio sentido de la palabra.

Jesús instó a sus discípulos a que se «amaran unos a otros, como él los amaba» (Juan 13, 34). «El amor a Dios y el amor al prójimo son dos y, sin embargo, es uno (...) porque Dios habita en nuestro prójimo; y así el amor al prójimo se convierte en amor a Dios. Y así como el dolor de Dios está en el dolor del prójimo, el servicio al dolor del prójimo se convierte en servicio al dolor de Dios» *(Kazoh Kitamori)*.

El magisterio de Jesús estaba íntimamente relacionado con su misión de salvación. Fue enviado por Dios «para llevar la buena nueva a los pobres (...) para proclamar la libertad a los cautivos, para dar la vista a los ciegos, para liberar a los oprimidos» (Lucas 4, 18). Jesús cura para poder, también, «salvar» a la persona. No se preocupa únicamente de curar un órgano o un miembro que no funciona. Cura de manera que la persona «enferma» pueda salir de sus pecados y creer en Dios.

Hay que tener en cuenta que los milagros curativos fueron realizados dentro de un contexto determinado. La humanidad del siglo veinte puede sentirse tentada a probar los milagros por medio de un análisis científico. Los contemporáneos de Jesús veían los milagros como «signos» o símbolos, más que como maravillas. Por ejemplo, cuando devolvió la vista al ciego de nacimiento (Juan 9, 1-41), Jesús trataba de enseñar al pueblo que él era la verdadera luz del mundo. Al resucitar a Lázaro de entre los muertos (Juan 11, 1-44), Jesús estaba revelando que él era el manantial de la vida.

Esta semana acompañaremos a Jesús en sus curaciones y lo contemplaremos según actúa. Aprenderemos de él lecciones de profunda compasión. Experimentaremos su poder sanador que nos cura y, a la vez, nos da la fortaleza de curar.

Pide la gracia de experimentar el amor de Dios que te cura, para que tú también puedas entregarte al servicio amoroso de los demás.

Jesús,
que predicaste la buena nueva a los pobres,
que proclamaste la libertad de los cautivos,
que liberaste a los oprimidos,
yo te adoro.

Jesús,
amigo de los pobres,
alimento de los hambrientos,
médico de los enfermos,
yo te adoro.

Jesús,
acusador de los opresores,
maestro de los sencillos,
que ibas haciendo el bien,
yo te adoro.

Jesús,
maestro de paciencia,
modelo de amabilidad,
profeta del Reino de los cielos,
yo te adoro.

Coward McCann

22 / 1   **Ver con el corazón**

Un viejo rabino reunió a sus discípulos y, como es costumbre entre los rabinos, les propuso una pregunta.

—Decidme, ¿cómo sabéis cuándo hay bastante luz para poder ver?

Después de una pausa, uno de los discípulos dijo:

—Rabí, hay bastante luz para ver cuando, al amanecer, mirando hacia el campo puedo distinguir un roble de un sicómoro.

El rabino hizo un gesto negativo con la cabeza. Entonces, otro discípulo sugirió:

—Tal vez, Rabí, cuando en la niebla de la mañana puedo distinguir los corderos de los niños mientras triscan en la pradera, entonces hay bastante luz para ver.

Tampoco estuvo de acuerdo el rabino. Finalmente, un tercer discípulo dijo:

—¡Ya lo sé! Cuando miro el río, en la madrugada, y puedo ver que se mueve la corriente, entonces hay bastante luz para ver.

El rabino alzó lentamente su mirada y dijo:

—No. Pero yo os lo diré. Cuando miro a los ojos de otra persona y la reconozco como mi hermano o mi hermana, entonces hay bastante luz para ver.

Por más que miran, no ven.
Marcos 4, 12

Sugerencias para la oración ❤

Contempla la escena de Marcos 8, 22-26 o Marcos 10, 46-52. Identifícate con el ciego, experimenta el toque de Jesús que cura tu «ceguera».

Lee y medita Lucas 11, 33-36.

Pide la gracia de «ver» las necesidades de los demás y haz que sientan tu toque curativo. ❤ ❤ ❤

Aquí viene ella...
¿Le saludo o no le saludo?
Si hablo yo primero, ella puede pensar que soy un atrevido...
Pero, si aguardo a que ella hable,
¡quizá piense que no la quiero!
Y si ella piensa que no la quiero,
entonces quizá ella no me hable...
Y, lo que es peor, quizá ella no me quiera...
¡Voy a hacer como que no la veo!
Tom Wilson en «Ziggy»

22 / 2	Acércate y toca

«Vi a una mujer que yacía en el arroyo de una calleja de Calcuta. La estaban comiendo los gusanos, estaba acabada por la enfermedad e inconsciente. La llevé a mi piso, la bañé y la puse en la cama. Después, toqué su mano para calmarla. Por unos momentos, el rostro de la mujer se iluminó con una sonrisa serena, dijo "Gracias" y murió.

«Si yo hubiera estado en su lugar, habría dicho: "Tengo hambre, estoy enferma". Nunca habría dicho: "Gracias". Esta mujer me dio una lección de agradecimiento» (Madre Teresa, en *Madre de amor* de *B.K.R. Pai*).

¿No se curaron los diez?
¿No ha habido quien volviera a dar gloria a Dios, sino este extranjero?
Lucas 17, 17-18

Sugerencias para la oración ❤

¿Ha habido gente, en tu vida, que ha colaborado en tu «formación» (sacerdotes, consejeros, maestros, padres, etc.)? ¿Les has mostrado tu agradecimiento? Si no ha sido así, ¿hay algo que aún puedas hacer en este sentido?

Lee y medita: Marcos 1, 40-45. Ponte en el lugar del leproso; escucha que, también a ti, te dice Jesús: «Quiero curarte».

Jesús pudo haber mostrado su simpatía hacia los leprosos manteniéndose a distancia, pero eligió tocarlos ¡con su mano!

Pide la gracia de experimentar una curación total. Pide fortaleza para seguir el ejemplo de Jesús, acercándote a los que necesitan tu toque curativo. ❤ ❤ ❤

De ahora en adelante, quiero ser el primero
en hacerme consciente
de todo lo que el mundo ama, desea y sufre.
Quiero ser yo mismo el primero
en aceptar el sacrificio,
en ser más humano y más noble
que todos los servidores de este mundo.
Teilhard de Chardin

22 / 3	Libre de muletas

Sucedió una cosa extraña en una ciudad remota. Un joven se cayó y se rompió una pierna. Para ayudarle a andar, le dieron un par de muletas. El joven se acostumbró totalmente a usarlas, y no sólo para andar sino también para otras cosas.

Y sucedió que también la gente de la ciudad empezó a aficionarse a las muletas. Un carpintero muy avispado, comenzó a fabricar muletas y a venderlas. Tuvo un éxito total. La gente que gozaba de brazos y piernas sanos comenzó a usar muletas porque se pusieron de moda. Para salir al paso a la demanda, hubo que erigir una gran fábrica de muletas. Se fabricaban muletas, cada vez más sofisticadas, adornadas con joyas y trabajos en marfil.

Varias generaciones más tarde, la gente de aquella ciudad no podía prescindir de las muletas para caminar. Se habían olvidado de andar sin ellas. Los que no las usaban eran considerados como primitivos.

Señor, tú has roto mis ataduras,
y yo te serviré.
Salmo 116, 16

Sugerencias para la oración ❤

¿Serías capaz de identificar las muletas (hábitos) de los que dependes?

Lee, a continuación, Juan 5, 1-9, la curación de la piscina. Advierte el contraste entre el paralítico que arroja sus muletas y las autoridades judías que se encuentran «paralizadas» por su fundamentalismo religioso, y usan sus «muletas» contra Jesús.

Pídele a Dios que te cure de todo lo que te paraliza, de manera que puedas seguir a Jesús con libertad de espíritu. ❤ ❤ ❤

> **Más le vale al cojo**
> **no romper sus muletas**
> **en la cabeza de su enemigo.**
> *Kahlil Gibran*

---

22 / 4   **Cuestión de fe**

El milagro del Padre Malaquías es una narración humorística de Bruce Marshall, acerca de un párroco escocés que pidió a Dios que hiciera un milagro tan espectacular que la gente se convirtiera a Dios y a la religión.

Había una sala de fiestas cerca de la iglesia del Padre Malaquías, que causaba gran escándalo. Una noche, el padre pidió a Dios, en la oración, que arrancara la sala de fiestas desde sus cimientos y la trasladara a una isla desierta que había cerca de la costa. Dios respondió, inmediatamente, a sus oraciones. La sala de fiestas se arrancó del suelo, fue volando por los aires y aterrizó, toda entera, en la isla.

El Padre Malaquías no cabía en sí de gozo. A la mañana siguiente, aguardó los titulares de los periódicos y a la multitud que llenaría su iglesia. Pero sucedió todo lo contrario. Los propietarios de la sala de fiestas utilizaron el «milagro» como publicidad para atraer más público a su negocio.

Totalmente desolado, el Padre Malaquías pidió a Dios que diera marcha atrás al «milagro». Y Dios accedió, devolviendo la sala de fiestas a su emplazamiento original.

> **Esta generación malvada y adúltera reclama
> un prodigio,
> y no se le concederá.**
>
> *Mateo 12, 39*

Sugerencias para la oración ♥

La fe –ver con el corazón– es más importante para la curación que un prodigio externo.

Lee y medita acerca del contacto de la fe, en Mateo 5, 25-34. Es ésta una hermosa experiencia de «curación interior», que uno experimenta sólo con la fe. Sitúate enteramente dentro de la escena. Muévete con la multitud. Toca el borde del manto de Jesús. Dialoga con él. Pide que te cure.

Pide una fe profunda para experimentar constantemente el contacto curativo de Dios, de manera que, a tu vez, puedas curar a otros como lo hizo Cristo. ♥ ♥ ♥

> **Oh, mano invisible,
> sé piadosa y amable conmigo.
> Tócame en mi hora de desesperación,
> cuando me olvido de que tú me guías,
> cuando me olvido de tu poder.
> Y mi corazón volverá a seguir
> el camino por el que me conduces
> para llegar a mi destino final,
> contento de estar contigo,
> de depender solamente de ti.**
> *Edward Davison*

22 / 5   Compasión por el «muerto»

En 1976, un accidente de circulación fracturó el cráneo de Peter, un joven de 21 años, de Chicago, afectando su cerebro y hundiéndolo en un coma profundo. Su novia, Linda, permanecía durante todo su tiempo libre al lado de su cama en el hospital; acariciaba sus mejillas y su frente, y le hablaba. Pero Peter permanecía sin responder a la presencia amorosa de Linda.

Por fin, una noche (al cabo de tres meses), Linda observó que movía un dedo del pie. Pocos días más tarde, observó que parpadeaba. Esto era todo lo que ella necesitaba. Contra el parecer de los doctores, abandonó su empleo para poder acompañarle constantemente. Empleaba horas dando masaje a sus brazos y piernas. Por último, consiguió llevarlo a su casa. Empleó todos sus ahorros en una piscina, con la esperanza de que el sol y el agua devolvieran la vida a los miembros inmóviles de Peter.

Un día, Linda escuchó un gemido de Peter. Ella intensificó sus esfuerzos y, poco a poco, los gemidos se convirtieron en palabras inteligibles... hasta que Peter fue capaz de pedir la mano de Linda al padre de ésta. Hoy, Peter vive una vida normal. El y Linda son padres de una hermosa criatura.

Te pongo delante bendición y maldición.
Elige la vida.

Deuteronomio 30, 19

Sugerencias para la oración ❤

Lee y medita la escena en la que Jesús resucita a la hija de Jairo: Lucas 8, 41-42; 49-56.

¿Hay gente a la que abandonamos por «muertos», es decir, que son ignorados o rechazados por su falta de respuesta o de talento? ¿Ocurre algo de esto contigo? Hay otros que están «quemados», que no abrigan ninguna ilusión en la vida, a resultas de frustraciones, ira, amargura, crisis... ¿Qué podrías hacer para remediar estas situaciones, para devolver a otros (o a ti mismo) a la vida?

Pide la gracia de aprovechar plenamente tu humanidad, de vivir plenamente la vida. ❤ ❤ ❤

La muerte no es la mayor pérdida de nuestra vida.
La mayor pérdida de nuestra vida
es aquello que muere dentro de nosotros
mientras seguimos vivos.
Daniel P. Cronin

22 / 6   La gracia de la compasión

Paseando por una calle de Rusia, durante la hambruna que acompañó a la guerra, León Tolstoi se topó con un mendigo. Tolstoi hurgó en sus bolsillos para hallar algo que dar a este hombre. Pero estaban vacíos. Había dado ya todo su dinero. Movido a compasión, abrazó al mendigo, besó sus hundidas mejillas y dijo: «No te enfades conmigo, hermano, no tengo nada que darte».

El rostro macilento del mendigo se iluminó. Y brillaron las lágrimas en sus ojos mientras le decía: «Pero tú me has llamado hermano... ¡y esto es un gran regalo!»

> **Sed compasivos,**
> **como vuestro Padre es compasivo.**
> *Lucas 6, 35*

Sugerencias para la oración ❤

Se puede llevar la felicidad a los demás de muchas maneras, además de con dinero. Todo depende de la actitud que uno tome hacia los necesitados.

Lee y reflexiona acerca de lo que Pedro ofrece al tullido, en Hechos 3, 1-10. El nombre de Jesús tiene poder curativo porque significa «salvador» o «sanador».

Pide la gracia de ejercitar tu compasión con todos, especialmente con los necesitados. ❤ ❤ ❤

> **¿Cómo podrá alguien compadecerse,**
> **si la tristeza nunca empañó sus ojos?**
> **¿Cómo podrá tener un toque curativo**
> **una mano que nunca ha temblado de dolor?**
> **¿Cómo podrá acertar una palabra**
> **que nunca se quebró por la amargura?**
> **Un corazón roto está más preparado**
> **para ayudar a otros corazones destrozados.**
> **¿Cómo puede alguien saber curar,**
> **si antes no le han curado de sus penas?**
> **¿A dónde ir, cuando nos haga falta ayuda,**
> **sino a quien, antes, ha sufrido de verdad?**
> *Anónimo.*

El casamentero le aseguró al cliente que le había encontrado la pareja perfecta: una preciosa muchacha rubia.

—¿No me estarás hablando de la hija del profesor? —le espetó el cliente.

—Cierto. Ya veo que la conoces.

—Tú debes de estar loco —le dijo, furioso, el joven—. ¡Si es ciega!

—Desde luego. Pero eso es una bendición. No podrá ver todo lo que hagas mal.

—Además, es tartamuda.

—Tanto mejor para ti. Le costará mucho hablar. Y tú tendrás más paz.

—Me han dicho que también es sorda.

—Así es. Será bueno para tus nervios. Aprenderás que no sirve para nada ir por ahí dando gritos.

—¿Y qué me dices de su edad? ¿No es, por lo menos, veinte años más vieja que yo?

—Pero, bueno —protestó el casamentero, francamente enfadado—, te hablo de una mujer con tantas buenas cualidades ¡y tienes que fijarte en un pequeño defecto!

**Todos los que tenían enfermos
con diversas dolencias se los llevaban.
El ponía las manos sobre cada uno y los curaba.**
Lucas 4, 40

Sugerencias para la oración ❤

Los milagros y las grandes curaciones no ocurren todos los días. Hay muchas personas que sufren enfermedades y disminuciones físicas. ¿Cuál es tu actitud hacia ellos? ¿Padeces, tal vez, tú mismo, alguna limitación? ¿Has aprendido a llevar tu cruz alegremente?

Pide la gracia de tener un corazón que respete a todos, especialmente a los afectados por alguna limitación, y cúralos con tus amorosos cuidados. ❤ ❤ ❤

Soy parte y parcela de un todo,
y no puedo hallar a Dios
fuera del resto de la humanidad.
Mahatma Gandhi

SEPTIMA ETAPA

Entrega

Entrega

Hablando de la naturaleza de las relaciones humanas, alguien dijo que hay tres clases de donantes: el pedernal, la esponja y el panal de miel. Para conseguir algo del pedernal, tienes que golpearlo, y entonces sólo consigues algunas chispas. Para conseguir agua de una esponja, tienes que estrujarla, y cuanto más la estrujes, más sacas de ella. En cuanto al panal de miel, todo él rebosa dulzura.

Hay personas mezquinas y duras; no te dan nada, si pueden no dártelo. Otras son de buena pasta; ceden a las presiones, y cuanto más las aprietas, más te dan. Y hay unas pocas que disfrutan dando, aunque no les pidas nada.

* * *

A estas alturas del programa de los Ejercicios, sería importante el saber hasta qué punto es auténtica tu entrega a Dios y hasta dónde llegas en tu seguimiento de Cristo.

¿Está tu corazón purificado de todo lo que sea egoísmo y lleno de un amor profundo y personal a Dios? ¿Posees una total libertad de espíritu? ¿Experimentas un amor a Jesús lo suficientemente apasionado como para desear, simplemente, *estar con él* dondequiera que él esté, ser literalmente pobre y humilde como él lo fue, para poder convertirte en su fiel colaborador en la realización del Reino de Dios?

Examina estos tres *grados* de compromiso que quedarían expresados en las siguientes frases que podrías dirigir a Cristo:

Primer grado: «Tú eres una persona *importante* en mi vida. Jamás haré cosa alguna que te desagrade».

Segundo grado: «Tú eres la persona que *domina* mi vida. Mi único deseo es procurar tu felicidad».

Tercer grado: «Tú lo eres *todo* en mi vida. Aunque fueras un leproso o un descastado, yo me quedaría contigo».

¿Cuál es tu posición? Durante las dos próximas semanas, habrás de revisar tus valores, tus actitudes y el grado de tu compromiso con Cristo.

Pide la gracia de entregarte a Dios sin condiciones.

Jesús dijo: «Quien quiera salvar su vida, la perderá; pero quien pierda su vida por mí, ése la salvará». Pero a nosotros nos asusta el dar nuestra vida y entregarla completamente sin guardarnos algo para nosotros mismos. Nuestro poderoso instinto de conservación nos lleva al egoísmo y nos esclaviza cuando pensamos en dar nuestra vida. Por todas partes hallamos excusas y pegas para no perderla. En resumidas cuentas: somos unos perfectos cobardes.

Señor Jesús, nos da miedo entregar nuestra vida. Pero tú nos la has dado para que la entreguemos. No podemos guardarla dentro de un estéril egoísmo.

Entregar nuestra vida significa trabajar para los demás, aunque no nos lo paguen; hacer un favor a quien no nos lo va a devolver. Entregar nuestra vida es exponerse, si es necesario, al fracaso personal, sin parapetarnos en una falsa prudencia. Es quemar nuestras naves por la causa del prójimo.

Somos antorchas para ser quemadas. Sólo entonces daremos luz. Líbranos de la prudencia cobarde que nos hace eludir el sacrificio y buscar la seguridad.

Podemos entregar nuestra vida sin ruido y sin falsa popularidad. Podemos dar nuestra vida sencillamente, sin publicidad alguna, como el agua de un manantial, como la madre que da su pecho al niño, como el sudor silencioso del agricultor.

Enséñanos, Señor, a lanzarnos a lo imposible, porque detrás de lo imposible está tu gracia y tu perseverancia. No caeremos en el vacío.

El futuro es un misterio y nuestro camino se pierde en la niebla. Pero queremos seguir entregándonos a nosotros mismos, porque tú nos aguardas en la noche con miles de ojos que derraman lágrimas.

Luis Espinal, S.J. (mártir en Bolivia, 1980)

TRAMO 23
Entrega amorosa

El autor alemán Gunther Grass escribió un pequeño poema enigmático, al que puso el título de «Sí»:

**Esta casa tiene dos salidas;
yo he escogido la tercera.
Entre Ana y Ana,
yo he escogido a Ana.**

Un jesuita, Joseph Sudback, trató de descifrar el enigma. Su interpretación es la siguiente: Gunther rechaza las dos salidas de la casa porque conducen a la falta de sentido. La tercera no es algo sino alguien: Ana. Entre Ana, la santa, y Ana, la pecadora; entre Ana, la hermosa, y Ana la poco agraciada, él escoge a la Ana real y a través de ella encuentra el sentido de la vida. Todo esto es como un eco de las célebres palabras de Hammarskjold: *«Has apostado por el sí... y has encontrado el sentido».*

* * *

Gracias a las inspiraciones que habrás recibido, mientras orabas sobre los temas de las últimas semanas, tal vez hayas alcanzado alguno de los siguientes «niveles» de la vida espiritual:

Los del primer nivel evitan todo lo que les lleve a cometer pecados, al menos los graves, especialmente en lo que se refiere a los mandamientos. Y, por el contrario, permiten que el Espíritu de Dios gobierne sus conciencias, y obedecen constantemente a la voz del Espíritu.

Los del segundo nivel adoptan, deliberadamente, una actitud más positiva en su papel de co-creadores. Evitan, por supuesto, el pecado, pero su gran empeño es hallar la voluntad de Dios y tratar de servirle aun en las cosas más pequeñas. Han llegado a ser tan delicados en el servicio de Dios que proceden con especial esmero en todas sus actividades y en el uso de las cosas. Todo lo hacen tratando de servir a Dios con más fidelidad.

Los del tercer nivel han aprendido a contemplar toda la realidad a través de los ojos de Jesús, siguen sus huellas y tratan de identificarse totalmente con su estilo de vida. Jesús eligió nacer pobre y vivir pobre; se mezcló con pecadores, descastados y víctimas de la injusticia. Eligió servir, en lugar de ser servido. Fue perseguido, torturado y condenado a una muerte ignominiosa.

Durante esta semana habrás de examinarte para ver en cuál de estos niveles te encuentras. Y luego, si sientes la llamada de tu corazón para entregarte completamente a Jesús e identificarte con él, pide a Dios que te conceda este deseo. Sólo la gracia de Dios puede hacerlo posible. Tendrás que entregarte totalmente a la persona de Jesús. Tendrás que tomar diariamente su cruz: la cruz de las incomprensiones, la deshonra, el rechazo, los insultos, las traiciones, etc., como le ocurrió a Jesús.

Te ayudará mucho el hacer el *triple coloquio*. Habla primero con María, nuestra Madre, pidiéndole que ruegue a Jesús para que te llame adonde él quiera. Después, háblale a Jesús, pidiéndole que tu entrega a él sea auténtica y que te dé valor para seguirle adondequiera te lleve. Por último, habla con el Padre de Jesús, repitiéndole las anteriores peticiones y rogando que te dé las fuerzas que necesitas para responder con todo tu corazón.

> Querido Dios,
> no sé si hay gente capaz
> de contemplar cómo vives tú en la pobreza,
> mientras ellos quieren seguir siendo ricos...
> No puedo concebir que haya amor
> sin un imperioso deseo de ser iguales;
> especialmente, de compartir todas las penas
> y contrariedades de la vida...
> Cómo se puede ser rico, vivir confortablemente
> en medio de cosas de mi propiedad,
> cuando tú has vivido pobre, incómodo,
> fatigado y agobiado por el trabajo.
> Yo no podría vivir de otra manera.
>
> *Charles de Foucauld*

23 / 1   Confesarle en público

Siendo Nicolás Ceaucescu dictador en Rumanía, cuentan las historias que, en cierta ocasión salió por las calles «de incógnito» para enterarse de qué pensaba la gente de él.

—¿Qué opina usted de Ceaucescu? –le preguntó a un hombre en un bar.

El hombre miró en torno y le susurró al oído:

—No se lo puedo decir aquí.

Salieron afuera, y el presidente volvió a hacerle la misma pregunta; pero el hombre tampoco allí se sentía seguro. Entonces, montaron en un taxi y, al hacerle la misma pregunta, el hombre hizo un gesto señalando al conductor. Por fin, después de un gran trayecto, salieron del taxi en un lugar a campo abierto.

—Vamos a ver ahora –le dijo el presidente–, ¿qué opina usted de Ceaucescu?

El hombre se acercó al oído del presidente y le dijo con voz muy baja:

—Me gusta.

**Lo que escucháis al oído
pregonadlo desde las azoteas.**
Mateo 10, 27

Sugerencias para la oración ❤

Lee, reflexionando, Mateo 10, 16-31.

¿Hasta qué punto tu relación con Dios es algo «público»? ¿Sientes vergüenza de hablar de cosas espirituales? ¿Te atreves a expresar claramente tu opinión cuando se desprecian los valores evangélicos?

Pide valor para mostrar, públicamente, tu lealtad a Cristo.

❤ ❤ ❤

**Si te arrestaran por ser cristiano/a...
¿habría suficientes pruebas para condenarte?**
Kenneth E. Kirk

Un policía de tráfico, recientemente reclutado, que estaba de servicio en un cruce muy frecuentado, detuvo a un conductor por haber éste ignorado una señal de tráfico. Sacó su talonario de multas y pidió al conductor su permiso de conducir.

El conductor, que era un alto jefe del departamento de policía, le mostró sus credenciales. El policía las miró, y continuó redactando la sanción. Visiblemente molesto, el jefe le dijo ásperamente:

—Tenga en cuenta, joven, que cuando le llegue el momento de su ascenso, puede que sea yo quien tenga que aprobarlo.

Con toda serenidad, el policía le alargó el papel de la multa y le dijo, sonriendo:

—Cuando llegue ese momento, señor, tenga la bondad de recordar que, a sus órdenes, tiene un policía honrado.

No penséis que he venido a abolir la Ley...
No vine para abolir sino para cumplir.
Mateo 5, 17

Sugerencias para la oración ❤

¿Con qué fidelidad guardas las leyes de la Iglesia y los principios evangélicos? ¿Tiendes a hacer componendas o a ceder ante las presiones sociales?

Lee y medita en Marcos 3, 31-35 acerca de la importancia que Jesús da al cumplimiento de la voluntad de Dios. Respóndele a Jesús como te lo pida tu corazón.

Pide fuerza para cumplir la voluntad de Dios, no sólo con tu mente y con tus labios, sino con tus obras y con todo tu corazón.
❤ ❤ ❤

Hay tres clases de personas:
las que son inamovibles,
las que se pueden mover
y las que mueven a los demás.
Wesley Izzard

23 / 3   La lógica del corazón

Sumit Mitra, un corresponsal del periódico *India Today,* entrevistó a la Madre Teresa en Calcuta. Le pidió que hiciese un comentario sobre el «modus operandi» de la Congregación en sus obras de caridad. El periodista le insinuó que había gente que opinaba que, alimentando a los mendigos, no solucionaba el verdadero problema, sino que des-educaba a muchos pobres.

La Madre Teresa le respondió con una sonrisa: «Gracias a Dios que hay alguna Congregación que des-educa a los pobres. ¡Todos los demás están des-educando a los ricos!»

En otra entrevista, otro periodista sugirió a la Madre Teresa que, en lugar de dar pescado a la gente, sería mejor que les enseñara a pescar. Ella respondió: «La gente a la que ayudamos apenas puede tenerse en pie. No tienen fuerza para sostener la caña. Yo les daré comida y, después, os los enviaré para que vosotros les enseñéis a pescar».

> **Yo era ojos para el ciego**
> **y pies para el cojo.**
> *Job 29, 15*

Sugerencias para la oración ❤

¿Sigues la lógica de la cabeza o la del corazón? ¿Te dedicas a racionalizar las cosas, de forma que acabas no haciendo nada?

Lee y reflexiona sobre la respuesta de Jesús a la pregunta de Juan acerca de su identidad, en Lucas 7, 18-23.

Pide fuerza para que tu compromiso se demuestre en acciones generosas. ❤ ❤ ❤

> **Soy un arco en tus manos, Señor.**
> **Ténsame para que no me agarrote.**
> **Pero no demasiado, no sea que me rompa.**
> **¡Ténsame todo lo que quieras, Señor!**
> **¡Qué importa si me rompo!**
> *Nikos Kazantzakis*

23 / 4   **El coste del compromiso**

El ayuntamiento estaba instalando una tubería de desagüe a lo largo de la tapia del colegio. Al ir abriendo la zanja, dieron con una conducción eléctrica que se interponía en su camino. El encargado sospechó que se trataba de una vieja línea ya abandonada pero, para estar seguro, llamó al electricista del colegio.

Llegó el electricista, miró el cable y les aseguró que era un cable ya desconectado.

—Podéis cortarlo y seguir adelante –les dijo.

—¿Estás seguro de que no hay ningún peligro? –preguntó el encargado.

—Ninguno» –respondió el electricista.

—Entonces, ¿querrás cortarlo tú mismo? –le pidió el encargado.

El electricista dudó por un momento y, con una forzada sonrisa, dijo:

—Bueno, no estoy tan seguro.

> **—Señor, ¿por qué no puedo seguirte ahora? –le dice Pedro-. ¡Daré mi vida por ti!»**
>
> *Juan 13, 37*

Sugerencias para la oración ❤

¿Existe una notable diferencia entre tus convicciones y tu práctica, en lo que se refiere a tu compromiso por el Reino?

¿Eres consciente de que el seguimiento de Cristo y el compromiso con su misión incluyen riesgos, persecución y, tal vez, la muerte?

Lee y medita sobre la misión que Jesús encomienda a sus discípulos en Lucas 10, 1-12. ¿Hay algo que Jesús te pide que hagas?

Pide la gracia de profundizar tu compromiso con Cristo, y de llevar a cabo, alegremente, su misión. ❤ ❤ ❤

Cuesta tanto convertirse en un ser humano completo, que hay
muy pocos que tienen la lucidez y el coraje para pagar un precio
tan elevado. Tienes que abandonar la búsqueda de la seguridad
y abrazar, con ambos brazos, el riesgo de la vida. Tienes que
abrazar el mundo como si fueras su amante. Tienes que aceptar
el dolor como condición de la existencia. Tienes que pagar el
precio de la duda y la oscuridad para llegar al conocimiento.
Tienes que armarte de firmeza en el conflicto pero, al mismo
tiempo, estar preparado para aceptar cualquier consecuencia de
la vida o de la muerte

(Morris West).

23 / 5   Una vida modélica

Las breves líneas que citamos se titulaban: *Sólo este hombre.*

«Nació en una aldea abandonada; su madre era una campe-
sina. Trabajó hasta los treinta años en un taller de carpintería y,
durante tres años, fue un predicador itinerante. No escribió ningún libro. No tuvo ningún despacho. No poseyó casa propia. No
hizo ninguna de esas cosas que, normalmente, asociamos con la
grandeza. No tuvo más credenciales que su persona.

Siendo aún un adulto joven, la opinión pública se volvió
contra él. Sus amigos huyeron. Fue entregado en manos de sus
enemigos. Le sometieron a una pantomima de juicio. Fue clavado en una cruz entre dos salteadores... Lo sepultaron en una
tumba prestada por un amigo compasivo.

Han pasado diecinueve siglos y hoy es la figura central de la
raza humana. Todos los ejércitos que han marchado sobre la tierra, todas las armadas que han surcado los mares, todos los parla-
mentos que han legislado, todos los reyes que han reinado, puestos juntos, no han influido en la vida del hombre, sobre la tierra,
como *sólo este hombre».*

Dios ha elegido (...) a los débiles del mundo
para humillar a los fuertes (...)
Ha elegido Dios a los que nada son
para anular a los que son algo.

1 Corintios 1, 27-28

Sugerencias para la oración

Concéntrate en la persona de Jesús. Recuerda las inspiraciones que has recibido cuando hacías oración sobre su vida oculta en Nazaret.

Lee y medita sobre la humildad de Juan el Bautista frente a Jesús en Juan 3, 22-30.

Puedes recitar este verso como un mantra: *Jesús, tú tienes que crecer y yo tengo que disminuir.*

Pide la gracia de seguir muy de cerca las huellas de Jesús.
❤ ❤ ❤

> **La verdadera personalidad consiste
> en reducirse a cero.
> El secreto de la vida
> es el servicio desinteresado.
> Nuestro mayor ideal es llegar
> a ser libres de todas las ataduras.**
> *Mahatma Gandhi*

23 / 6   Dar todo lo que tenemos

El Padre Damián DeVeuster entregó completamente su vida al servicio de los leprosos, en la isla de Molokai. Los alimentó, les construyó casas, les enseño, les aconsejó y les fabricó ataúdes cuando morían.

Después de doce años de entrega total, subió al altar, como todos los domingos, un día de Junio de 1885, para celebrar la misa a los leprosos. Al comenzar la homilía, en lugar de decir, como siempre: «Mis queridos hermanos», comenzó así: «Nosotros, los leprosos...»

Fue su manera de informarles de que también él iba a compartir totalmente con ellos su aflicción. Vivió cuatro años más, trabajando por ellos y defendiendo sus derechos ante el gobierno, hasta que le llegó la hora de su muerte. Su incondicional solidaridad con el «desecho» de la sociedad, constituyó un formidable ejemplo para todo el mundo.

**Del médico no tienen necesidad los sanos,
sino los enfermos.**

Lucas 5, 31

Sugerencias para la oración ❤

Recuerda la fiesta que Jesús celebró con los «publicanos», como viene en Lucas 5, 29-32. Puedes, también, recordar alguna otra escena evangélica en la que Jesús se mezcla con los «pecadores» (Por ejemplo, la de la samaritana junto al pozo: Juan 4, 1-42.

Pide la gracia de entregarte totalmente a la misión de Cristo en el mundo. ❤ ❤ ❤

**¿Puedes aguantar que te barran,
te borren, te anulen, te aniquilen?
¿Puedes aguantar que te reduzcan a nada,
que te sepulten en el olvido?
Si no es así, nunca podrás cambiar, de verdad.**
D.H. Lawrence

23 / 7	Entrega total de sí

El 10 de Octubre de 1982 se reunían en la plaza de San Pedro, en Roma, 150.000 fieles para la ceremonia en la que Juan Pablo II canonizaba a un compatriota suyo, el Padre Maximiliano Kolbe, el «mártir de la caridad». El papa reconocía que su vocación sacerdotal se debía a la admiración que sintió por el Padre Kolbe.

Es muy conocida la historia del Padre Kolbe. En Julio de 1941, Franciszek Gajowniczek, prisionero en el campo de concentración nazi de Auschwitz, fue arbitrariamente condenado a muerte por inanición. El hombre exclamó: «¡Qué va a ser ahora de mi esposa y de mis hijos!» Rogó que le perdonaran la vida, para poder encargarse de ellos. Con un valeroso gesto de sacrificio total de sí, el Padre Kolbe se ofreció voluntario para morir en su lugar.

En la ceremonia de la canonización, dijo Francizek: «Nunca pude agradecérselo personalmente, pero nos miramos mutuamente a los ojos, antes de que se lo llevaran».

**Sé fiel hasta la muerte,
y te daré la corona de la vida.**
Apocalipsis 2, 10

Sugerencias para la oración ❤

Lee y medita la parábola del sembrador, en Marcos 4, 1-20. ¿Han echado profundas raíces en ti los retos de Jesús?

Que estas palabras de Jesús calen profundamente en tu corazón: «*Os aseguro que, si el grano de trigo caído en tierra no muere, queda él solo; si muere, da mucho fruto*» (Juan 12, 24).

Pide la gracia de entregarte totalmente a Cristo. ❤ ❤ ❤

**El corazón que tiene miedo de romperse
nunca aprenderá a latir.
El sueño que teme despertar
nunca logrará fascinar.
Jamás elegirán
a quien sea incapaz de entregarse.
La persona que teme morir
nunca aprenderá a vivir.**
Amanda McBroom

TRAMO 24
Actitudes de entrega

La fe que sigue confiando aun cuando no parece haber razones para confiar es, totalmente, obra de Dios y don de Dios. Dios concede este don a todo el que se lo pida. Quizá no lo haga cuando y de la manera que nosotros queremos. Si sabemos dejar a Dios el cuándo y el cómo de este don, demostraremos la sinceridad con que pedimos la fe.

(John Jay Hughes).

* * *

Hemos concluido un gran trecho de estos Ejercicios. Hemos comprobado que todo lo que hemos dicho y hecho por Dios y por el prójimo y, con la gracia de Dios, también dentro de nosotros, todo ello ha sido obra de la fe.

«Sabemos que el hombre no alcanza la justicia sino por la fe en Jesucristo» (Gálatas 2, 16). «Por la fe hemos obtenido acceso a esta condición de gracia en la que nos encontramos» (Romanos 5, 2).

Esta semana renovaremos nuestra confianza en Jesucristo, veremos mejor su poder divino, su servicio radical a la misión del Padre, su amor incondicional, su autoridad como Maestro y su natural bondadoso.

Pide la gracia de un mayor conocimiento interno de Jesucristo para amarle más íntimamente y seguirle más de cerca.

Haz el *triple coloquio* siempre que sientas impulsos de hacerlo.

Le alabo más, le quiero más,
suyos son todo el amor y la alabanza.
Mientras le ame, viviré en él
y no estaré perdido.
Amarle es lo más dulce,
alabarle es lo más excelso.
Amarle es vida, abandonarle es muerte,
vivir en él es la felicidad.
San Roberto Southwell, S.J.

24 / 1   Prioridades

Evelyn Waugh escribió una narración patética titulada *Bella Fleace dio una fiesta*. Bella era una anciana dama que realizó grandes preparativos, durante muchas semanas, para recibir en su casa a los invitados. Cuando llegó aquella noche, la casa resplandecía de luces y Bella misma aguardaba ataviada con un deslumbrante vestido y sus mejores joyas. Pero nadie acudió a la fiesta. ¡Bella se había olvidado de enviar las invitaciones!

> **Te preocupas y te inquietas por muchas cosas, cuando una sola es necesaria.**
>
> *Lucas 10, 41*

Sugerencias para la oración ❤

¿Sientes siempre deseos de invitar al Señor? ¿Haces lo necesario para sentir su presencia? ¿Te entregas totalmente a él con la fe?

Lee y medita Lucas 10, 38-42: dos maneras diferentes de expresar nuestra amistad con Jesús, y la prioridad de su intimidad sobre todos los demás asuntos. El pasaje no insinúa tanto el contraste entre la contemplación y la acción sino que, sobre todo, nos indica que el trabajo se puede convertir en servicio vacío, en actividad compulsiva, si no está integrado con la contemplación. Hay mucho de Marta y María dentro de cada uno de nosotros. Cuando estamos en unión con Dios, ¿qué partido tomamos?

Pide gracia para dar prioridad a la «contemplación» de Jesús en medio del ajetreo diario, para que profundices tu fe en él y sea mayor tu deseo de seguirle y servirle. ❤ ❤ ❤

La justificación para emplear tiempo y energías en la oración es semejante a la justificación que dio aquel montañero sobre su empeño en coronar el Everest: «¡Porque está ahí!» Dios está ahí. Por eso oramos. Lo rodeamos con nuestra adoración y nos entregamos a él. Es verdad que podemos caminar con Dios y hablar con él durante todo el día, en medio de nuestras ocupaciones y consagrándole todo lo que hacemos en cada momento. Pero, gracias a Dios, podemos hacer más. Y es este «más» el meollo del cristianismo. Podemos darle a Dios mucho más que

nuestro trabajo diario. Podemos entregarle nuestro propio ser. Podemos darle nuestro tiempo. Podemos sumergirnos en oración profunda

(John Dalrymple).

24 / 2   Riesgos

Estando acostando a mi pequeña (decía una madre), ella me miró y me dijo, solemnemente:

—Ya sabes, mamá, que yo arriesgaría mi vida por ti.

La apreté entre mis brazos y le dije:

—Y tú sabes muy bien, Anita, que yo también arriesgaría mi vida por ti.

Hubo un momento de silencio, y entonces, desde mi hombro donde reposaba su cabeza, me dijo:

—Mamá, sólo quiero hacerte una pregunta.

—Dime, querida.

—¿Qué quiere decir *arriesgaría?*

**...que han arriesgado su vida
por la causa de nuestro Señor Jesucristo.**
Hechos 15, 26

Sugerencias para la oración ❤

¿Tienes conciencia de lo que significa el «riesgo», dentro de tu compromiso con Cristo y de tu misión de realizar su Reino?

Lee y medita Mateo 14, 22-32. ¿Le das la mano a Dios y te dejas llevar adonde él te conduce? ¿Es profunda tu fe? ¿Es auténtica tu entrega?

Pide la gracia de abandonarte totalmente a la voluntad de Dios.❤ ❤ ❤

**Arriesgarse es tener coraje
para dedicar toda una vida,
más que la necesidad
de comprobar el propio coraje.**
Ross Snyder

«¿Conoces a los dos gigantes que luchaban uno contra otro en tiempos de nuestro Señor? Mantenían una pelea sin cuartel por el dominio sobre la humanidad. Uno de los gigantes era la *plaza del mercado*; el otro era la *casa del Padre*. Era la vieja contienda entre lo natural y lo sobrenatural, entre lo humano y lo divino; la batalla de los dos reinos.

«Jesús amaba la *casa del Padre*, y cuando vio que la *plaza del mercado* se había infiltrado en el recinto sagrado, todo su interior estalló en una reacción violenta. Sus objetivos inmediatos fueron los cambistas de moneda, cuyo oficio era cambiar las monedas romanas por las judías. Era el negocio por el negocio y no por la religión...

«La Plaza del Mercado y la casa del Padre atraen a todas las personas, y nosotros seguimos a una o a la otra, cuando no intentamos hacer una componenda con las dos. Toma, por ejemplo, el tema de la vida humana: ¿puede ser comprada y vendida, o tiene un valor que está sobre todo precio? ¿Cuál es, en el mercado, el valor de la verdad y la honestidad? ¿Puedes matar a un hombre por un precio?» *(James McKams)*.

Nosotros somos templo del Dios vivo
2 Corintios 6, 16

Sugerencias para la oración ❤

Lee y medita Juan 2, 13-22.

¿Esta limpio tu «templo»? ¿Te quema dentro, como un fuego, el amor a la Casa de tu Padre?

¿Estás en disposición de arriesgar la vida por el Reino, como lo hizo Jesús, en medio de la esperanza de la Resurrección, es decir, la reedificación del templo en tres días?

Pide la gracia de una devoción inquebrantable hacia Dios y de desear seguir a Cristo con propósitos inquebrantables. ❤
❤ ❤

Y sobre todo, tú, Espíritu Santo,
que prefieres un corazón puro
más que todos los templos,
instrúyeme... ilumíname,
levanta y sostiene mi debilidad,
para que, por la fuerza de tu gran verdad,
pueda confiar en la Providencia Eterna
y alabar las iniciativas de Dios entre los hombres.
John Milton

24 / 4 — Desafío

Después de su triunfante escalada al monte Everest, Edmund Hilary comentaba: «Fundamentalmente, se trata del desafío del individuo ante la montaña, y del individuo ante sí mismo (...) Las montañas entrañan un peligro, y esto es un factor estimulante que te fuerza a vencer el miedo. Sin un fuerte impulso de superación, jamás trataría uno de escalar el Everest. Es un verdadero y aburrido tormento. Pero si perseveras y llegas a la cumbre, te embarga un sentimiento de satisfacción (...) En la vida, pienso que todos están conquistando el Everest y que la clave del éxito es, prácticamente, la misma».

¿Quién puede subir al monte del Señor?
El de manos inocentes y puro corazón.
Salmo 24, 3-4

Sugerencias para la oración ❤

Lee y medita Mateo 17, 1-12.

La montaña es simbólica; es el lugar de encuentro entre Dios y el ser humano. Jesús conduce a la montaña a su trío escogido. Sólo gracias a la fe y agarrando la mano de Dios podemos llegar a la intimidad con él. Sólo Dios puede revelársenos. ¿Se te ha revelado Dios de alguna manera?

Cuanto más alta sea la montaña, tanto más se revela Dios, y son mayores los retos con los que te encuentras. ¿Estás en disposición de que Jesús te conduzca a la montaña más alta, incluso al Calvario?

Los apóstoles están entusiasmados por la experiencia y desearían permanecer siempre (las «tiendas») en la cumbre de la consolación. Pero Jesús les recuerda que su misión, y la de ellos, les tiene que devolver a la tierra, al sufrimiento y a la muerte.

Pide una fe profunda en Jesús, para seguir siempre sus huellas. ❤ ❤ ❤

**El Himalaya del espíritu
no se conquista con facilidad:
hay algo más que precipicios y tormentas
entre ti y tu Everest.**
Cecil Day Lewis

24 / 5   Libertad

Pocos años antes de su muerte, el obispo Fulton J. Sheen sufrió una operación a corazón abierto. Sus amigos se preguntaban, con preocupación, si el prelado podría soportarla, dada su avanzada edad. Sin embargo, el obispo se recobró maravillosamente de la operación. Durante su convalecencia fue entrevistado por un periodista quien le preguntó: «¿Sintió, en algún momento, miedo de morir?» El obispo le respondió que no había sentido miedo a la muerte. «Si hubiera tenido que dejar este mundo, habría estado en el cielo con Cristo; y si tengo que quedarme aquí, Cristo estará aquí conmigo».

**¿Quién nos apartará del amor de Cristo?
Ni la muerte ni la vida.**
Romanos 8, 36-38

Sugerencias para la oración ❤

¿Es profunda tu fe, y auténtica tu entrega a Cristo?
Lee y medita Juan 11, 1-45: La resurrección de Lázaro.

Repite la invocación de los amigos íntimos de Jesús: «Señor, el que amas está enfermo». Dilo con confianza y devoción, pidiendo al Señor que te cure en lo que necesitas curación.

Puedes proponerte este ejercicio de imaginación: imagínate que estás en una tumba; siente el frío, la humedad y el ahogo. Y pregúntate: ¿qué es lo que ha labrado las piedras de mi tumba? Puedes dar un nombre a cada una de esas piedras (apatía, letargo, egoísmo, miedo, dudas...). Luego fija tu atención en la losa que cierra tu tumba. Oye la voz de Jesús que te llama por tu nombre y te dice: «........., sal afuera». Que estas palabras resuenen en tu corazón. Imagina que sales de la tumba y ves el rostro de Jesús. Deja que él te suelte las ligaduras y te dé la libertad.

Pide la gracia de entregar todo lo que eres y tienes a la fe en Cristo, para que sigas su camino hasta el doloroso final. ❤ ❤ ❤

> Jesucristo enseña a los seres humanos
> que hay algo en ellos que les sitúa
> por encima de esta vida de ajetreos,
> alegrías y temores.
> Quien llega a entender
> la enseñanza de Cristo
> se sentirá como un pájaro
> que no sabía que tenía alas
> y ahora, de pronto,
> se da cuenta de que puede volar,
> puede ser libre
> y ya no tiene nada que temer.
> *León Tolstoi*

24 / 6 — Generosidad desbordante

Había un anciano que tenía guardadas unas pocas botellas de un exquisito y viejo brandy para sus ya escasos viejos amigos. Un día hubo un incendio en su casa, en el que uno de los bomberos se condujo muy valerosamente. El anciano quiso ofrecerle una copa de su mejor brandy. El bombero, aún empapado por las mangueras, se sentó, se quitó las botas y los calcetines, y dijo: «Gracias, señor; es una buena idea. Yo soy abstemio, pero estoy convencido de que no hay mejor cosa que el brandy para evitar contraer un catarro». Y, dicho esto, derramó el precioso líquido sobre sus pies (*Cyril Ray*).

El amor de Dios ha sido derramado en nuestros corazones.

Romanos 5, 5

Sugerencias para la oración ❤

¿Cuál habría sido tu reacción, ante el bombero, si hubieras estado en el lugar del anciano? ¿Qué actitud revela el comportamiento del bombero?

Lee y medita Juan 12, 1-7. Contrasta las actitudes de Jesús y de Judas.

Contrasta ahora la «mente avarienta» de Judas con el «corazón generoso» de María, la que ungió los pies de Jesús. Contempla el gesto de María, tan espontáneo y desbordantemente generoso. Su entrega a Jesús fue auténtica y total.

¿Hasta dónde llega tu fe y tu entrega a Jesús? ¿Te entregas con generosidad?

¿Con qué piensas tú «ungir» los pies de Jesús?

Hay varias formas de mostrar aprecio y amor, y de recibir aprecio y amor. ¿Cuál es, normalmente, tu forma, tanto de dar como de recibir amor?

Pide la gracia de un mayor conocimiento interno de Jesús, para entregarte con más plenitud al servicio de su Reino. ❤ ❤ ❤

El corazón tiene razones que la razón desconoce.
Pascal

24 / 7   **Humildad**

«Hay algo muy especial en los relatos evangélicos del Domingo de Ramos. Juan resalta el papel de Cristo Rey. Mateo resalta el cumplimiento de las profecías y los milagros realizados. Lucas resalta la destrucción de Jerusalén. Pero hay cierta ironía que es común en todos ellos. Cristo parece dar cumplimiento a una profecía que resalta la particularidad de su Reino: que él es un rey humilde, que aborrece las características pompas regias. La ironía está en que Cristo, que podía haber pedido a su Padre la presencia de «doce legiones de ángeles», está exhibiendo ante las turbas unos singularísimos gestos de realeza como para que ellos vean que se trata de una clase muy especial de rey...

«Uno de los más antiguos y mejores comentaristas de Marcos dice que esta turba está decepcionada porque comienza a ver que Cristo «no es el mesías de sus esperanzas». Pero ¿no es verdad que también la cristiandad, a lo largo de su historia, ha olvidado muchas veces ver al Mesías verdadero, y ha soñado en un mesías muy distinto? ¿No ha ocurrido esto también en nuestras vidas? ¿No hemos tratado de cambiar a nuestro gusto la imagen del mesías? ¿Hemos tratado de verlo, tal y como es, en realidad?» *(J.F.X. Scheehan, S.J.).*

> **Mira a tu rey que está llegando:**
> **justo victorioso, humilde,**
> **cabalgando sobre un burro.**
> *Zacarías 9, 9*

Sugerencias para la oración ❤

Lee y medita cualquiera de los relatos del Domingo de Ramos: Mateo 21, 1-9; Marcos 11, 1-10; Lucas 19, 29-48; Juan 12, 12-29.

Sitúate entre las turbas, en las calles de Jerusalén. Se acerca la procesión. Observa a Jesús sobre el burro. El pueblo clama: «¡Bendito el rey que viene en nombre del Señor!». ¿Cuáles son tus sentimientos? ¿Quieres unirte a la procesión o retirarte? De pronto, alguien a tu lado, te pregunta: «¿Quién es?» ¿Qué le respondes?

Pide la gracia de ser como el «burro»; dispuesto a llevar al Rey de la Gloria a través de las calles de la vida de todos los días, y dispuesto a proclamar su grandeza ante cualquiera. ❤ ❤ ❤

> **Podrás quitarme mis glorias,**
> **podrás quitarme mi honor.**
> **No me quitarás mis penas,**
> **que, de ellas, soy señor.**
> *Shakespeare en «Ricardo II»*

Excelsior (Más arriba)

Las sombras de la noche iban cayendo,
cuando, a lo largo de una aldea alpina,
pasaba un joven, entre hielo y nieve,
llevando un estandarte que decía:
¡Excelsior!

Bajo una frente triste, su mirada
resplandecía y sus pupilas,
como un clarín de plata proclamando
con los sonidos de una lengua extraña:
¡Excelsior!

En las casas felices vio las luces
de fuegos hogareños confortantes.
Mientras fuera brillaban los glaciares,
de entre sus labios se escapó un gemido:
¡Excelsior!

«¡No trates de subir -le dijo un viejo-,
la negra tempestad se te echa encima,
el torrente es muy ancho y muy profundo!»
Pero el clarín sonó con voz más fuerte:
¡Excelsior!

La muchacha le dijo: «¡No te vayas,
reposa tu cabeza en mi regazo!»
De sus ojos se le escapó una lágrima,
mas pudo responder con un suspiro:
¡Excelsior!

«¡Cuidado con las ramas de ese pino;
mira que te amenaza una avalancha!»
-le dijo, al despedirse, un campesino-.
Pero escuchó la voz de las alturas:
¡Excelsior!

Al despuntar el día, cuando al cielo,
los piadosos monjes de San Bernardo,
elevaban sus múltiples plegarias,
se oyó un grito en el aire estremecido:
¡Excelsior!

El perro fiel topó con un viajero
que estaba sepultado entre la nieve,
agarrando con su helada mano
el estandarte con su lema extraño:
¡Excelsior!

Y allí, en la luz difusa fría y gris,
sin vida, pero bello, reposaba.
Y del cielo sereno y misterioso
cayó una voz como fugaz estrella:
¡Excelsior!

H.W. Longfellow

OCTAVA ETAPA

Servicio en el compañerismo

Servicio en el compañerismo

A lo largo de este programa de *ejercicios espirituales*, ha habido un proceso de un mutuo dar y tomar entre Dios y tú. Dios te ha dado su inspiración y sus gracias, y tú te has estado entregando a Dios poco a poco y cada vez más.

Al comienzo del programa te ofreciste como arcilla moldeable en las manos del Creador, para que él te remodelara a su imagen y semejanza. Pusiste tu corazón «pecador» dentro del corazón de tu Señor crucificado y lo volviste a recobrar purificado y transformado. Finalmente, has entregado todo tu ser a tu Rey y Maestro, renunciando al Mal, a sus criterios y a sus obras, para identificarte totalmente con el Unico que se hizo como nosotros para enseñarnos a ser como él, siguiendo el sendero de la pobreza, los menosprecios y la humildad.

Este intercambio continuo de amor alcanza su culmen en la Eucaristía: tú le das a él todo tu ser; él te da a ti todo su ser.

La Eucaristía está situada en el final de la vida de Jesús, como su don supremo a sus seguidores. A Jesús sólo le restan unas pocas horas de vida. Preside la Ultima Cena siendo solemnemente consciente de esta circunstancia. Son las últimas horas de un hombre condenado, lo último que hizo, lo último que dijo antes del final, su «última voluntad».

La Ultima Cena está llena de ritos y acontecimientos simbólicos. Tienes que asimilar todo lo que allí Jesús dijo e hizo, y has de pedir gracia para que su mensaje forme parte integrante de tu misión.

Yo soy el agua fría e insípida
que se va a derramar en el cáliz.
Viértela en el vino,
como la gota de agua de esta Misa.

Que yo entre en tu torrente
con la fuerza, el color
y el esplendor de tu Ser,
como entra el agua incolora
dentro del rojo del vino.

Que, a las palabras de la consagración,
me transforme en ti mismo,
por el milagro de tu amor.
Dentro del cáliz de tu sacrificio,
elévame hacia Nuestro Padre.

Caryll Houselander

TRAMO 25
Una cena memorable

La Ultima Cena es el primer paso hacia el Calvario. Es una Comida Pascual llena de ritos que simbolizan la intervención de Dios en la liberación de los israelitas de la esclavitud. Jesús, el salvador de la humanidad, que nos rescató de la esclavitud del pecado, le confiere a esta cena una nueva significación para sus discípulos. Inaugura la Eucaristía. «Haced esto en memoria mía» –nos dijo–, y hasta el día de hoy nosotros «recordamos» su presencia de una manera muy real, cada vez que celebramos la Eucaristía.

En los preparativos de aquella Ultima Cena se relata un hecho curioso. Cuando los discípulos le preguntan a Jesús dónde quería que prepararan la Cena Pascual, él no les especifica ninguna casa en particular. Envía a dos de ellos a la ciudad, con las instrucciones de seguir a un hombre que lleva un cántaro de agua (Marcos 14, 12-16). Normalmente, los cántaros de agua solían llevarlos las mujeres, por lo que la escena de un hombre llevando un cántaro de agua había de ser algo muy poco común y, por lo mismo, fácil de identificarlo. Es posible que Jesús no quisiera dar detalles del lugar para no ser arrestado antes de tiempo. Quería celebrar esta cena en paz y seguridad. Tenía muchas cosas que compartir; iba a hacer de ella un acontecimiento memorable para sus discípulos y para todas las generaciones de sus seguidores.

Esta semana entraremos en el Cenáculo para celebrar la Ultima Cena con Jesús. Contemplemos y escuchemos con todo nuestro corazón y nuestra alma, todo lo que allí va a acontecer. Empecemos cada período de oración con un gran deseo de aprovecharnos al máximo de las palabras y acciones de Jesús.

Pide la gracia de comprender que Jesús te ofrece su intimidad en la Eucaristía, para que experimentes la fuerza de la vida y te prepares para arrostrar tu «pasión», cuando ésta te llegue.

Agua viva, pan vivo,
grano de trigo que muere.
Luz para la ciega humanidad,
nuestro camino, verdad y vida.
Reparte, Buen Pastor, todos tus bienes:
tu paz, tu alegría, tu amor.
Que estemos unidos a ti,
verdadera Viña de Dios,
y que sigas viviendo en nosotros.

Un domingo por la mañana, mientras asisto a la celebración de la Eucaristía, entra Jesús en la iglesia, avanza hasta el pie del altar y, con voz serena y amable, nos dice: «Ya no os llamaré siervos, sino amigos».

Comienza llamando varios nombres, y veo que éstos se están poniendo de pie. Jesús les indica que vayan junto a él. Algunos se levantan rápidamente, otros dudan y se mueven con pasos vacilantes. De pronto, me da un vuelco el corazón, cuando oigo que ha pronunciado mi nombre. Me levanto y voy hacia el altar.

A todos los llamados, Jesús nos invita a sentarnos en el presbiterio. Entonces, deliberada y amorosamente, trae una jofaina de agua y varias toallas. Se quita el manto y se queda sólo con la túnica. Puedo ver las marcas de la crucifixión en sus manos.

Se arrodilla ante mí y me lava los pies. Me mira a los ojos y me dice: «Haz con los demás lo que yo he hecho contigo».

A continuación, se marcha de la iglesia.

**Yo, vuestro Señor y Maestro,
os he lavado los pies.**
Juan 13, 14

Sugerencias para la oración ❤

Lo descrito arriba ha sido un *ejercicio de imaginación* basado en Juan 13, 1-20.

Primero, lee el pasaje meditándolo. Después, vete compulsando tus sentimientos más profundos y respondiendo a Jesús según te dicte el corazón.

Pide comprender el mensaje de Jesús en esta acción simbólica y pide, también, fuerzas para llevarlo a tu vida siguiendo sus huellas. ❤ ❤ ❤

**Cuando alguien crece y arraiga en el amor de Dios,
está dispuesto a arrostrar cualquier ataque,
tentación, humillación y sufrimiento,
con toda voluntad y contento,
positiva y alegremente,
como lo hicieron los profetas.**

Maestro Eckhart

25 / 2 — Emocionantes recuerdos

Había un campesino italiano que solía elaborar un vino excelente. Su familia, que vivía muy dispersa, se reunía una vez al año y, para celebrarlo, el patriarca sacaba el vino que él había elaborado. Los comensales bebían el vino y no escatimaban elogios a su magnífica calidad. También él lo bebía contento, sabiendo que su familia lo apreciaba a él y a sus productos. Murió, dejando en la bodega muchas botellas llenas.

—Ahora —confesaba un miembro de la familia—, cada vez que nos reunimos, con motivo de aniversarios o celebraciones, continuamos participando del vino de nuestro padre. Nos ayuda a recordar los buenos tiempos pasados. En el vino sentimos aún su presencia entre nosotros.

Cada vez que coméis de este pan o bebéis de este cáliz, anunciáis la muerte del Señor hasta que venga.

1 Corintios 11, 26

Sugerencias para la oración ❤

Lee y medita Lucas 22, 14-23.

Imagina que estás en la mesa con Jesús y sus discípulos. Mira en torno y advierte todos los detalles de la estancia; fíjate en lo que hay sobre la mesa: vasos, platos, etc. Observa las expresiones de cada uno de los discípulos. Escucha atentamente lo que dicen. Imagina lo que sienten. Mira a Jesús que es consciente de su próxima muerte. ¿Cuál es su expresión? ¿Cuáles son sus sentimientos? Escucha cada una de sus palabras; observa todos sus gestos. Y responde en silencio, desde lo más hondo de tu corazón.

Después, concentra tu atención en el pan que Jesús tiene en sus manos y en sus palabras: Haced esto *acordándoos de mí*.

Pide la gracia de penetrar en el simbolismo del Pan de Vida y en la importancia que hoy tiene para ti. ❤ ❤ ❤

> **Cuando tengas un pan en tus manos,**
> **trátalo con cariño.**
> **No lo trates como un objeto cualquiera.**
> **Hay mucha belleza encerrada en un pan:**
> **belleza de sol y de tierra,**
> **belleza de trabajo esforzado y paciente.**
> **Lo han acariciado los vientos y las lluvias.**
> **Y Cristo lo ha bendecido muchas veces.**
> **Cuando tomes un pan, trátalo con cariño.**

---

25 / 3   **El pan de vida**

Quince días después de que la bomba atómica hubiera destruido la ciudad de Hiroshima, en el Japón, habiendo causado 80.000 muertos e innumerables heridos, el P. Pedro Arrupe, que entonces era maestro de novicios en un edificio de las afueras de la ciudad, seguía recorriendo las calles con medicinas, vendas y alimentos para ayudar a las víctimas de la catástrofe.

Llegó a una choza erigida con palos y hojalatas, allí donde había habido una hermosa casa. En la choza encontró a una joven cristiana llamada Nakamura San. Todo su cuerpo era una gran llaga, llena de quemaduras y de pus. Al tratar el P. Arrupe de limpiar sus heridas, se caía la carne podrida e hirviente de gusanos. El P. Arrupe se arrodilló a su lado, mudo de horror y compasión.

Entonces Nakamura abrió sus ojos y le preguntó con gran alegría: «Padre, ¿me ha traído la Sagrada Comunión?» El P. Arrupe asintió con un gesto. Y, con lágrimas de alegría, la fervorosa joven recibió el Pan de Vida. Poco después daba su último suspiro.

Yo soy el pan de vida
Juan 6, 35

Sugerencias para la oración ❤

Lee Juan 6, 25-40. ¿Qué es lo que piensas de Jesús cuando se refiere a sí mismo como al pan de vida? ¿Cuál es tu respuesta? Sitúate en la escena. Observa el rostro de Jesús mientras habla. Advierte la convicción que hay en sus ojos. Vuelve tu mirada hacia los discípulos. Advierte las reacciones de Pedro, Tomás, Judas... ¿Qué crees que pasa en sus corazones? Después, mira a tu corazón. ¿Qué es lo que ahí ocurre?

Pide la gracia de convertirte, como Cristo, en pan partido y repartido. ❤ ❤ ❤

> **Hay algo maravilloso en el gusto del pan.**
> **Es tan ordinario y, a la vez, tan bueno...**
> **Es muy democrático.**
> **Alimenta al pobre y al rico.**
> **Va muy bien con la carne, el pescado, la fruta o el queso.**
> **Vuelve a la mesa tres veces al día;**
> **puede que, también, esté allí durante todo el día.**
> **Sin embargo, nadie deja de tenerlo por bien venido.**
> *Ladislao M. Orsy*

25 / 4   Compañerismo

Estaban comiendo en un pequeño restaurante de la ciudad. Eran tres personas, completamente extrañas entre sí y sentadas en diferentes mesas. Uno de ellos, mientras comía, leía la cartelera de espectáculos en un periódico. Otro hablaba por teléfono con voz apagada. No sonrió ni una sola vez y mostraba un rostro preocupado. El tercero, el más gordo de los tres, tenía sus ojos clavados en el plato mientras devoraba un pollo como si fuera ésta la última vez que fuera a comer en la vida. Las miradas de los tres, a veces se encontraban, pero eran unas miradas frías.

Físicamente, se puede decir que estaban muy cercanos pero, en realidad, enormemente distanciados. Cada uno de ellos se sentía incómodo, como si quisiera estar lejos de los demás y perderse entre las calles de la ciudad, preocupándose de sus propios problemas, de su propio trabajo...

A nosotros nos ocurre lo mismo. Hemos estado oyendo «devotamente» la Misa. Pero estamos deseando volver a nuestras cosas, a nuestra casa donde lo tenemos todo: la televisión, el vídeo, el transistor, el micro-ondas, nuestros libros... Hemos cumplido con nuestra obligación dominical y nos sentimos buenos, cristianos temerosos de Dios, pueblo escogido de entre un océano de gentiles...

¡Qué vergüenza! No hemos entendido el sentido de la Eucaristía: el pueblo unido que trata de significar *(Cedric Re - bello, S.J.).*

> **Hay algo que no alabo: que vuestras reuniones traen más perjuicio que beneficio.**
> *1 Corintios 11, 17*

Sugerencias para la oración ❤

La escena arriba narrada nos da mucho que pensar acerca de nuestra participación en la Eucaristía.

Lee 1 Corintios 12, 17-34 y aprende las lecciones que nos da acerca de nuestras actitudes con respecto a la Eucaristía. Recuerda lo que ocurre hoy en una Misa dominical. ¿Está allí vivo el espíritu de Jesús? ¿Hasta qué punto sienten la presencia del Señor los miembros de la comunidad cristiana? ¿Y tú?

Pide la gracia de que tu participación en la Eucaristía esté llena de sentido, de que sientas en tu corazón un profundo sentido de la hermandad universal. ❤ ❤ ❤

> **Jesús quiere que seamos
> unos discípulos verdaderamente entusiastas.
> Muchos cristianos, hace ya mucho tiempo
> que no manifiestan el entusiasmo
> que debieran manifestar como cristianos.**
> *Andrew Greeley*

25 / 5   **Partir el pan**

El P. Gerard McGinnity nos cuenta que una bella y joven profesora de arte, Josie, sufría una esclerosis múltiple crónica y había quedado confinada al lecho, no pudiendo mover más que sus ojos y un poco su cabeza, hasta que falleció de muerte prematura. Cuando Josie se enteró de la enfermedad que padecía, al principio se sintió profundamente amargada. Necesitó bastante tiempo para sobreponerse. Pero cuando lo consiguió, fue como si descubriera una nueva vocación: hacer la voluntad del Padre, como Cristo, con la diferencia de que la cruz a la que se hallaba clavada era su cama.

«Vive en la convicción de que, en cada momento, ella dispone de todo el tiempo del mundo y sólo una cosa que hacer con él: la voluntad de Dios. Dios ha cambiado todos sus planes y le ha revelado el inapreciable valor del tiempo como una oportunidad de entregarse totalmente a él. Hace diez años que la conozco y nunca me han abandonado sus últimas palabras: "No soy capaz de levantarme para ir a misa pero –me decía señalando la cama con su mano– estoy ofreciendo mi propia misa en este altar".

«Desde entonces, cuando repito, en la misa, las palabras de Cristo: "Esto es mi cuerpo que será entregado por vosotros" y trato de hacer de ellas un compendio de mi propia vida, no puedo menos de admitir que aprendí de ella cómo estas palabras de la misa tienen que encarnarse y absorber mi vida entera».

**El que come mi carne y bebe mi sangre
vive en mí y yo en él.**

Juan 6, 56

Sugerencias para la oración ❤

Lee y medita Juan 6, 41-67. Detente en las palabras que expresan el sentido profundo de Jesús, cuando dice: *Yo soy el Pan de Vida.* Muchos de los discípulos pensaron que esta enseñanza era «demasiado dura» y abandonaron a Jesús. ¿Qué vas a hacer tú?

¿De qué maneras aplicas la Eucaristía a tu vida?

Pide fuerza para comprender el misterio de la Eucaristía de manera que dé sentido a tu vida. ❤ ❤ ❤

**El encuentro de dos personalidades
es como el contacto de dos sustancias químicas.
Si se produce una reacción,
ambas quedan transformadas.**
Carl Jung

25 / 6   Compartir nuestro pan

¿Tratas con honor al Cuerpo de Cristo? No lo desprecies cuando esté desnudo. No lo honres aquí, dentro de una iglesia para, después, despreciarlo fuera, cuando sufre frío y desnudez. Porque el que dijo "Esto es mi Cuerpo" es el mismo que dijo: "Tuve hambre y no me diste de comer". ¿De qué te servirá adornar el Altar de Cristo?

Sacia, primero, al hambriento y ven, después, a adornar el Altar. ¿Eres capaz de fabricar un cáliz de oro y no eres capaz de dar un vaso de agua fresca? El Templo de tu Hermano necesitado es mucho más precioso que este Templo (la iglesia). El Cuerpo de Cristo es para ti un altar. Es más sagrado que el altar de piedra sobre el que celebras el santo Sacrificio. El altar lo tienes en todas partes: en las calles, en las plazas *(San Juan Crisóstomo)*.

**Dad, más bien, en limosna, lo interior
y tendréis todo limpio.**

Lucas 11, 41

Sugerencias para la oración ❤

En la Eucaristía, Jesús nos da su «cuerpo», esto es: todo su ser, bajo el símbolo del Pan. Nos pide que «tomemos» y «comamos» su cuerpo. «Tomar», quiere decir una aceptación activa y voluntaria. Lo que «comemos» se convierte en parte de nosotros.

En la Sagrada Comunión, la vida de Jesús y su misión se convierten en nuestra propia vida y misión. ¿Comprendo, de veras, este «misterio»?

Pide que tu participación en la Eucaristía y en la Sagrada Comunión, te transforme radicalmente en el Cuerpo de Cristo, y te dé fuerzas para servir a tu prójimo necesitado. ❤ ❤ ❤

> **Hay un gran ejército**
> **que nos ha sitiado en la batalla...**
> **Los millones afectados por la pobreza**
> **que nos disputan nuestro vino y pan,**
> **que nos acusan de traidores...**
> **Y cuando me siento en un banquete,**
> **donde resuenan la fiesta y las canciones,**
> **entre la alegría y la música**
> **puedo oír ese grito aterrador**
> **y veo esos rostros macilentos**
> **que miran nuestra sala iluminada**
> **y las manos temblorosas que se extienden**
> **para tomar las migajas que han caído.**
>
> *Longfellow*

25 / 7   Servicio sonriente

Al final de la película *Monsieur Vincent*, con guión de Jean Anouilh, San Vicente de Paúl le dice a la más joven de las novicias de las Hermanas de la Caridad:

—La calle va a ser larga y muy poco amable, las escaleras empinadas y los pobres, muchas veces, desagradecidos. Pronto te darás cuenta de que la caridad es una carga pesada, Jeanne, más pesada que ese caldero de sopa o ese cesto lleno hasta arriba. Distribuir la sopa y el pan no lo es todo. También los ricos pueden hacer eso. Pero tú eres la humilde sirviente de los pobres y la hija de la Caridad siempre sonriente y de buen humor. Ellos son tus amos y verás que son unos amos terriblemente exigentes.

—De manera que, cuanto más repelentes y sucios ellos sean, cuanto más brutales e injustos, tanto más fino ha de ser tu amor hacia ellos. Sólo si advierten que les amas te perdonarán los pobres las limosnas de pan que les haces.

> **Me pones delante una mesa,**
> **me unges con perfume la cabeza**
> **y mi copa rebosa.**
> *Salmo 23, 5*

Sugerencias para la oración ❤

Recita, orando, el Salmo 23. Reflexiona sobre la amabilidad con que Dios te invita al banquete que te ha preparado.

Lee y medita la parábola del gran banquete en Lucas 14, 16-24. ¿Con qué grupo de personas te identificas tú?

Pide la gracia de saber apreciar el «banquete» que Dios te ofrece, para alimentarte a su «mesa» y para que compartas sus dones convidando a los necesitados. ❤ ❤ ❤

> **No existe eso que llaman «mi» pan.**
> **Todo el pan es nuestro**
> **y se me ha dado a mí,**
> **a los demás a través de mí**
> **y a mí a través de los demás.**
> **Y no sólo el pan,**
> **sino todas las otras cosas necesarias**
> **para sustentar esta vida**
> **se nos han dado en depósito**
> **para compartirlas con los demás,**
> **por causa de los demás,**
> **para los demás y a los demás,**
> **a través de nosotros.**
> *Maestro Eckhart*

El banquete que nos ofrece Dios

Dios Creador es un anfitrión amable y generoso. Ha preparado para nosotros un banquete durante veinte mil millones de años. Un banquete de ríos y lagos, de lluvia y sol, de ricas tierras y maravillosas flores, de toda clase de animales. Este banquete al que llamamos, creación, trabaja en favor nuestro... siempre que lo tratemos con el debido respeto. Dios declaró que este banquete era «muy bueno», y nos ha invitado a este banquete.

Y por si fuera poco, Dios, el anfitrión, nos ha preparado otra mesa: la Eucaristía, que es nuestra oportunidad de comer el pan cósmico, de beber la sangre cósmica, de poder decir «gracias» por el banquete de nuestras vidas. Dios —el Anfitrión—, en un sorprendente acto de imaginación, se convierte realmente en comida y bebida en esta mesa.

Las Escrituras nos enseñan que el banquete con el que Dios convida a toda la humanidad, no es un banquete elitista: están totalmente invitados los pobres, los descastados, los abandonados: «Comerán los desvalidos hasta saciarse» (Salmo 22, 26). Y allí donde hayan sido excluidos los pobres, tendrá lugar un reajuste cósmico. María nos lo dice así: «A los hambrientos los colma de bienes y a los ricos los despide vacíos».

Mathew Fox

NOVENA ETAPA

La respuesta al amor

La respuesta al amor

Durante varias semanas, has estado siguiendo de cerca las huellas de Jesús, mientras le contemplabas en acción: orando, predicando, curando. Durante las próximas semanas seguirás los pasos de un hombre condenado a muerte. Jesús avanza hacia su muerte. Se ponen en marcha los supremos acontecimientos. ¿Querré seguir en su compañía hasta el final, hasta la muerte? ¿Tendré ahora la cobardía de darle la espalda y no seguir ya más con él? ¿O, me diré lo que Tomás les dijo a los discípulos vacilantes: «Vayamos y muramos con él»?

Nuestra oración estará orientada a los sufrimientos del Señor y a lo mucho que desea sufrir por nosotros. No se muestra renuente ni pasivo. Conoce el «bautismo» con el que tiene que ser bautizado y las ansias que padece hasta que se realice. Nos muestra una sumisión voluntaria y apasionada a una muerte horrible y cruel. No es una víctima casual dentro de circunstancias que escapan a su control. Nada sucedió sin su control.

Hemos de considerar que, durante toda su Pasión, su naturaleza divina parece que se esconde. Ya no parece ser aquel Cristo que caminaba sobre las aguas del lago, al que obedecían la naturaleza y la misma muerte. El que hizo milagros para los demás, ahora no levantará un solo dedo para salvarse a sí mismo. Ha quedado reducido a ser el más desgraciado de los hombres, «como un leproso o un castigado por Dios». Llega a lo más profundo del dolor, la miseria, la agonía, la ignominia, la vergüenza y el fracaso. «Un gusano, no un hombre». Después de aquel gesto, en el huerto, cuando la banda armada «retrocedió y cayó en tierra», ya no volvió a usar su poder en favor de sí mismo.

Sin embargo, la Pasión es la hora más grandiosa de Jesús, en la que cumple el designio de la Encarnación y su misión en este mundo. Hemos de inspirarnos en la manera como lo realiza: rechazado, deshonrado, despreciado, angustiado, sufriendo y muriendo.

Para que las contemplaciones tengan más efecto, he de implicarme personalmente en estos acontecimientos. He de hacerme presente, como si todo ello sucediera ante mis ojos y ocurriera en mi favor. En cada momento de la Pasión, Jesús se dirige a mí: «Todo esto lo hago por ti; ¿qué es lo que vas a hacer tú por mí?»

Debo hacerme estas preguntas: ¿qué debo hacer por Cristo? ¿Qué debo sufrir por Cristo?

Los Evangelios nos relatan los acontecimientos de la Pasión y muerte del Señor, con gran detalle y hora tras hora. También nosotros, hora tras hora, hemos de contemplar y orar con Cristo mientras va sufriendo su agonía. Y no hemos de perder de vista el hecho de que la Pasión de Cristo se está renovando cada día en la carne misma de los pobres y de los que sufren.

«Tenéis que aguantar penalidades (...) Tal es vuestra vocación, pues también Cristo padeció por vosotros, dejándoos un ejemplo para que sigáis sus huellas» (1 Pedro 2, 20-22).

Penetremos en los misterios de la vida de Cristo, lo mismo que entraríamos en la habitación de una persona que va a morir y que sabe y está preparada para morir. Desde esta situación privilegiada, observemos todo lo que Jesús dice y hace.

«Así como cuando cuidamos a los enfermos o les ayudamos a morir, nuestra presencia suele ser más importante que nuestras pobres palabras o acciones, de la misma manera, el *estar con Cristo* en su Pasión, habrá de ser nuestra respuesta, mucho más que nuestras palabras o nuestros gestos (...) la hondura de nuestro amor y compasión que hace que, sencillamente, estemos allí» (David Fleming, S.J.).

Pide la gracia de unirte totalmente a Cristo en su sufrimiento: de ser capaz de sentir dolor con Cristo doloroso, quebranto con Cristo quebrantado, de derramar lágrimas y sentir pena interna de tanta pena que Cristo pasó por mí.

Señor, concédenos tu gracia,
no para leer u oír este evangelio de tu amarga Pasión,
como un pasatiempo para nuestros ojos u oídos,
sino para que penetre en nuestros corazones
con una compasión profunda
que redunde en provecho eterno de nuestras almas.

Tomás Moro

TRAMO 26
Aceptar la voluntad de Dios

En el corazón de la fe cristiana
está la convicción de que,
cuando se acepta la muerte
con espíritu de fe,
y cuando toda la vida se orienta
a la entrega de sí,
de manera que, al final,
uno la devuelve alegre y libremente
en las manos de Dios
Creador y Redentor,
entonces la muerte
se transforma en plenitud.
Vencemos a la muerte con el amor,
y no por una heroica virtud nuestra,
sino por participar en aquel amor
con el que Cristo aceptó
su muerte en una cruz.
Todo esto no lo ve nuestra razón,
sólo lo ve nuestra fe.

Thomas Merton

Varias veces hemos meditado sobre la Pasión de Jesús, al menos una vez al año durante la Semana Santa. Pero ahora vamos a caer en la cuenta de que las meditaciones y contemplaciones de la Pasión de Nuestro Señor nos presentan nuevos retos. Han cambiado las situaciones. Ha crecido nuestra intimidad con Jesús. Ahora le conocemos, amamos y servimos con más intensidad. Hemos respondido a su llamada para renovar la faz de la tierra y para establecer su Reino de amor, justicia y paz. Por lo que nuestra respuesta ante el dolor y muerte de Jesús ha de ser de una categoría mucho más elevada.

Tenemos, también, más experiencia de oración. Durante las próximas dos semanas, haremos algo más que meditar sobre los acontecimientos de las últimas horas de Jesús o contemplar, simplemente, el proceso de su Pasión. Ahora, «viviremos» la Pasión, experimentaremos la tristeza de Cristo, sus angustias, lágrimas y pena interna. Es decir: que estaremos dentro de la escena, tomaremos parte en ella, nos identificaremos con la situación y haremos que las palabras de Jesús cobren vida dentro de nosotros.

Jesús fue al huerto para prepararse con la oración y para meditar, por última vez, sobre la amargura de su sacrificio. Jesús sabía lo que le venía encima. Sintió los dedos helados de la muerte, el tacto de la mortaja. Sabía por donde tenía que pasar, todo el programa de agonía de cuerpo y alma que llenarían estas últimas horas de su vida.

En su agonía, Jesús nos da un gran ejemplo de cómo hemos de despojarnos de nuestras falsas ilusiones y de nuestras ideas humanas acerca de Dios. Dios no salva a su divino Hijo de una muerte desastrosa. Jesús nos enseña que el Amor, incluso el Amor de Dios, no suele intervenir en los procesos naturales. Pero sí podemos experimentar este Amor dentro de nosotros, si aprendemos a dejar que Dios sea Dios y que actúe en nuestras vidas de la manera que él crea que es mejor para nosotros.

En Getsemaní, Jesús rogó angustiosamente que pasara de él aquel cáliz. Pero, en el decurso de aquella oración, resolvió que habría de beberlo, porque ésa era la voluntad divina. Y durante toda su Pasión, sus sufrimientos y su abandono, todo nos está indicando que Jesús «dejó hacer» para que se cumpliera la voluntad de Dios. Se anonadó totalmente para ser como los demás hombres (ver Filipenses 2), aceptando así la voluntad de Dios.

Esta semana acompañaré a Jesús en su agonía en el Huerto. No olvidaré el hecho de que todo esto lo sufre por mí y por mis pecados. Habré de estar alerta a las respuestas que sus sufrimientos evocan en mi corazón. No me desalentaré si tengo que enfrentarme con sequedad y desolación en mi oración. Las ofreceré en aras de mi identificación con él en su Pasión.

Pide la gracia de abandonarte totalmente a la voluntad de Dios.

Padre nuestro que estás en el cielo
–y cuyo nombre es santo–,
¿por qué no se hace tu voluntad
en la tierra, como se hace en el cielo?
¿Por qué no nos das a todos nosotros
nuestro pan de cada día?

¿Por qué no nos perdonas nuestras ofensas,
para que perdonemos a los que nos ofenden?
¿Por qué caemos aún en la tentación de odiar?

Padre nuestro, si estás en el cielo,
¿por qué no nos libras de este mal,
para que podamos decir: Amén?

Marialzira Perestrello

Acompaña a Jesús y a sus apóstoles cuando salen del Cenáculo hacia Getsemaní. Advierte que ya se ha puesto el sol y que la luz de las lámparas ilumina las casas en las que la gente celebra la Cena Pascual. A la entrada del Huerto, Jesús pide a sus discípulos que aguarden allí, mientras él toma consigo a Pedro, Santiago y Juan para ir a un lugar solitario a hacer oración. Allí les recomienda que «estén en vela y oren».

«Comenzó a sentir terror y angustia», «tristeza a punto de muerte». «A distancia de un tiro de piedra de sus discípulos, cayó rostro en tierra». Colapso sorprendente e incomprensible. ¿Es este el Cristo que ordenó calmarse a la tempestad, al viento y a las aguas, el que exorcizó al endemoniado, el que expulsó del Templo a los cambistas de moneda y a los mercaderes de ganado? Ahora yace en tierra como si fuera un hombre derrotado.

Unete a él en su batalla. Que sus clamores atraviesen tu corazón. Siente por él lo que sentirías por uno de tu familia o por alguien muy querido que está padeciendo un gran sufrimiento. Comparte su soledad. Recuerda que todo esto lo está sufriendo por ti, por tus pecados.

Quedaos aquí y velad conmigo.
Mateo 26, 38

Sugerencias para la oración ❤

Lee, meditando, el relato de la Agonía en el Huerto, en Mateo 26,36-46.

Puedes expresarle a Jesús tus profundos sentimientos, siguiendo las palabras que ponemos a continuación. ❤ ❤ ❤

**Siento tu dolor y desearía tocar tu pena
para hacerla desaparecer.
Pero ya sé que no puedo ver**

la anchura y la profundidad
de este valle tenebroso en que te encuentras.
No soy capaz de saber lo agudo que es
el puñal clavado en tu alma,
porque eres tú y no yo el que está clavado.
Pero he conocido otros valles tenebrosos,
y aún llevo cicatrices de puñales en mi corazón.
Por eso querría recorrer tu camino
y tomar, si pudiera, tu dolor.
Quizá pueda, de alguna manera,
tenderte una mano en las tinieblas
y aliviarte las punzadas del dolor.
Si no es así... quizá te ayude
el saber que estoy contigo.

Cristina Rigden

26 / 2 — Resignación

Un místico sufí llegó con sus discípulos a las puertas de una ciudad. Habían caminado mucho y sentían una imperiosa necesidad de alimento y cobijo. Por desgracia, los del pueblo, que eran musulmanes ortodoxos, les negaron su hospitalidad. Sin proferir una sola palabra de reproche, el maestro encontró un gran árbol a las afueras de la ciudad, extendió su estera a sus pies y se puso a orar.

Comenzó orando en voz baja:

—¡Oh Dios, eres grande, porque siempre nos proporcionas lo que necesitamos!

Al oír esto sus enfurecidos discípulos, con sus miembros doloridos y con punzadas de hambre que les corroían las entrañas, le miraban absolutamente perplejos. Uno de ellos le dijo:

—Maestro, dudo de que tu oración sea sincera. ¿No estamos aquí cansados, hambrientos, expuestos al frío y a las fieras? ¿No hemos sido insultados y rechazados? ¿Cómo puedes decir que Dios nos proporciona lo que necesitamos?

—Verás –replicó el místico con amable paciencia–; lo que necesitamos esta noche es pobreza, hambre, rechazo y peligro. Si no los necesitáramos, Dios no nos los habría dado. ¿Por qué no vamos a estar agradecidos? El siempre se preocupa por nuestras necesidades. ¡Grande es su Nombre!

> **La piedra que rechazaron los constructores, ésa vino a ser la piedra angular.**
> *Marcos 12, 10*

Sugerencias para la oración ❤

Recuerda la agonía de Jesús en el Huerto. Puedes leer: Marcos 14, 32-42.

Arrodíllate, en silencio, junto a Jesús, mientras éste se postra en tierra. Di despacio el Padrenuestro, deteniéndote en cada palabra o cada frase. Repite varias veces «Hágase tu voluntad» dejando que estas palabras penetren en tu corazón. Puedes hacer el «triple coloquio». ❤ ❤ ❤

> ### Soliloquio de una semilla
>
> **Algo me está diciendo
> que me entregue totalmente
> y me sepulte en lo oscuro de la tierra,
> en la esperanza de ser transformada en árbol.
> ¿Por qué, para ir hacia arriba,
> tengo que ir hacia abajo,
> y pensar que todo un árbol
> puede brotar de mí?**
> *E.A. Gloeggler*

26 / 3	Rechazo

Martin Luther King se acostó una noche, cansado después de un largo día de trabajo. Cuando estaba a punto de conciliar el sueño, sonó el teléfono. Una voz, al otro extremo, le dijo:

—Escucha, negro; estamos hartos de ti. Antes de una semana te arrepentirás de haber venido a Montgomery.

King colgó el aparato. De pronto, le asaltaron todos los temores. Su valor comenzó a abandonarle. Empezó a sentirse mal. Se levantó y se puso a pasear en la habitación. Fue a la cocina, calentó café, se sirvió una taza y se quedó allí sentado. No sabía qué hacer o a dónde ir. Entonces, inclinó su cabeza y empezó a rezar. Las palabras de su oración fueron algo así:

—Padre, creo que lo que estoy haciendo está bien hecho; pero ahora tengo miedo, mucho miedo. La gente depende de mi liderazgo. Si me falta la fuerza o el valor, ellos van a empezar a sentir miedo. No puedo más. No sé qué hacer. No puedo afrontar solo esta responsabilidad.

—En este momento –dijo King más tarde–, experimenté la presencia divina como nunca la había experimentado antes.

La experiencia de King nos da una idea de cómo debió de sentir Jesús la presencia de su Padre, después de su oración en el Huerto. Porque, cuando acabó de orar –nos dice Lucas–, «un ángel del cielo se apareció a Jesús y le confortó».

> **Como a un niño a quien su madre consuela,**
> **así os consolaré yo.**
> **Al verlo se alegrará vuestro corazón.**
> *Isaías 66, 13-14*

Sugerencias para la oración ❤

Lee, orando, Mateo 26, 47-56. Vive la escena, con tu imaginación, lo más realísticamente posible. Mira a tu corazón. ¿Has traicionado alguna vez a Jesús, has rechazado sus enseñanzas, has llegado incluso a huir de su presencia?

Dile a Jesús lo que te dicte tu corazón. Dale gracias por su amor incondicional hacia ti y hacia toda la humanidad. ❤ ❤ ❤

> **Aquí estoy, como alguien perdido**
> **en un bosque espinoso,**
> **desgarrando espinas**
> **y desgarrado por las espinas;**
> **buscando el camino y perdido en el camino,**
> **no sabiendo cómo volver a campo abierto,**
> **pero luchando desesperadamente para lograrlo,**
> **atormentándome a mí mismo...**
> Shakespeare en *Enrique VI*

Hasta la muerte te seguiré.
Iré a la prisión por ti.
Aunque todos te abandonen, yo no.
Estoy dispuesto a sacar la espada...
pero me arrugo ante una portera.
Ya ves a cuánto me atreví,
que cuando por ti me preguntaba
no tuve empacho en decir:
¡No le conozco!

Y ahora, cuando ya es tarde,
cuando atado y golpeado me miraste,
me salgo fuera y lloro en vano.
Lagrimeo por tapias y recodos,
sin valor para remediar lo irremediable.
Simón soy, Pedro me llamaste,
aunque de roqueño tengo poco
que mi valor se lo lleva el aire.
Te dejo solo, no acudo a tu vera,
te abandono a tu suerte,
eso sí, llorando a lágrima viva,
dispuesto a negarte de nuevo
si la ocasión lo requiere.
Y mientras... el gallo canta.
¡Si el tiempo nos cambiara a los cobardes!

**Afirman conocer a Dios
y lo niegan con sus acciones.**
Tito 1, 16

Sugerencias para la oración ❤

Acompaña a los soldados que van llevando a Jesús a casa de
Anás. ¿Los sigues «a distancia», como lo hace Pedro? Quédate en
el patio. Siente el calor de la hoguera que arde en el centro.
Observa a los que están sentados o de pie en torno al fuego. ¿De
qué hablan? ¿Cuál es su actitud?

Contempla a los soldados que están poniendo un trapo para
cegar los ojos de Jesús y burlarse de él mientras aguarda impotente bajo los porches del edificio. Vuelve tu mirada hacia Pedro.

Observa sus gestos, cuando le preguntan los siervos y cuando profiere sus negaciones.

Escucha el canto del gallo. Observa cómo los ojos de Pedro se encuentran con los de Jesús. Después, siente que Jesús te mira también a ti. Mírale a los ojos. ¿Qué es lo que ellos te dicen?

Lee, orando, Lucas 22, 54-65.

Responde a Jesús desde tu corazón. ❤ ❤ ❤

> **Cuando el gallo, tres veces**
> **negaste a tu Maestro;**
> **y Él tres veces te dijo:**
> **¿Me amas más que éstos?**
> **Se te puso muy triste**
> **tu llanto y tu silencio,**
> **pero la Voz te habló**
> **de apacentar corderos.**
> **Tu pecado quemante**
> **se convirtió en incendio,**
> **y abriste tus dos brazos**
> **al madero sangriento.**
> **La cabeza hacia abajo**
> **y el corazón al cielo:**
> **porque, cuando aquel gallo,**
> **negaste a tu Maestro.**
> *Himno de Laudes*

26 / 5 — Culpabilidad

En *La mujer de Pilato*, Gertrudis von Le Fort ha imaginado el terror y el pánico que se apodera de Claudia, la esposa de Pilato, cuando despierta de un sueño en el que ha escuchado a las generaciones futuras diciendo las palabras del Credo: «padeció bajo el poder de Poncio Pilato». Queda tan perturbada por el sueño, que envía a su esposo un aviso urgente: «No tengas nada que ver con ese hombre inocente».

Después del interrogatorio, Pilato parece convencido de que Jesús es inocente, y quiere dejarlo en libertad. El aviso de Claudia coincide con sus propias convicciones. Sin embargo, Pilato cede a las presiones de la multitud y condena a Jesús a la forma más brutal de las ejecuciones romanas: la crucifixión. A continuación, intenta excusarse de toda culpa, por medio del rito de lavarse las manos.

> **Se engañan, porque los ciega su maldad;**
> **no conocen los secretos de Dios.**
> *Sabiduría 2, 21*

Sugerencias para la oración ❤

Lee, orando, Mateo 27, 11-25. Reflexiona sobre la manera con la que Jesús es tratado por Pilato y sobre el comportamiento de éste ante las turbas.

Pregúntate a ti mismo, muy seriamente, acerca de tus actitudes ante tus propias responsabilidades.

Lee y reflexiona sobre el comportamiento de los «malvados» ante el justo, en Sabiduría 2, 12-32.

Siente la vergüenza y la soledad de Jesús. Experimenta el dolor de su corazón. Dale gracias por haber sufrido la Pasión por ti. ❤ ❤ ❤

> **Preferiría sufrir**
> **todos los sufrimientos que Dios me envíe,**
> **antes que lavar mis manos con las tuyas**
> **en ese gesto de falsa inocencia.**
> **¿Cómo podemos simular**
> **una inocencia irresponsable**
> **que es responsable de todo?**
> **¡No te escucharé!**
> *Archibald MacLeish, J.B.*

26 / 6	Como un cordero

Hay una escultura de un cordero en el tejado de la catedral de Werden, en Alemania. Cuentan que, durante la construcción de la catedral, había un hombre trabajando a la altura del tejado, cuando se rompió la cuerda que sostenía el andamio. El hombre cayó de cabeza. Debajo, el suelo estaba lleno de grandes bloques de piedra. ¡Pero el hombre resultó ileso! Entre dos bloques había un cordero paciendo hierba. El hombre cayó sobre el cordero que murió aplastado.

El cordero salvó al hombre de una muerte segura. Para mostrar su agradecimiento, el hombre obtuvo permiso para esculpir un cordero de piedra y colocarlo en el tejado, en el mismo sitio de donde cayó.

> **Digno es el Cordero degollado de recibir**
> **el poder, la riqueza, el saber, la fuerza,**
> **el honor, la gloria y la alabanza.**
>
> *Apocalipsis 5, 12*

Sugerencias para la oración ❤

Lee y medita Romanos 8, 31-39. Convierte esta lectura en una oración a Dios.

Reflexiona sobre la imagen del cordero diseñada en Jeremías 11, 18-20.

Pide la gracia de ser manso y humilde como un cordero, y de estar dispuesto a cargar con el dolor de los demás. ❤ ❤ ❤

> **Don del Señor, mi lengua de iniciado,**
> **mi lengua que da aliento al abatido,**
> **consolación al más desconsolado.**
>
> **Desde el amanecer me abre el oído,**
> **me inicia con el alba en su lenguaje.**
> **Me habló el Señor y no me he resistido.**
>
> **Mirad si he sido fiel a su mensaje:**
> **doblado a golpes, sin volver la cara,**
> **di barbas y mejillas al ultraje.**
>
> **Pero él me ayuda, a mi favor declara.**
> **Mi rostro es pedernal, talla de roca,**
> **desde que sé quién es el que me ampara.**

He aquí mi defensor, ¿quién me provoca?
Venga mi demandante: un mano a mano.
Dios dictará la suerte que me toca.

Porque el Señor me vale; el Soberano
del cielo está conmigo.
¿Quién me humilla?
Como ropa será quien me odia en vano,
como ropa que roe la polilla.

Isaías 50, 4-9 *(trad. de J.L. Blanco Vega)*

26 / 7	La agonía de Dios

Oigo la agonía de Dios;
yo, que estoy saciado,
que ni un solo día he pasado hambre.
Veo los muertos:
los niños que mueren por falta de pan;
los veo y trato de rezar.

Oigo la agonía de Dios;
yo, que estoy caliente,
a quien nunca ha faltado el cobijo de una casa.
Veo a los que no tienen ni choza ni cabaña
y van por ahí errantes y sin rumbo.

Oigo la agonía de Dios;
y ahora sé muy bien
que, mientras no comparta su amargo grito
y el dolor y el infierno de esta tierra,
no habitará Dios dentro de mí
ni estaré cerca de su Reino.

Georgia H. Harkness

¡Jerusalén, Jerusalén, que matas a los profetas
y apedreas a los enviados!
¡Cuántas veces intenté reunir a tus hijos
como la gallina reúne la pollada bajo sus alas,
y os resististeis!

Mateo 23, 37

Sugerencias para la oración ❤

Reflexiona sobre la «agonía de Dios», a partir de las inspiraciones que has recibido durante la última semana.

Pide un conocimiento profundo del amor de Dios/Cristo, a la luz de los sufrimientos de Jesús. ❤ ❤ ❤

> **El «Via Crucis» serpentea**
> **por nuestras villas y ciudades,**
> **por nuestros hospitales y fábricas,**
> **y a través de nuestros campos de batalla;**
> **sigue la ruta de la pobreza**
> **y del sufrimiento en todas sus formas.**
> **Es ahí, ante esas «Estaciones» del Via Crucis**
> **donde hemos de detenernos y meditar,**
> **rogando al Cristo doliente**
> **que nos dé la suficiente fuerza para actuar.**
> *Michel Quoist*

TRAMO 27
Soportar el yugo

Esta semana contemplaremos a Jesús que se enfrenta al abismo de la degradación. Vibraremos al unísono de sus sentimientos de desprecio, soledad, desamparo y abyección. Experimentaremos su Pasión. *Pasión* es una palabra especialmente escogida para significar un profundo sufrimiento que incluye dolor físico, agudo estrés emocional y profunda depresión.

Aquí tienen sentido aun las formas más tenebrosas de oración, porque Cristo las llena de sentido. Se trata de la hora más negra de Jesús, en su fracaso y en su muerte querida y pretendida por Dios. El poder de Dios se manifestó en la debilidad de la pasión de Jesús, y la gloria de Dios en la locura de su amor» (William McNamara, S.J.).

Que sea consciente de mi propia incapacidad de comprender el misterio del sufrimiento de Jesús. ¿Qué puede uno decir cuando se halla presente ante alguien que sufre terriblemente? La mejor respuesta quizá sea permanecer en silencio, dejando que la persona que sufre se dé cuenta de que tú estás allí, a su lado.

Un autor espiritual nos sugiere una imagen que puede venir a propósito. Nos sentimos como un niño que ve llorar a sus padres. El niño es demasiado inocente para comprender el triste mundo de los mayores, pero toma las manos de sus padres, entre las suyas. El sentir las manos de su niño entre las suyas es un consuelo para los padres que sufren. Esta experiencia educa también al niño. Es una iniciación en los santuarios del sufrimiento. Su corazón se transforma. Ve el mundo bajo una nueva perspectiva. Lo mismo nos puede ocurrir a nosotros, si sabemos cómo compartir la pasión de Jesús.

Pide la gracia de ser capaz de sintonizar totalmente con Jesús y de tomar fuerzas de esta Pasión, para cumplir con tu misión.

Te alabo, Jesús, porque he experimentado
lo que es la enfermedad y el dolor.
Te alabo porque he conocido
la pobreza, el fracaso y el desprecio.

Te alabo por haber padecido
acusaciones y juicios injustos.
Te alabo por haber sufrido
la muerte de seres queridos.
Te alabo por haber vivido
en ambientes miserables.
Haz que beba siempre del Cáliz
del que no merezco beber
y confórtame en cada momento
con el abrazo poderoso de tu Amor.

Caryll Houselander

VIA CRUCIS

1. Jesús es condenado a muerte

Aunque el juicio de Pilato es injusto, él es el gobernador. En las manos de Pilato, Jesús ve la voluntad de su Padre y obedece. ¿Me ocurre a mí, a veces, lo mismo?

2. Jesús carga con su Cruz

Para Jesús, la Cruz es la clave de la salvación. ¿Con qué ánimo tomo yo mis cruces diarias: monotonía, molestias, decepciones, tensiones, fallos, cuidados..., siendo así que son parte necesaria del seguimiento de Jesús?

3. Jesús cae por primera vez

Con su caída, Jesús nos demuestra que era verdaderamente humano y frágil, como cualquiera de nosotros, ante el dolor y el esfuerzo. ¿Recuerdas tu primer «fallo» o «caída» importante? ¿Qué tal soportas tus limitaciones humanas (fatiga, mal humor, limitaciones físicas) para que no impidan tu «misión» en la vida?

4. Jesús encuentra a su Madre

«Una espada de dolor atravesará tu corazón» (Lucas 2, 35). María ve que Jesús es golpeado, pateado y arrastrado como una bestia por las calles de Jerusalén. Su alma está en agonía, pero ni una queja ni una protesta escapa de sus labios. Ella comparte el martirio de Jesús. Sus miradas se cruzan llenas de inmenso dolor. Pero ambos saben que es la voluntad del Padre.

5. Simón de Cirene ayuda a Jesús

La ayuda de Simón fue oportuna y necesaria para que Jesús pudiera continuar hacia el objetivo de la misión que el Padre le había confiado. Uno de los cometidos de mi misión es ayudar a mis hermanos y hermanas más necesitados para que puedan llevar sus propias «cruces».

6. Verónica limpia el rostro de Jesús

A pesar del «cordón de seguridad» en torno a Jesús, Verónica se arriesga acercándose a él para limpiar su rostro. ¿Hasta qué punto me dedico a limpiar la sangre, el sudor y las lágrimas de los rostros de los pobres y necesitados?

7. Jesús cae por segunda vez

Jesús cae, de nuevo, pero se levanta porque ésa es la voluntad de su Padre. Las frecuentes caídas producen desánimo y desaliento. ¿Perseveras tú haciendo el bien, siguiendo el camino recto y persiguiendo tus objetivos, a pesar de tus ocasionales caídas?

8. Jesús consuela a las mujeres

El sufrimiento tiende a centrarle a uno sobre sí mismo. Pero Jesús, por un instante, olvida su propio dolor para preocuparse por sus simpatizantes. En su pasión sabe mostrar compasión. ¿Qué enseñanzas puedo sacar de esta actitud?

9. Jesús cae por tercera vez

Totalmente agotado de fuerzas, Jesús cae sobre el empedrado. Ni los golpes ni las patadas consiguen ponerlo en pie. Sólo lo consigue la fuerza de su voluntad. ¿Tienes fuerza de voluntad para cumplir tu misión en la vida?

10. Desnudan a Jesús

Jesús está desnudo, vulnerable a los ojos humanos. Pero el amor de su Padre le confiere un sentimiento de calor y seguridad. Tú has decidido abandonar riquezas, prestigios, posiciones y poderes, para seguir a Jesús en pobreza, menosprecios y humildad. ¿Has progresado en todo esto?

11. Jesús es crucificado

Lee y medita Juan 19, 17-27. Pregúntate: ¿Merece todo esto mi alma? ¿Qué puedo darte yo a cambio? ¿Cómo puedo co-redimir con Cristo?

12. Jesús muere

Lee y medita Mateo 27, 45-56. Observa a Jesús en las últimas angustias de su agonía: Padre, perdónales... Hoy estarás conmigo en el paraíso... He ahí a tu hijo; he ahí a tu Madre... Todo se ha cumplido... Padre, en tus manos encomiendo mi espíritu. Haz una oblación a Jesús crucificado.

13. Jesús es bajado de la cruz

Contempla a Jesús en los brazos de su Madre. Está muerto. Dirígete a María. Háblale con el corazón. Recuerda a los que te confortaron cuando tú sufrías.

14. Jesús es sepultado

La tumba es siempre un recordatorio de que la vida terrena tiene que terminar. Y tenemos mucho que hacer antes de que esto ocurra. Y siempre está ahí la esperanza de la resurrección.

27 / 1   Coronación de espinas

Lo que hacen después de la flagelación, con un Jesús destrozado y exhausto, es de una brutalidad vergonzosa y degradante ejercida por una soldadesca irresponsable contra un hombre medio muerto. «Este loco dice que es rey» –se mofan–; ¡pues vamos a hacerle rey!»

Desnudan a Jesús de sus vestidos, le ponen un viejo manto rojo de legionario y encuentran una caña que hará de cetro. Pero ¿qué podrán ponerle como corona?

Dan con algo original. Durante diecinueve siglos será reconocido por esta corona que ningún otro crucificado ha llevado jamás. Hacen una especie de cestillo con espinas y se lo encajan brutalmente sobre la cabeza. Las espinas se clavan en el cuero cabelludo haciéndole sangrar. Su cabeza queda bañada en sangre. Esta empapa sus cabellos y corre por la cara hasta su barba» (Barbet, *La Pasión*). A continuación, comienza la comedia de la adoración.

> **Serás corona fúlgida en la mano del Señor**
> **y diadema real en la palma de tu Dios** (...)
> **porque el Señor te prefiere a ti.**
>
> *Isaías 62, 3-4*

Sugerencias para la oración ❤

Lee y medita Juan 18, 33-38; 19, 1-3.

Ponte en lugar de Cristo y siente lo que él está sintiendo.

Recuerda tu entrega a Cristo Rey y a su Reino. ¿Has sido fiel? ¿Qué más puedes hacer por Cristo?

Pide la gracia de sentir los sufrimientos de Jesús, de experimentar su vergüenza y de darte cuenta de que todo esto lo sufre por ti. Pide fuerzas para vivir de acuerdo con los valores del Reino de Dios. ❤ ❤ ❤

> **Hay dos clases de personas en el mundo:**
> **Aquellas a las que nunca podrás molestar,**
> **y otras a las que podrás molestar constantemente.**

**Podrás saltar sobre sus cabezas
(naturalmente, no de un salto sino gradualmente).
Primero, te subes sobre sus rodillas;
después, sobre sus hombros;
luego, sobre sus cabezas.
Después, podrás saltar sobre sus cabezas
y pisotear sus corazones con tus pesadas botas.**
Sholom Aleichem

27 / 2	¡Este es el Hombre!

Zinzendorf, el «pionero ecuménico» y evangelista (1700-1760) visitó una vez la galería de arte de Düsseldorf y quedó estupefacto ante el cuadro del *Ecce Homo* de Domenico, que representaba a Jesús cuando Pilato lo presentó al pueblo, después de la flagelación. Cristo está vestido de rojo, atado con cuerdas y coronado espinas. Zinzendorf quedó atónito ante el cuadro. Los ojos de Cristo parecían penetrarle el corazón, mientras las palabras de Cristo escritas en latín, encima y debajo del cuadro, parecían dirigidas a él: «Esto lo he hecho por ti; ¿qué vas a hacer tú por mí?»

En aquel mismo instante –escribe A.J. Lewis, biógrafo de Zinzendorf–, el joven conde pidió a Cristo crucificado que lo admitiera en la "compañía de sus sufrimientos", para toda una vida consagrada a su servicio.

**Fue traspasado por nuestras rebeliones,
triturado por nuestros crímenes.
Sobre él descargó el castigo que nos sana
y con sus cicatrices nos hemos curado.**
Isaías 53, 5

Sugerencias para la oración ❤

Revive, en oración, la escena descrita en Juan 19, 4, 16.

Lee y medita: Isaías 53, 1-12. Respóndele a Jesús lo que te dicte tu corazón.

Pide la gracia de identificarte totalmente con el sufrimiento de Cristo. ❤ ❤ ❤

Un harapo sobre sus hombros,
una corona de espinas sobre su cabeza.
«¡Este es el Hombre!»
Abandonado por sus amigos,
rechazado por su pueblo.
«¡Este es el Hombre!»
Mira al perdedor, a la víctima,
al chivo expiatorio.
No tiene ejércitos ni abogados,
apenas un amigo.
«¡Este es el Hombre!»
Solo, pero no solitario.
pero no derrotado.
Aplastado, pero sereno.
«¡Este es el Hombre!»
Pero en este Hombre estamos todos los hombres,
En su derrota nació nuestra victoria.
«¡Este es el Hombre!»
The Christophers

---

27 / 3   **El camino de la cruz**

En cierta ocasión, un joven fue a visitar a un santo que moraba en una cueva de la montaña. Mientras el joven permanecía meditando junto a él, llegó un bandido que se arrodilló frente al santo y comenzó a confesarle su vergonzoso pasado.

—¡Oh santo!, dime unas palabras de consuelo, porque siento sobre mí el peso de mis pecados.

—También yo siento sobre mí el peso de mis pecados —le replicó el santo.

—Pero yo soy un ladrón, un salteador, un asesino. Mis manos están manchadas con sangre de víctimas inocentes. He cometido muchos crímenes.

—Yo también —replicó el santo— soy un ladrón, un salteador y un asesino. También mis manos están manchadas con sangre de víctimas inocentes. Y he cometido muchos crímenes.

El bandido miró, asombrado, al santo y se marchó bailando monte abajo. El joven, entonces, le dijo al santo:

—¿Por qué has hecho eso, siendo como eres inocente de crimen alguno? El bandido ya no te creerá.

—Es verdad, pero ¿no viste el brillo que había en sus ojos? ¿No es verdad que se marchó consolado?

Y en este momento, oyeron que el bandido cantaba a lo lejos y que el eco reflejaba su alegría en las montañas.

> **Tengamos los ojos fijos en Jesús..**
> **El sufrió la cruz...**
> **soportó la presión de los pecadores.**
> *Hebreos 12, 2-3*

Sugerencias para la oración ❤

Lee y medita Lucas 23, 26-31. Contempla el rostro de Jesús. Responde lo que dicte tu corazón.

Lee y reflexiona sobre la clase de respuesta que se espera de quien desea identificarse con Cristo en sus sufrimientos: Romanos 6, 1-14.

Pide la gracia de identificarte totalmente con Cristo en sus sufrimientos. ❤ ❤ ❤

> **No se resistió. Renunció,**
> **como si se tratara de algo prestado,**
> **a la omnipotencia y al poder de hacer milagros.**
> **Entonces fue un mortal como todos nosotros.**
> *Boris Pasternak*

27 / 4	Con los ojos de una madre

Dios ha dado a las madres unos ojos capaces de ver a través de las puertas cerradas y de saber lo que hacen sus niños antes de que se lo pregunten. Esos mismos ojos pueden hablar a un niño culpable, diciéndole: «Te comprendo y te quiero». Cuando Dios creó a «la madre», bella y suave pero resistente, vino un ángel curioso que señaló con el dedo el rostro de la madre y dijo: «Oh, aquí hay un defecto». Dios le explicó que no era un defecto sino una lágrima. El ángel le preguntó el significado de la lágrima y Dios le dijo que significaba: alegría, tristeza, desencanto, dolor, soledad y orgullo por su familia. El ángel sonrió y le dijo a Dios que era un verdadero genio al haber puesto una lágrima en su rostro. Dios miró sorprendido y dijo: «¡Pero yo no la he puesto ahí!»

(Erma Bombeck).

¿A quién te compararé, doncella de Sión?
Inmensa, como el mar, es tu desgracia.
Lamentaciones 2, 13

Sugerencias para la oración ❤

Esta es la Cuarta Estación del Viacrucis.

Quédate, en silencio, junto a María. Observa su expresión. Siente su dolor.

Pide la gracia de mostrar tu compasión a tus prójimos que sufren y de aceptar la compasión de los demás cuando eres tú quien sufre. ❤ ❤ ❤

Y ¿cuál hombre no llorara,
si a la Madre contemplara
de Cristo, en tanto dolor?
¿Y quién no se entristeciera,
Madre piadosa, si os viera
sujeta a tanto rigor?
Stabat Mater

27 / 5   **La realidad**

Antón Lang, el célebre actor de la, mundialmente conocida, *Pasión de Oberammergau*, solía impresionar a sus espectadores por la profunda intensidad con la que representaba a Cristo.

Una noche, después de su sensacional actuación, una pareja extranjera fue a felicitar a Lang. Después de una breve conversación fue a posar con ellos para una fotografía. Entonces, el caballero vio la gran cruz que estaba apoyada en la pared. «Sácame una foto llevando la cruz» –le dijo a su esposa–. Y fue a tomarla, mientras ella preparaba la cámara.

Trató, con ambos brazos, de ponerla sobre su hombro, pero se dio cuenta de que no podía ni moverla. Perplejo, trató de hacer otro esfuerzo mayor, pero no pudo mover ni una pulgada aquella cruz de madera sólida. Humillado y ruborizado, le dijo a Lang: «Yo creía que era hueca. ¿Por qué lleva usted una cruz tan pesada?»

El robusto actor sonrió suavemente y le dijo: «Si la cruz no fuera pesada, no sería capaz de representar mi papel».

Tomad mi yugo sobre vosotros
y aprended de mí.
Mateo 11, 29

Sugerencias para la oración ❤

¿Hasta qué punto eres consciente de que la cruz de Cristo, sus sufrimientos, su tristeza y su dolor fueron reales?

Haz unas estaciones del Viacrucis.

Pide la gracia de identificarte con Cristo en su sufrimiento.

❤ ❤ ❤

La Cruz del Gólgota
nunca salvará tu alma.
Sólo podrá salvarte
la Cruz de tu propio corazón.
Angel Silesius

27 / 6	Compasión y valor

El 6 de Agosto de 1945, la primera bomba atómica destruyó Hiroshima. En las afueras de esta ciudad, el noviciado de los jesuitas era uno de los pocos edificios que quedaba en pie, aunque todas sus puertas y ventanas habían quedado destrozadas por la explosión. El noviciado se convirtió en un hospital provisional. La capilla, medio destruida, estaba llena de heridos que yacían apretados sobre el suelo, sufriendo terriblemente, retorciéndose de dolor.

En medio de esta humanidad destrozada, el Maestro de novicios, P. Pedro Arrupe, celebraba la Misa el día siguiente al desastre.

«Nunca podré olvidar los terribles sentimientos que experimenté cuando me volví hacia ellos y dije: "El Señor esté con vosotros". Me quedé allí paralizado, con los brazos extendidos, contemplando esta tragedia humana. Todos me miraban con ojos llenos de agonía y desconsuelo, como si esperaran algún consuelo que les llegara desde el altar. ¡Qué escena tan terrible!»

Cristo es como un cuerpo que tiene muchos miembros (...)
Si un miembro sufre, sufren con él todos los miembros (...)
Vosotros sois cuerpo de Cristo y miembros singulares suyos.
Corintios 12, 12.26-27

Sugerencias para la oración ❤

No apartes tu mirada de Jesús, mientras sigues con él por el camino del Calvario. Trata de sentir lo que él siente en su corazón.

Pide la gracia de identificarte con Cristo en sus sufrimientos.
❤ ❤ ❤

**El Viacrucis no es algo
sólo del pasado.
No es un mero ritual
de la humillación de Jesús.
No es una locura que sólo ocurrió una vez,
hace muchos siglos.
La crucifixión
es una realidad de todos los días:
es la persistente inhumanidad del hombre,
el poder incontrolado del pecado.
Los pobres y los débiles
son traicionados por el dinero,
condenados por la indiferencia,
azotados por las ideologías.
Todos los días arrastran sus cruces
subiendo a un millón de calvarios
para morir, allí, de sed inextinguible.
Y mueren sin que nadie se dé cuenta.**

Iba de prisa a comprar patatas, porque me habían dicho que hacían falta para la comida pero, de pronto, quedé paralizada, como si un imán hubiera detenido mis pies en un determinado sitio de la calle. Frente a mí y encima de mí, tapando literalmente, no sólo la calle y el cielo, sino todo el mundo, había algo que sólo puedo definir como un gigantesco y vivo icono... de Cristo Rey crucificado.

Extendido sobre una cruz de fuego, con una vestidura que brillaba y resplandecía de joyas, cubierto con una gran corona de oro que le hacía inclinar su cabeza, Cristo se elevaba sobre el mundo en aquella calle gris, llenando el firmamento. Sus brazos parecían extenderse de uno a otro lado del mundo, las llagas de sus manos y pies parecían rubíes, pero rubíes derretidos que sangraban luminosamente... En medio de todo este esplendor, la simplicidad austera de aquel hermoso rostro denotaba un agudo sufrimiento. Pero los ojos y la boca sonreían con un amor inefable que consumía la tristeza y el dolor, como un fuego ardiente consume los harapos (Caryll Houselander).

Mi reino no es de este mundo.
Juan 18, 36

Sugerencias para la oración ❤

Mira, amorosamente, al crucifijo. Participa, en silencio, del dolor de Jesús, hablando sólo cuando el corazón te lo pida. Te ayudará el oscurecer tu habitación, para crear un ambiente apropiado a la oración de hoy.

Pide la gracia de identificarte totalmente con los sufrimientos de Cristo. ❤ ❤ ❤

**No me mueve, mi Dios, para quererte
el cielo que me tienes prometido,
ni me mueve el infierno tan temido
para dejar por eso de ofenderte.**

Tú me mueves, Señor, muéveme el verte
clavado en una cruz y escarnecido;
muéveme el ver tu cuerpo tan herido,
muéveme tus afrentas y tu muerte.

Muéveme, en fin, tu amor, y en tal manera,
que aunque no hubiera cielo yo te amara
y aunque no hubiera infierno te temiera.

No me tienes que dar porque te quiera,
pues aunque lo que espero no esperara,
lo mismo que te quiero te quisiera.
Anónimo (atribuído a S. Francisco Javier)

TRAMO 28
Entregar la propia vida

Hace varios años ocurrió un incidente que relataron los periódicos de los Estados Unidos. Un joven llamado Eddie Adler trabajaba en el hospital de Staten Island. El rato que los demás empleaban en tomar un café, el lo dedicaba a reflexionar y hacer oración en su coche que estaba en el aparcamiento del hospital. Un día vio a un joven que, con una navaja, atacaba a una enfermera y la obligaba a entrar en el espacio trasero de una furgoneta.

Eddie salió de su coche, saltó sobre el parachoques de la furgoneta y comenzó a gritar. El otro joven arrancó la furgoneta, tratando de sacudir a Eddie del parachoques. El coche tomó una curva cerrada y lanzó a Eddie, de cabeza, contra una pared. El atacante sacó de la furgoneta a la enfermera y echó a correr. Muy pronto, el criminal fue detenido. La enfermera sólo padecía algunos rasguños, pero Eddie sufrió varias fracturas en el cráneo y murió, después de un mes de penosa agonía.

Cuentan que el padre de Eddie, conteniendo las lágrimas, dijo: «Estoy seguro de que Eddie, si hubiera sobrevivido hubiera seguido socorriendo a cualquiera. Estoy convencido de que tenía una misión en este mundo, y de que la cumplió».

* * *

Jesucristo cumplió con su misión dando la vida por sus amigos. Pero su misión no terminó en la cruz. Continúa hoy, a través de sus discípulos, a través de mí. ¿Hasta qué punto he identificado mi vida con la de Cristo; su misión con la mía?

Esta semana trasladaremos la misión de Jesús a la vida real. Pediremos gracia para echar una mano a todos los que hoy sufren su «calvario».

* * *

Mi siervo (Isaías 53)

¡Mirad mi siervo! El éxito le espera.
Crecerá en gloria, brillará su nombre.
Si quien lo mira no le ve siquiera

figura humana ni apariencia de hombre
(¡tanto el dolor su humanidad vulnera!)
pueblos vendrán a quien mi siervo asombre.
Y ante él –prodigio que estupor provoca–
todos los reyes cerrarán la boca.

¿Quién nos creyó? ¿Y a quién se hizo patente
el brazo del Señor?
                          Ante él crecía,
renuevo de Israel, brote reciente,
viva raíz en tierra de sequía.
¿Pero dónde el hermoso, el atrayente?
Sin gracia humana, quien le vio le huía,
se tapaba la cara entre aspavientos
como ante un hombre experto en sufrimientos.

¡Qué varón de dolores! El llevaba
también nuestro dolor.
                          Ved su figura,
tal un leproso, un hombre que se acaba
bajo el rayo de Dios.
                          Pero él nos cura,
que si nuestro pecado es quien lo clava
y es muela la maldad que lo tritura,
dio nuestra culpa en él frutos felices
y son nuestra salud sus cicatrices.

Como ovejas dispersas por los llanos
vagábamos; cada una, su sendero.
Y echóle Dios los crímenes humanos
encima de sus lomos de cordero.
Oh sí, como cordero en nuestras manos,
llevado, sin balido, al matadero
o, ante el esquilador, como una oveja
que se deja esquilar sin una queja.

No tuvo defensor ni tribunales
de justicia. ¿Quién meditó su suerte?
Le arrancaron del mundo y por los males
del pueblo, herido va como de muerte.
Tumba le dieron con los criminales

–junto al del malhechor, su cuerpo inerte–
mas no hay pecado en él, ni quien lo mira
vio en su boca el color de la mentira.

Dios quiso triturarlo, hacer su vida
prenda de expiación, sangrante prenda.
Pero él verá su estirpe bendecida,
largos años, logro en lo que emprenda
Dios por sus manos.
       Y de cada herida
le ha de brotar la luz para que entienda,
que el justo mereció con su tormento
todas las luces del conocimiento.

De crímenes de muchos se hizo reo
para justificarlos. Yo le he dado
toda una multitud como trofeo,
toda una muchedumbre por legado.
Porque arrostró morir, porque le veo
–siervo mío– hecho carne de pecado,
porque cargó sobre él vuestros errores
y ruega por vosotros pecadores.
   Traducción poética de J.L. Blanco Vega

Llegará un momento en el que el médico determinará que mi cerebro ha dejado de funcionar y que, para todos los efectos, mi vida ha terminado. Cuando esto ocurra... a mi cama no la llaméis mi lecho de muerte. Llamadla «mi lecho de Vida» y dejad que mi cuerpo sea llevado de allí para que sirva para que otros tengan mejores vidas.

Dad mis ojos a quien nunca ha visto una salida del sol, el rostro de un niño o el amor en los ojos de una mujer. Dad mi corazón a alguien cuyo propio corazón no le ha causado más que días sin cuento de dolor. Dad mi sangre a la muchacha a la que han sacado de su coche accidentado, para que pueda vivir hasta ver jugar a sus nietos. Entregad mis riñones a quien, para poder vivir, depende de una máquina a la que tiene que acudir todas las semanas. Tomad mis huesos, cada músculo, cada fibra y nervio de mi cuerpo y hallad la manera de hacer que pueda andar un niño paralítico.

Explorad cada rincón de mi cerebro. Si hace falta, tomad sus células y guardadlas de forma que, algún día, un muchacho mudo pueda gritar para celebrar un gol o una muchacha sorda pueda oír el ruido de la lluvia contra su ventana. Quemad lo que quede de mí y aventad mis cenizas a los vientos, para ayudar a que crezcan las flores. Si habéis de enterrar algo, enterrad mis faltas, mis debilidades y todos mis prejuicios contra mis semejantes.

Y, si queréis recordarme, hacedlo con alguna acción o palabra en favor de alguien que os necesita. Si hacéis esto que os pido, yo viviré para siempre *(Robert N. Test)*.

Por Jesucristo, el mundo está crucificado para mí y yo para el mundo.

                                              Gálatas 6, 14

Sugerencias para la oración ❤

Mira a Jesús en la cruz. Está muerto. Mira sus brazos extendidos. Parecen decir: No he cerrado mis brazos para cubrir mi

rostro cuando me golpeaban ni para defenderme en modo alguno. Los he abierto para abrazar a mis enemigos y a toda la humanidad, para abrazarte a ti.

¿Sabes extender tus brazos? ¿Sabes mostrar generosidad?

Pídele a Jesús que te dé fuerzas para abrazarle en aquellos
que sufren hoy: los pobres, los oprimidos, los rechazados por la
sociedad. ❤ ❤ ❤

Hay tres clavos que pueden unirme a ti:
obediencia, humildad y reparación.
Nunca buscarme a mí mismo, sólo buscar el amor.
Desprenderme de todo, para sólo poseer amor.
Y buscar, con amor, aquel Amor que nos da su amor.
Gibert Shaw

28 / 2	El lenguaje de la cruz

Un sacerdote hallaba dificultad para poder atender el ince-
sante flujo de sus feligreses que acudían a él en busca de paz
gracias a sus consejos personales. Entonces, se le ocurrió una
solución.

Escogió a diez de ellos y les fijó una cita para un determinado día y hora. Sin que ellos lo supieran, los había citado a todos
ellos para el mismo día y hora.

Según iban reuniéndose en la sala, a la hora prefijada, el
sacerdote se presentó para pedirles que le excusaran por una
hora, pues se había presentado una emergencia. Les sugirió que,
mientras tanto, charlaran entre sí.

Cuando regresó, la sala estaba vacía, fuera de una persona
que le aguardó para explicarle que, después de que cada cual
hubiera escuchado los problemas de los demás, se habían dado
cuenta de que, después de todo, sus propios problemas no eran
tan difíciles, y decidieron marcharse para enfrentarse con la vida,
tal y como era.

Llevad las cargas de los demás.
Gálatas 6, 2

Sugerencias para la oración ❤

Mira a Jesús en la cruz. Recuerda sus palabras: «Venid a mí (...) que yo os aliviaré». Contempla, por un instante, los grupos de enfermos, cojos, ciegos, leprosos... que acudieron a Jesús para ser curados. Observa cómo se iban con la alegría pintada en sus rostros.

Agarra tu crucifijo y siente que se transmite a ti el poder de Jesús. Repite las palabras de arriba, como un «mantra».

Pide la gracia de no sucumbir bajo el peso de tu propia cruz, sino de ayudar a los demás a llevar sus propias cruces, escuchándoles, comprendiéndoles, mostrando compasión y sirviendo generosamente a los necesitados. ❤ ❤ ❤

> **Cuando te sientas cansado y hundido,**
> **cuando te salten las lágrimas de los ojos,**
> **Yo te las enjugaré, Yo estaré a tu lado.**
> **Cuando los tiempos se vuelvan difíciles**
> **y no encuentres ya ningún amigo,**
> **Yo me tenderé, como un puente,**
> **sobre las aguas embravecidas.**
> *Simon y Garfunkel*

28 / 3   El buen ladrón

Cristianos de varias confesiones celebran en Inglaterra la *Semana del encarcelado*. Brinda a la gente la oportunidad de examinar sus actitudes hacia los infractores de la ley. En un folleto publicado con esta ocasión se decía: «Esta Semana nos anima, también, a rezar por una respuesta justa y cristiana ante el crimen, sus víctimas, las familias de los encarcelados y los delincuentes mismos, y hacia todos los que trabajan en esta área que a todos nos afecta: un área que muchos pretenden ignorar».

Para enfatizar mejor esta idea, presentaron un cuadro de la *Crucifixión*. La escena principal de este cuadro no era Cristo crucificado, sino uno de los dos ladrones, al que acompañaban una desolada esposa y dos niños pequeños, al pie de su cruz. El artista anónimo que pintó este cuadro mientras cumplía su condena, se identificaba claramente con el criminal de la cruz y, al hacerlo así, hacía que la gente contemplara la escena desde un ángulo distinto.

«El cuadro nos recuerda la humanidad de los hombres que sufrieron la misma muerte que Jesús –dice el folleto–. También entonces, como ahora, el desamparo y el aislamiento de la familia del condenado sigue siendo ignorada por todos».

**No lloréis por mí,
sino por vosotras y por vuestros hijos.**
Lucas 23, 28

Sugerencias para la oración ❤

Mira a la cruz de Cristo. Después, a las cruces de los dos criminales crucificados con Jesús. Trata de ver a los miembros de sus familias, llenos de angustia, al pie de sus cruces.

En el mundo hay muchos «pacientes inocentes». ¿Tienes sensibilidad hacia ellos, especialmente hacia aquellos con los que puedes estar en contacto? ¿Les ayudas?

Pide la gracia de tener sensibilidad hacia todos los que sufren en silencio, o hacia aquellos que no pueden publicar sus penas, debido a los condicionamientos sociales injustos en los que se hallan atrapados. ❤ ❤ ❤

**Fue el ladrón, el último que dijo
palabras amables a Cristo.
Cristo aceptó su amabilidad
y perdonó sus crímenes.**
Robert Browning

28 / 4   **Llevar tu cruz**

Kosuke Koyama describe la vida como el recipiente portátil del almuerzo o como una cruz sin agarraderos. El recipiente del almuerzo es muy limpio y fácil de llevar. La cruz es angulosa, difícil y no tiene agarradero. Humanamente hablando, preferimos que la vida sea como un fiambrera para el almuerzo, que podemos lle-

var fácilmente. Sin embargo, para los cristianos, la vocación es llevar la cruz que, en realidad, es «llevar la vida en nuestras manos»
(Philip Sheldrake).

Si alguien quiere venir en pos de mí,
que se niegue a sí mismo,
que tome su cruz todos los días y me siga.
Lucas 9, 23

Sugerencias para la oración ❤

¿Eres tú de los cristianos que prefieren llevar el recipiente del almuerzo?

Lee y medita Lucas 9, 23-25.

Pide la gracia de buscar siempre los aspectos más desafiantes de la vida, siguiendo el ejemplo de Jesús. ❤ ❤ ❤

Labra el agricultor sus verdes campos,
la reja del arado es lacerante,
y hay que sembrar para que brote el grano.
Pues nunca nace nada, sin dolor.
Tampoco Dios mete el arado en tus espaldas,
sin tener un motivo en tu favor.
Cuando sientas la reja del arado,
tu corazón no se entristezca y tema.
Es Dios, que te ha escogido como campo
del que espera sacar un grande fruto.
Acepta que te parta el corazón,
pues sacará de ti una gran cosecha.
Helen Steiner Rice

28 / 5   La enfermedad nos hace humildes

No se nos pide que pensemos que la enfermedad es algo bueno. Cuando nos hallamos heridos o enfermos, es que se ha producido un desorden en la creación de Dios. Sin embargo, una de las peculiaridades de la Providencia consiste en sacar bien de los males. Nuestros cuerpos están, también, sujetos a las leyes de la naturaleza. Lo mismo que las estaciones del año, ellos también sufren cambios y, al fin, mueren... Pero volverán a resurgir.

Cuando estamos enfermos, podemos poner en marcha una parte de nosotros que, de otra manera no habría funcionado. Por extraño que parezca, a veces suele ser la mejor parte. Además, les damos a los demás la oportunidad de practicar la bondad y la amabilidad, algo que los hará felices. En la Providencia de Dios hay muchas cosas que acaban resultando para bien.

Nos hacemos conscientes de nuestra pequeñez... Lo principal es convencernos de que no se eche a perder nuestra enfermedad, que nuestro espíritu no quede derrotado. Esta derrota es el único verdadero mal; este pesimismo es el verdadero «diablo rugiente» *(Stanley Luff)*.

> **Me alegro de padecer** (...)
> **de completar lo que falta a la pasión de Cristo,**
> **a favor de su cuerpo que es la Iglesia.**
> *Colosenses 1, 24*

Sugerencias para la oración ❤

Lee y medita Santiago 5, 13-18.

Examina tu actitud ante la enfermedad. ¿Cómo tratas a la gente que está enferma?

Pide fuerza para sobrellevar con valentía todos tus sufrimientos. ❤ ❤ ❤

No puedo rezar, Señor. Ya no tengo esperanza de recobrar la salud... y la paz de espíritu. A pesar de que Tú sufriste más que yo, esto no me ayuda, aunque lo he intentado. Tómame de la mano, que soy muy débil. Dame fuerzas y ayúdame a llevar mi dolor. Aunque se hayan desvanecido todos mis planes de futuro, quédate tu cerca de mis terrores. Enséñame el camino. Soy muy débil. Dame la fuerza que necesito para convencerme de que, con tu ayuda, triunfaremos. Ayúdame, en estos días largos y fatigosos, en los que mis amigos se preocupan de mí y rezan para que me cure pronto. Agarra mi mano, Señor, y haz que me apoye en Ti. Y, cuando me apoye, sepa que nada malo me puede ocurrir.

28 / 6   **Las cruces de la humanidad**

Vi que lo embadurnaban con pintura,
oí sus gritos de dolor,
los de la víctima de un crimen;
olí el golpe de sangre fresca
que brotó de sus narices
y se derramó sobre la calle.
Entonces, entré en la iglesia
y me puse de rodillas.
«Señor –dije–, yo te amo
y también amo a mi prójimo. Amén».
Y salí de la iglesia con el corazón alegre,
como el beso de un ángel
sobre la mejilla de un santo.

Al llegar a casa, me abrí paso
entre una turba de mirones.
Entonces entró mi vecina:
«¿Has oído que han matado a tu hermano?»
«¡Oh, no! No he oído nada.
Estaba en la iglesia».

Oswald M. Mtshai

Yo soy el Señor; os libraré de vuestra esclavitud
Exodo 6, 6

Sugerencias para la oración ❤

Después de todas estas semanas de oración, ¿sientes una fuerte motivación para servir a Cristo en la humanidad doliente? ¿Hay algo que todavía te retiene?

Pide la gracia de ayudar a Cristo, que está presente de una manera especial, en tus hermanos y hermanas que sufren.❤ ❤ ❤

**Se consumieron mis velas
al pie de tu crucifijo.
En la calle había un pobre**

con sus botas destrozadas.
Y volví para rezar
ante el Cristo de madera:
¡No supe rezar, Señor,
a tu Amor, en carne y hueso!
Caryll Houselander

28 / 7   El lado positivo

Uno de los peores incendios de la historia de California destruyó más de 600 casas en 1990. Pico Iyer, un periodista, apenas tuvo tiempo de escapar sólo con su viejo gato y un manuscrito que estaba a punto de concluir. Cuando, al día siguiente, regresó al lugar de la tragedia, todo lo que quedaba de su casa se reducía a un montón de cenizas. Entonces, hizo este profundo comentario:

«Mientras el humo se elevaba de los abrasados restos, supe ciertamente que todo lo que más apreciaba era irreemplazable. El seguro iba a cubrirlo todo... menos lo que, realmente, había perdido.

«Reducido a lo esencial: la ropa puesta y un montón de papeles, sentí que tenía que estar muy agradecido, no sólo por mi vida, sino por la Providencia que veló por mí.

«Porque ahora sé, exactamente, qué es lo que más valoro, ya que he perdido todo lo demás».

Estoy persuadido de que ninguna criatura
nos podrá separar del amor de Dios
manifestado en Cristo Jesús Señor nuestro.
Romanos 8, 39

Sugerencias para la oración ❤

Después de estos meses de oración, ¿consideras que el amor de Dios es tu mayor tesoro, tu posesión más valiosa e inapreciable?

¿Eres optimista, por naturaleza? ¿Sueles fijarte en el lado bueno de las cosas?

Lee y medita: 2 Corintios 4, 16-5, 10.

Pide la gracia de confiar, cada vez más, en el amor incondicional de Dios, de forma que sepas aceptar alegremente todas tus cruces diarias, profundizando en tu fe, esperanza y caridad.

❤ ❤ ❤

> **Nada te turbe,**
> **nada te espante,**
> **todo se pasa,**
> **Dios no se muda;**
> **la paciencia**
> **todo lo alcanza;**
> **quien a Dios tiene**
> **nada le falta:**
> **sólo Dios basta.**
> *Teresa de Jesús*

> **Pastor, que con tus silbos amorosos**
> **me despertaste del profundo sueño;**
> **tú que hiciste cayado de ese leño**
> **en que tiendes los brazos poderosos.**
>
> **Vuelve los ojos a mi fe piadosos,**
> **pues te confieso por mi amor y dueño,**
> **y la palabra de seguir empeño**
> **tus dulces silbos y tus pies hermosos.**
>
> **Oye, pastor que por amores mueres,**
> **no te espante el rigor de mis pecados,**
> **pues tan amigo de rendidos eres,**
> **espera, pues, y escucha mis cuidados.**
> **Pero ¿cómo te digo que me esperes,**
> **si estás, para esperar, los pies clavados?**
> *Lope de Vega*
>
> * * *

Dentro, no sé cómo,
brotó la semilla.
Siento que se mueve,
siento su energía.

Dentro, no sé cómo,
ha caído la lluvia.
Ya no hay más desierto,
ya no hay más sequía.

Dentro, no sé cómo,
vuelvo a tener vida.
Ya no hay más vacío,
mi alma está henchida.

Dentro, no sé cómo,
mi anhelo es cumplido.
Mi Dios me ha agraciado,
Dios me ha bendecido.

Dentro, no sé cómo,
he vuelto a mi hogar.
Vuelve mi entusiasmo
y quiero soñar.

Ha cambiado todo
en mi vida entera.
Por una vez más,
ya es primavera.

Joyce Rupp, S.M.

DECIMA ETAPA

Resucitar a una nueva vida

Resucitar a una nueva vida

El gran director de cine, Cecil B. DeMille, se hallaba una vez descansando, con un libro en la mano, en una canoa sobre un tranquilo lago. Miró hacia un lado, y le llamó la atención una especie de escarabajo de agua que, lentamente, subía por el costado de la canoa. Observó sus movimientos, hasta que el bicho quedó absolutamente inmóvil, como si estuviera pegado. DeMille continuó leyendo.

Bastante tiempo después, volvió a fijarse en el escarabajo. Esta vez quedó asombrado con lo que vio. La parte trasera del bicho estaba completamente abierta y parecía que algo estaba saliendo de allí: primero una brillante cabeza, luego unas alas, por fin la cola. Era una libélula que echó a volar al viento, en libertad. DeMille tocó cuidadosamente con su dedo la cáscara seca del escarabajo. Ya no era más que una tumba.

* * *

En ninguna parte de la Escritura se nos dice cómo fue la resurrección de Jesús. No hubo testigos del acontecimiento; sigue siendo un misterio. Pero la experiencia que los discípulos tuvieron del Señor resucitado, durante «cuarenta días» después de su muerte y entierro, fue tan convincente que supuso la fundación de la cristiandad.

Para los discípulos, la experiencia de Pascua comenzó con una tumba vacía. Las mujeres, que fueron las primeras en llegar al sepulcro el domingo por la mañana, se alarmaron al encontrar la tumba vacía. Pedro volvió a casa perplejo. María Magdalena no sabía qué hacer, fuera de la tumba, creyendo que alguien había robado el cuerpo. A pesar de las afirmaciones de los ángeles, no se hallaban consolados ni convencidos. ¡Parecía que su fe estaba muerta!

Solamente resurgió su fe después de haber visto, personalmente, al Señor Resucitado. Sus temores se tornaron en alegría, sus dudas en fe, sus desalientos en esperanza. La confusión y el miedo que siguieron a la crucifixión dieron paso a la convicción de que Jesús era, realmente, el Mesías. Todo lo que antes les había enseñado Jesús comenzaba ahora a tener sentido.

Jesús, ciertamente, estaba otra vez vivo. Pero su apariencia era distinta. Aun aquéllos que habían vivido junto a él tropezaron, al principio, con dificultades para reconocerlo. Pero había señales inequívocas que indicaban claramente que el que veían «era el Señor». Además, su fe ¡había revivido!

Resulta muy significativo que el Señor Resucitado se apareciera solamente a los que habían creído en él, y no a los escribas y fariseos ni a las multitudes. No pretendía demostrar nada ante el público. Sólo quería reconstruir su comunidad de discípulos y hacer que el amor de éstos por él fuera lo suficientemente poderoso como para tomar el mundo por asalto. Esto lo realizaría por medio de su Espíritu.

La resurrección de Jesús no es sólo un acontecimiento del pasado. Es una realidad del presente... y del futuro. El Señor Resucitado está hoy, en todas partes, vivo en su Espíritu. Enseña, cura e inspira. Y ejerce una poderosa influencia sobre los corazones de todo el pueblo.

Durante este último estadio de nuestros Ejercicios, avivaremos nuestra fe en el Señor Resucitado y en el poder del Espíritu presente en nuestras vidas. Pediremos dedicarnos a Cristo con una entrega más profunda y con un mayor deseo de servirle, para continuar su obra de edificar el Reino de Dios sobre la tierra.

Lucharon vida y muerte
en singular batalla,
y, muerto el que es la Vida,
triunfante se levanta.

—¿Qué has visto de camino,
María, en la mañana?
—A mi Señor glorioso,
la tumba abandonada,
los ángeles testigos,
sudarios y mortaja.
¡Resucitó de veras
mi amor y mi esperanza!

Primicia de los muertos,
sabemos por tu gracia
que estás resucitado;
la muerte en ti no manda.

Rey vencedor, apiádate
de la miseria humana
y da a tus fieles parte
en tu victoria santa.
Secuencia de Pascua

TRAMO 29
¡Alegraos! ¡El vive!

La Resurrección de Jesús ha quedado simbólicamente refle-jada en las vidas de sus discípulos. El Señor Resucitado entra en el «reducto» en el que se habían encerrado, después de la crucifi-xión: un reducto de oscuridad, incertidumbre, duda, desaliento, miedo y frustración. Él reanima sus espíritus e infunde en ellos una nueva vida. Los llena de *paz y gozo*.

Jesús Resucitado ahora no oculta su divinidad, como lo había hecho durante su Pasión, sino que manifiesta sus cualida-des divinas para que sus amigos las vean y las experimenten. Y no lo hace apareciendo como un ángel revestido de luz, sino sencillamente, como un maestro cariñoso, un amigo querido, un compañero de camino, un huésped amigable.

Libre de las limitaciones de su cuerpo físico, el Cristo Resucitado puede ir a donde le plazca. Observaremos cómo él se hace presente allí donde más le necesitan, para animar y consolar a sus discípulos. Es Cristo, el Consolador.

Esta semana nos entregaremos a la experiencia del *gozo* y de la *paz* que son el fruto de la Resurrección. Nos hallaremos presentes en las escenas en las que el Señor Resucitado realiza sus apariciones, y trataremos de inspirarnos lo más posible, observando lo que hace y experimentando el poder de su Resurrección, que nos transforma según le vamos contem-plando.

Pide la gracia de sentir alegría porque el Señor ha resucita-do, y valor para ir por todo el mundo e irradiar tu alegría por medio de tu generoso servicio.

Es maravilloso lo que has hecho, Señor Jesucristo;
para mí ha sido una verdadera sorpresa.
Mi alma está entusiasmada con tu resurrección.
No ceso de sonreír contigo
y de compartir las sonrisas de tus amigos.
¡Has ganado, Señor, sabemos que has ganado!
Has triunfado sobre todo lo peor que hemos hecho,
entre todos y cada uno por separado.
Has aplastado el poder de las tinieblas y la muerte

para caminar en paz, otra vez en nuestra carne,
y ya para siempre.
Ven a mí, gran Señor de la Vida,
como llegas hasta todos tus amigos.
Envíame a consolar a los que sufren junto a mí.
Ven, y envía a tus amigos a este mundo cotidiano,
para que, llenos de esperanza,
luchemos por el Reino de Dios.

Joseph Tetlow, S.J.

29 / 1   Una gozosa experiencia

«No hace mucho –nos contaba una madre de familia–, me desperté en medio de una noche de luna y me quedé mirando el perfil de mi único hijo, recortado sobre la pared de la alcoba. Me sentí embargada por un silencio amoroso, sólo interrumpido por su suave respiración. Finalmente, cerré mis ojos, comprendiendo profundamente lo fundamental que era aquel silencio, sólo acompañado por un suave respirar. Me había dado cuenta de lo profundo que es un silencio acunado por el amor.

María conservaba y meditaba todo en su interior.
Lucas 2, 19

Sugerencias para la oración ❤

La fe de María no pereció al pie de la cruz. Ni quedó sepultada en la tumba de su hijo. Estaba viva en su corazón. Había recibido una promesa: «su reino no tendrá fin» (Lucas 1, 33).

Cree que su hijo va a resucitar de entre los muertos. Pero ella «muere» con su hijo, para experimentar, en su corazón, su propia «Pascua».

Al contrario que los demás discípulos, María no necesita la «prueba» de la Resurrección. «Dichosos los que crean sin haber visto» (Juan 20, 29) –había dicho Jesús–. María no necesita signos tangibles.

Contempla a María, cuando abandona la tumba. Su corazón, aunque triste, está lleno de esperanza. Mira cómo emplea la noche en oración. Observa el brillo de su rostro, cuando la realización de la Pascua amanece en su corazón, y Cristo vuelve otra vez a estar vivo para ella, trayéndole un gozo y un consuelo indecibles.

Lee y medita el Cantar de los Cantares 2, 8-14.

Pide a María que te consiga la gracia de creer totalmente que el Señor ha resucitado y está presente dentro de ti, para que tú también sientas un gozo y un consuelo profundos. Después, pide lo mismo a Cristo y al Padre. ❤ ❤ ❤

La Bienaventurada Virgen
ha ascendido a las alturas,
por lo que, también ella,
va a concedernos dones a los seres humanos.
¿Por qué no?
Ciertamente, no le faltan
ni el poder ni la voluntad para hacerlo.
Ella es la Reina del cielo,
ella es compasiva
y ella es la Madre del Unigénito.
San Bernardo

---

29 / 2   **¡Despierta!**

Te amo, amiga mía. Piénsalo bien.
¿Por qué duermes si estás enamorada?...

Escucha: el gran espíritu, el Maestro
está cerca. ¡Despierta! ¡Despierta!
Corre a sus pies. Está en pie junto a ti.
Has estado dormida por millones de años.
¿Por qué no despiertas en esta mañana?

¡Despierta, amiga mía! ¿Por qué sigues dormida?
Ya terminó la noche.
¿Por qué quieres perder también el día?
Otras mujeres, que han madrugado, han hallado
un elefante o una piedra preciosa...
Has perdido tantas cosas mientras dormías...
¡y tu sueño era tan inútil!

Kabir

¡Despierta, tú que duermes,
levántate de la muerte
y te iluminará Cristo!
Efesios 5, 14

Sugerencias para la oración ❤

Lee y medita Juan 20, 1-18. Reconstruye la escena con tu imaginación.

Jesús se vuelve a ti y te pregunta si es que «lloras» en tu corazón; si es que has experimentado su ausencia.

Oye que Jesús te llama por tu nombre. Sé consciente de la ternura de su voz según va llenando todo tu ser.

Pide la gracia de sentir una gran alegría, porque el Señor ha resucitado y te llena con su poder. ❤ ❤ ❤

«¿Por qué lloras en el huerto?
¿A quien buscas?». «A mi amado.
Buscando al que estaba muerto
lo encontré resucitado.
Me quedé sola buscando,
alas me daba el amor,
y, cuando estaba llorando,
vino a mi encuentro el Señor.
Vi a Jesús resucitado,
creí que era el jardinero;
por mi nombre me ha llamado,
no le conocí primero».

Himno de Laudes

| 29 / 3 | El aliento de la paz |

«Un hombre se hallaba lamentando la muerte de su hermano menor. Le había parecido sin sentido: toda una promesa de vida aún no realizada, cortada, de pronto, por el cáncer. Habría preferido que hubiera sido *su* vida, y no la de su hermano... El ya sabía hasta dónde llegaban sus posibilidades, ya había comprobado sus talentos... pero, ¿su hermano? Aún no tenía 24 años.

«El hermano mayor cayó en una depresión y empezó a padecer insomnios. Una noche... bajó las escaleras y entró en la cocina... Se sentía vacío y deprimido, y se dijo: "Tal vez me ayude una taza de café". Fue a prepararla. Mientras lo hacía, sintió una presencia en la habitación. Miró hacia arriba, buscando la razón de aquella presencia. En aquel momento, sintió fuertemente que su hermano estaba allí. Y fue todavía más fuerte la convicción de que su hermano le hablaba: "Todo está bien, Frank. Todo está bien, perfecto".

«¿Qué fue lo que ocurrió? ¡Nadie lo sabe! Pero, desde ese momento se acabó la depresión. Se le quitó un gran peso de su espíritu, como si hubieran corrido la piedra de la entrada de la muerte, dejando que entraran los rayos del sol *(William Breault, S.J.).*

> **Que la paz de Cristo actúe de árbitro en vuestra mente.**
> *Colosenses 3, 15*

Sugerencias para la oración ❤

Lee y medita Juan 20, 19-23. Revive, en tu imaginación, cada detalle de la escena.

El aire, en torno a ti, está lleno del aliento de Cristo, en una extraordinaria atmósfera de paz. Respira, profundamente, el aliento de Cristo. Deja que él llene tus pulmones y vigorice todo tu cuerpo, purificándolo. Expele todo lo que hay de negativo en ti. Siente el amor perdonador de Cristo. Siente que te llenas de paz, ¡de la paz de Cristo!

Pide la gracia de sentir la gran alegría y paz que sólo puede otorgar el Señor Resucitado. ❤ ❤ ❤

> **Señor, haz de mí**
> **un instrumento de tu paz.**
> **Que donde haya odio, ponga yo amor,**
> **que donde haya ofensa, ponga yo perdón,**
> **donde discordia, ponga serenidad,**
> **donde error, ponga verdad,**
> **donde duda, fe**
> **donde desesperación, esperanza,**
> **donde tinieblas, luz,**
> **donde tristeza, alegría.**
> *San Francisco de Asís*

Un sacerdote regresaba de sus vacaciones, en Irlanda, a su parroquia de Florida, cuando entabló conversación con un compañero de viaje muy especial. Hablaron de sus respectivas profesiones, de sus gustos y rechazos, de cosas livianas y profundas. El caballero le preguntó al sacerdote en qué parroquia trabajaba y, cuando lo supo, expresó su deseo de asistir a la misa del sacerdote, el siguiente domingo por la mañana. Cuando el sacerdote le dijo que sería muy bien venido, el hombre le dijo que le gustaría cantar en la misa, si es que esto era posible u oportuno.

—Lo siento –le dijo el sacerdote–, nuestro coro canta todos los domingos en la misa de doce.

—Lo comprendo perfectamente» –le dijo el hombre.

Al aterrizar, en Florida, el sacerdote se vio sorprendido al ver mucho público y la presencia de los medios de comunicación. Quedó más sorprendido aún, al ver que trataban de abrirse paso hacia su genial compañero de viaje.

—¿Quién es?» –preguntó a uno de la gente.

—¡Pavarotti!» –le dijeron.

No se había dado cuenta de que, durante todo el viaje, había tenido el privilegio de estar en compañía del célebre tenor de ópera.

Jesús, en persona, los alcanzó y se puso a caminar con ellos. Pero ellos tenían los ojos incapacitados para reconocerlo.

Lucas 24, 15

Sugerencias para la oración ❤

Lee y medita Lucas 24, 13-35. Represéntate la escena. Acompaña a los discípulos. Escucha a Cristo. Mira hacia atrás, hacia el trayecto de tu vida. ¿Ves claramente al Señor Resucitado? ¿Qué preguntas se te suscitan, referentes a la resurrección? ¿Has invitado a extraños a participar en tu vida? ¿Te han ayudado a tener una mayor fe? ¿Cuántas veces te has encontrado con Cristo en el camino de la vida?

Pide una fe profunda para sentir la presencia del Señor Resucitado, especialmente en los pobres; y pide sentir una fuerte motivación para difundir a todos la noticia de la resurrección.

❤ ❤ ❤

¡Quédate con nosotros!
¡La tarde está cayendo, quédate!
¿Cómo te encontraremos al declinar el día
si tu camino no es nuestro camino?
Detente con nosotros, la mesa está servida,
caliente el pan y envejecido el vino.
J.A. Espinosa

29 / 5   Ser testigos de su presencia

Dos amigos alemanes, Alberto Durero y Franz Knigstein, luchaban para convertirse en artistas. Como apenas disponían de fondos para asistir a la universidad, decidieron que uno de ellos buscara un empleo y subvencionara al otro hasta que éste completara sus estudios. Entonces, éste último vendería sus cuadros para pagar la educación del otro.

Echaron a suertes para decidir quién iría primero a la universidad. Durero fue a las clases y Knigstein se puso a trabajar. Durero resultó ser un genio. Después de haber ganado bastante dinero con la venta de sus cuadros, volvió para cumplir su parte en el trato. Sólo entonces comprobó, con dolor, el alto precio que había tenido que pagar su compañero. Los delicados y sensibles dedos de Knigstein habían quedado estropeados durante los años de una ruda ocupación manual. Tuvo que abandonar su sueño artístico, pero no se arrepintió de ello, sino que se alegró del éxito de su amigo.

Un día, Alberto sorprendió a Franz de rodillas y con sus nudosas manos entrelazadas en actitud de oración. Inmediatamente, el artista delineó un esbozo de las «Manos Orantes». Hoy, las galerías de arte exhiben muchas obras de Alberto Durero, pero las «Manos Orantes» es la favorita de la gente. Esta pintura ha sido reproducida millones de veces, por el mundo entero, comunicando esta emocionante y elocuente historia de amor, sacrificio, trabajo y gratitud.

Mirad mis manos...¡y creed!
Juan 20, 27

Sugerencias para la oración ❤

La visión de las manos llagadas de Jesús renovó la fe del apóstol Tomás. Lee y medita: Juan 20, 24-29. Revive la escena.

Cristo está presente en las llagas de la humanidad que sufre. ¿Tienes fe profunda, para reconocer, en ellas, a Cristo?

Pide la gracia de regocijarte intensamente ante la presencia del Señor Resucitado en el mundo de hoy, y pide fortaleza para proclamar la Buena Nueva, de obra y de palabra. ❤ ❤ ❤

Los evangelios no prueban la resurrección;
es la resurrección la que prueba los evangelios.
Creer en la resurrección
no es un apéndice de la fe cristiana:
es la misma fe cristiana.
J.S. Whale

29 / 6	Saborear su presencia

Sucedió en mi habitación, en la tarde del 1 de Febrero de 1913, cuando era estudiante en Cambridge. Si dijera que Cristo vino a mí, estaría diciendo una frase convencional sin especial significado, porque Cristo se presenta de diversas maneras, a los hombres y a las mujeres. Cuando trato de recordar la experiencia que tuve, suelo compararla con la visión legendaria del Santo Grial. Lo que a mí me ocurrió fue algo así.

Sin embargo, no fue una visión sensible. Allí no había más que la habitación con su viejo mobiliario, el fuego ardiendo en la chimenea y la lámpara encendida sobre la mesa. Pero la habitación estaba llena de una Presencia que, de una manera extraña, estaba tanto en torno a mí como dentro de mí, algo así como una luz o un calor. Me hallaba totalmente poseído por Alguien que no era yo y, sin embargo, sentía que yo era más yo que nunca. Me sentía lleno de una intensa felicidad, de un gozo casi insoportable, algo que nunca había sentido y que no volvería a sentir. Y, por encima de todo, experimentaba una paz profunda y una gran serenidad y certeza.

¡Es el Señor!
Juan 21, 7

Sugerencias para la oración ❤

Lee y medita: Juan 21, 1-17.

¿Puedes producir en ti una resonancia de la luz y el despertar a una nueva fe, como lo experimentaron los discípulos? Tu relación con Jesús, es tan espontánea como la de Pedro? Si Jesús te preguntara: «¿Me amas?», ¿qué podrías presentarle como prueba de tu amor?

Pide una profundización de tu fe en el Señor Resucitado, motivada por el gran gozo que sientes por su victoria sobre la muerte y las tinieblas. ❤ ❤ ❤

Dios nos visita con frecuencia
pero, muchas veces, nosotros
estamos fuera de casa.
Proverbio francés

29 / 7	Renovar nuestra fe

Judas le traicionó y Pedro le negó;
los otros discípulos lo abandonaron y huyeron.
Si hubiera estado allí, ¿habría sido yo más valiente,
quedándome con mi Señor que estaba a punto de morir?

Caifás maquinó, Herodes se burló,
y Pilato lo condenó a colgar del madero.

En su lugar, yo habría hecho lo mismo,
sin pensar que él moría por mí.

María no lo reconoció y Tomás dudó;
Pablo arrastró a la cárcel a sus seguidores.
¿Cómo me enfrento yo al reto del Nuevo Testamento?
¿Podré tener éxito donde esos personajes fallaron?

Jesús los perdonó: al ladrón de la cruz,
a los soldados que lo mataron y a su amigo Pedro.
Su amor no falló en este mundo negro de odio.
Su amor acabó haciendo que volvieran a su lado.

Han pasado dos mil Pascuas, como una sombra.
Y esta es nuestra hora, en la historia de la fe.
Jesús nos ama y nos llama con él.
Con él, y sólo con él triunfaremos.

June Chantry

Por medio de él reconcilió todo consigo.
Colosenses 1, 20

Sugerencias para la oración ❤

Cristo muestra una profunda preocupación y un gran interés personal por sus discípulos. A una Magdalena entristecida: «Mujer, por qué lloras?». A unos desanimados discípulos: «Paz a vosotros». A los apóstoles que regresaban de una pesca infructuosa: «¿Habéis pescado algo?» Y luego los invita a un almuerzo que él mismo había preparado: «Venid a comer». Ni una palabra acerca de su cobardía, de su duda o falta de fe. Sólo palabras de aliento y muestras de ánimo, perdón y acogida. ¿Has sentido este toque personal en tus relaciones con él?

Reflexiona sobre el poema precedente. Respóndele al Señor Resucitado.

Pide la gracia de experimentar la amistad de Jesús Resucitado. ❤ ❤ ❤

**Nunca sabremos, de verdad,
lo importantes que somos,
hasta que nos llamen para resucitar.**
Emily Dickinson

TRAMO 30
Nos encarga una misión

En el film *My Fair Lady*, el profesor Higgins asume el reto de enseñar fonética inglesa a una muchacha de la calle, en Londres. Durante las clases que le va dando, descubre la calidad humana de la muchacha, y su corazón se siente atraído hacia ella. Una noche, la muchacha se da cuenta, de pronto, de que el profesor está enamorado de ella, y no puede contener su enorme alegría. Corre a su habitación, se abraza a su almohada y baila embargada de gozo, mientras canta: «Podría bailar toda la noche...»

* * *

La Presencia de Jesús Resucitado es una Presencia transformadora. La tristeza se torna en gozo. La noche en día. El corazón se llena de Amor. Es un amor que no puede contenerse, sino que trata de salir de sí y comunicar su experiencia estremecida.

Habrás observado que todas las apariciones del Señor Resucitado acaban en la *misión* que les encomienda a los presentes: proclamar la Buena Nueva del Reino de Dios y el amor y servicio a los demás, de forma que edifiquemos un nuevo mundo en el que la paz, la libertad y la justicia prevalezcan en todas partes y a todos los niveles.

Por esto, Jesús les encarga a las mujeres, en la mañana de Pascua: «Id y decid a mis hermanos que vayan a Galilea» (Mateo 28, 10). Y a los apóstoles les dice: «Como mi Padre me ha enviado, así os envío yo» (Juan 20, 21). Y, a sus seguidores, les encarga: «Id a todos los pueblos y hacedlos discípulos míos» (Mateo 28, 19).

Hemos estado respondiendo a esta misión durante todo este Programa de Desarrollo Espiritual. Esta semana, profundizaremos en nuestro compromiso con esta Misión. El Espíritu de Cristo Resucitado te ha transformado. Si tú amas a los demás como él te ha amado, tú también puedes ayudar a transformarlos.

Pide la gracia de experimentar profundamente la alegría del Salvador Resucitado y de sentir la urgencia de colaborar en su Misión salvadora.

Todos experimentamos momentos
de muerte en nuestra vida.
Sentimos los preludios de la muerte,
cuando nos invade la amargura,
cuando nos envuelve la soledad,
cuando el miedo nos oprime,
cuando la tristeza nos abruma
y cuando nos rendimos a la desesperanza.
Son momentos en los que el cielo
se cierra sobre nosotros,
y nos sentimos con un pie en la tumba.

Pero también sentimos, en nuestra vida,
otros momentos de resurrección:
cuando hallamos un amor verdadero,
cuando somos aceptados,
cuando nos han perdonado,
cuando abrimos el alma a nuestro prójimo
y cuando nos vuelve la esperanza.
Momentos en los que se nos abre el horizonte
y resurgimos desde la tumba.

Señor Jesús,
que el poder de tu resurrección
toque todo lo está, en nosotros, muerto,
y lo devuelva, otra vez, a la vida.
Que el esplendor de tu resurrección
ilumine el mundo entero,
ahuyentando las sombras de la muerte
y ayudando a los hijos del Padre
a caminar en la luz de la esperanza
hacia el Reino que ya llega.

Flor McCarthy, SDB

30 / 1   El fundamento de nuestra fe

Al tercer día es una de las últimas novelas publicadas por Piers Paul. Es la historia de un arqueólogo judío, Michal Dagan, que descubre, en Jerusalén, el esqueleto de un hombre del siglo I. El arqueólogo invita a su colega, el sacerdote católico P. John Lambert, a examinar el hallazgo y comprueba lo que sospechaba: que el cuerpo es el de Cristo. Pero, antes de que se hicieran públicas sus sospechas, encuentran al P. Lambert ahorcado en Londres, en el monasterio de la orden Simonita a la que pertenecía. *¿Se suicidó porque el descubrimiento había derribado su fe?* La novela continúa para indagar este extremo...

Un tema parecido se utiliza en el film *El mundo en tinieblas*, en el que un arqueólogo declara que, en la tumba de Cristo, ha hallado una momia del siglo I que responde exactamente a la descripción de Jesús. Los medios de comunicación difunden grandes titulares por el mundo entero, afirmando que la resurrección de Jesús fue un engaño. A resultas de lo cual, el mundo cristiano se sumerge en las tinieblas: se destruyen crucifijos, se derriban iglesias y los cristianos abandonan su fe. En su lecho de muerte, el arqueólogo confiesa que todo fue una broma, y que la momia era falsa.

> **Si Cristo no ha resucitado,**
> **es vana nuestra fe.**
> *1 Corintios 15, 14*

Sugerencias para la oración ❤

¿Cuáles crees que serían las consecuencias, si no hubiera tenido lugar la Resurrección de Jesús?

¿Qué habrías respondido si te hubieran dicho que las denominadas fuentes «autorizadas» afirmaban que la Resurrección era un engaño?

Lee y medita: 1 Corintios 15, 1-28.

Pide profundizar en la fe en el Salvador Resucitado y experimentar su gozo. ❤ ❤ ❤

**Entre nosotros, la cuestión no está
tanto en si tenemos o no tenemos fe;
la cuestión verdadera es:
¿En qué o en quién ponemos nuestra fe?**
Anónimo

30 / 2   El flujo y reflujo de la vida

En *El aperitivo*, de T.S. Elliot, Eduardo acaba de ser abandonado por su esposa Lavinia, pero el Huésped Incógnito le dice que hará que Lavinia regrese mañana.

—Es un asunto muy serio volver a traer a alguien de entre los muertos.

—¿De entre los muertos? Esa manera de hablar es un tanto... dramática. Si fue sólo ayer cuando me dejó mi esposa.

—Bueno, pero es que nosotros nos morimos mutuamente todos los días. Lo que sabemos de los demás es sólo nuestro recuerdo de los momentos en los que los hemos conocido. Y, desde entonces, han cambiado. Pretender que ellos y nosotros somos los mismos es un convencionalismo social útil y conveniente que, muchas veces, falla. Hemos de tener también muy presente que, a cada encuentro, nos estamos encontrando con un extraño.

—Entonces, yo también debo de ser un extraño.

—Incluso para ti mismo...

**Si hemos muerto con Cristo,
creemos que también viviremos con él.**
Romanos 6, 8

Sugerencias para la oración ❤

Recuerda cómo has atravesado por el proceso de morir y resucitar a una nueva vida. ¿Cuál ha sido el papel de Cristo en todas esas experiencias?

Lee y medita: Romanos 6, 3-11.

Pide la gracia de alegrarte de que el Señor esté vivo y te ha llenado con el espíritu de vida. ❤ ❤ ❤

> **Despedirse es morir un poco;**
> **encontrarse**
> **es resucitar un poco.**
> *Schopenhauer*

30 / 3 Identificación espiritual

Un universitario acudió al empleado de la oficina para certificar su Tarjeta de Identificación. El empleado miró el rostro bien afeitado y el pelo bien cortado de la foto y, después, al ver las melenas y bigotes del joven, le sugirió que presentara una foto más reciente.

En menos de media hora, el estudiante volvió al mostrador. El empleado aceptó inmediatamente la fotografía. El estudiante volvía de la peluquería, con el pelo cortado y el bigote afeitado.

> **En adelante, a nadie consideramos**
> **con criterios humanos.**
> *2 Corintios 5, 16*

Sugerencias para la oración ❤

¿Cuál es tu imagen de Jesús Resucitado?

Recuerda lo que antes hemos dicho acerca de la radical transformación de Jesús, después de su Resurrección, de manera que, hasta sus más íntimos tuvieron dificultades para reconocerlo. ¿Reconoces tú a Cristo en tus prójimos?

Lee y medita en la 2ª carta a los Corintios desde 5, 15 a 6, 2.

Pide una fe profunda para ver a Cristo Resucitado en tus prójimos, especialmente, en los más necesitados. ❤ ❤ ❤

**Podemos y debemos ver el rostro de Cristo
en el rostro de cada ser humano;
especialmente cuando se asemeja más a él
por las lágrimas y el dolor.
Y podemos y debemos ver el rostro del Padre Celestial
en el rostro de Cristo.**
Pablo VI

30 / 4   **Cristo sale al encuentro**

El célebre actor británico, sir John Gielgud, se hallaba de visita en los Estados Unidos. Un día, se acercó a él una mujer a la que nunca había visto antes, lo observó de cerca, y dijo:

—No, no es él.

Sir John se preparó a la discusión que se le venía encima.

—No es él –repetía la mujer–. Usted no puede ser sir John Gielgud.

—Sí que lo soy –dijo sir Gielgud.

La mujer lo observó más de cerca. Después, tocándole jocosamente con el dedo, le dijo:

—No, no es usted. –Y se marchó.

**Nosotros no podemos callar
lo que sabemos y hemos oído.**
Hechos 4, 20

Sugerencias para la oración ❤

Lee y medita: Mateo 28, 11-15.

Hay gente que tapa sus oídos o cierra sus ojos ante la experiencia de la Resurrección. ¿Es, verdaderamente, profunda tu fe?

Cristo está hoy vivo para los que creen en la Resurrección.

Continúa tus reflexiones en las que estás viendo a Cristo presente en la gente, en los «últimos» de sus hermanos y hermanas. Incluye en tu oración a cada persona con la que te encuentras diariamente. ¿Las aceptas como imágenes de Cristo?

Pide el don de profundizar tu fe en el Señor Resucitado, y pide alegría y gozo al reconocer su presencia en los que están junto a ti. ❤ ❤ ❤

Se cuenta que, en un concurso
para imitar a Charles Chaplin,
tomó parte el propio actor,
y consiguió el tercer premio.

30 / 5   Encontrar a Cristo

Hay un hombre frente a mí, Señor.
Trato de verle, tal como es,
por encima de mis simpatías o antipatías,
por encima de mis opiniones o sus opiniones,
por encima de mi conducta o su conducta.
Trato de que sea, ante mis ojos,
como él es, en realidad;
sin forzarle a atacar o defenderse,
o a practicar algún otro juego.
Trato de respetarle como a un ser
distinto de mí.
No trato de hacerle prisionero
ni de obligarle a estar a mi lado
ni de hacer que venga tras de mí.
Trato de aparecer pobre a sus miradas,
para no aplastarlo ni humillarlo
ni obligarle a estarme agradecido.
Trato de hacer estas cosas, Señor,
porque este hombre es único,
y, por lo tanto, es rico
con una riqueza que yo no poseo.

Yo soy el pobre, Señor.
Yo, el que estoy a su puerta,
desnudo, despojado,
para que, en su corazón,
¡oh Cristo resucitado!,
pueda sorprender un gesto de tu rostro,
que me sonría y me invite.

Michel Quoist

Vosotros sois dioses.
Juan 10, 34

Sugerencias para la oración ❤

Reflexiona sobre la oración de arriba. Haz tu propia oración a partir de ella.

Lee y medita: Juan 10, 31-38.

Pide una profunda alegría que te dé confianza en el Señor Resucitado y fuerza para comunicar tu vida de fe a los demás.

❤ ❤ ❤

Para imitar a Jesús,
hemos de convencernos de que seremos cristianos,
si vivimos «para» los demás,
si hacemos que, fundamentalmente,
toda nuestra vida sea un servicio
a nuestros hermanos.
Chiara Lubich

30 / 6	Su presencia por doquier

Caryll Houselander nos describe su experiencia de la presencia de Dios: «Viajaba en el metro, en un vagón atestado con toda clase de gentes: sentadas, agarradas a los asideros, que regresaban a sus hogares al final del día. De pronto, vi en mi mente, pero con mucha claridad, una escena maravillosa: Cristo estaba en todos ellos. Pero vi aún más: no solamente estaba Cristo en cada uno de ellos, viviendo en ellos, muriendo en ellos, gozando en ellos, sufriendo en ellos... sino que, porque Él estaba en ellos y ellos estaban allí, todo el mundo estaba también allí, en aquel vagón del metro; y no sólo estaba todo el mundo actual, sino que estaban también todas gentes que habían vivido en el pasado y las que iban a vivir en el futuro.

«Salí a la calle y anduve mucho tiempo entre la muchedumbre. Aquí estaba ocurriendo lo mismo: por todas partes, en cada persona que pasaba... estaba Cristo».

**Yo estaré con vosotros siempre,
hasta el fin del mundo.**

Mateo 28, 20

Sugerencias para la oración ❤

Reflexiona sobre la experiencia arriba citada y mira a ver cómo encaja con tus propias experiencias de Cristo Resucitado.

Lee y medita: 1 Corintios 12, 12-27.

Pide la gracia de que aumente tu convencimiento de que Cristo está vivo en las vidas de los demás. ❤ ❤ ❤

> **Cristo actúa en mil lugares,
> en cuerpos y ojos que no son suyos,
> haciendo que los cuerpos y los rostros
> de los hombres
> sean amables para el Padre.**
> *G.M. Hopkins*

---

30 / 7   **Ojos nuevos**

Un niño entró en la clase llevando gafas por vez primera. Sus condiscípulos comenzaron a burlarse de él. El maestro estaba a punto de salir en su defensa, cuando observó que todo el jaleo se había detenido y que todos estaban fijos en el niño. Este miraba por la ventana, de forma extraña, con sus ojos y gafas dirigidos al cielo.

El cacique de los burlones, lleno de curiosidad, se fue hacia la víctima y le preguntó qué es lo que estaba mirando.

—¿Es que no lo veis? –les dijo el niño mirándoles a través de sus nuevas gafas.

—No –respondió toda la clase.

—¡Es porque no lleváis gafas! –dijo, triunfante, el niño.

**Actuando eficazmente en nosotros,
puede realizar muchísimo más de lo que pedimos o pensamos.**

Efesios 3, 20

Sugerencias para la oración ❤

Pide tener una nueva visión del Señor Resucitado, para que puedas ver con el corazón.

Lee y medita: Efesios 1, 18, 23.

Pide la gracia de experimentar, dentro de ti, su poder para que te dé una nueva perspectiva de toda la realidad, y te mueva a amarle y servirle para realizar su Reino. ❤ ❤ ❤

**Amar como él ama,
ayudar como él ayuda,
dar como él da,
servir como él sirve,
estar con él las veinticuatro horas,
tocándole en su harapiento disfraz.**
Madre Teresa

TRAMO 31
Llenos del Espíritu

La actual catedral de San Pablo de Londres se alza sobre el sitio de una antigua catedral que quedó destruida en el gran incendio de 1666. La nueva fue diseñada por Christopher Wren, y tardó casi 35 años en terminarse.

Se cuenta que, a punto de comenzar la construcción de la nueva catedral, Wren tomó una piedra de las ruinas de la vieja catedral, y quedó sorprendido al leer la inscripción que llevaba: *Volveré a resurgir.*

* * *

Jesús resucitó de entre los muertos. Los testigos de Jesús Resucitado manifestaron su convicción firme de que «estaba vivo». Una vez más, Cristo Resucitado compartió los secretos del Reino de Dios con sus compañeros más cercanos. Les confió la misión de llevar la «buena nueva» a todos los pueblos. Les prometió un «Abogado», el Espíritu Santo. Y después subió al cielo.

Los últimos momentos de la estancia terrena de Jesús están muy bien descritos en Hechos 1, 3-12. «Se elevó en su presencia». Sus discípulos asistieron al final de su compañía física con Jesús. La nube, que simboliza la presencia de Dios, lo envolvió. Fue, sin duda, una separación dolorosa. Los discípulos no acaban de quitar sus ojos del cielo. Pero les sacan pronto de su estupor y los enfrentan a la realidad. Se les indica que regresen a Jerusalén para orar y aguardar al Espíritu Santo.

¿Quién es el Espíritu de Jesús? Quizá debiéramos preguntarnos: ¿qué es el Espíritu de Jesús? ¿Qué es el espíritu de una persona? Comprende la riqueza y la profundidad de su vida. Incluye la visión de la que brota su mensaje y su enseñanza, el poder de su obra y de su lucha, sus actitudes ante la naturaleza, el mundo y la gente. Pero es mucho más: algo que es imposible definir. Es la atmósfera que la gente respira cuando entra en la presencia de Jesús, la paz y sosiego que irradia en medio de las tensiones, la alegría que inspira y la atracción que, espontáneamente, lleva a la gente hacia él. Es la fuente de sus acciones y palabras en sus encuentros con el pueblo. Es el Dios incomprensible que llenaba su vida sin que podamos explicarlo, porque el Espíritu es como el viento: que no sabes de dónde viene y a dónde va.

Y con todo, este Espíritu es mucho más real que las palabras y obras que la gente percibía. Es la maravilla divina que no nos lo aparta de nosotros, que lo hace verdaderamente humano, de forma que en su presencia comenzamos a comprender qué significa ser humanos y cómo debiera ser nuestra vida. Al mismo tiempo, nos hace sentirnos más cercanos a Dios que en cualquier ceremonia sagrada, de forma que en él comenzamos a saber quién es Dios.

«Este Espíritu de Jesús es *Dios* mismo. No un Dios lejano a quien nadie ha visto nunca, sino un Dios presente en nuestro mundo». (J. Neuner, S.J.).

Esta semana trataremos de comprender lo que significa el mensaje de despedida de Jesús, su misión y la experiencia del Espíritu de Jesús que llena todo nuestro ser como lo hizo con los discípulos el día de Pentecostés.

Pide la gracia de experimentar, dentro de ti, el poder del Espíritu que inflama tu corazón con su amor, un amor que te urge a lanzarte y a difundir la Buena Nueva.

¿Y dejas, Pastor santo,
tu grey en este valle hondo, oscuro,
en soledad y llanto;
y tú, rompiendo el puro
aire, te vas al inmortal seguro?

Los antes bienhadados
y los ahora tristes y afligidos,
a tus pechos criados,
de ti desposeídos,
¿a dónde volverán ya sus sentidos?

¿Qué mirarán los ojos
que vieron de tu rostro la hermosura
que no les sea enojos?
Quien gustó tu dulzura
¿qué no tendrá por llanto y amargura?

Y a este mar turbado
¿quién le pondrá ya freno? ¿Quién concierto

al fiero viento, airado,
estando tú encubierto?
¿Qué norte guiará la nave al puerto?

¡Ay, nube envidiosa
aun de este breve gozo!, ¿qué te quejas?
¿Dónde vas presurosa?
¡Cuán rica tú te alejas!
¡Cuán pobres y cuán ciegos, ay, nos dejas!

Fray Luis de León

* * *

Querido Jesús, ayúdame a difundir tu fragancia
por dondequiera que vaya.

Inunda mi alma con tu espíritu y vida.

Penetra y posee todo mi ser con tal plenitud,
que toda mi vida sólo sea un reflejo de la tuya.
Resplandece a través de mí y permanece en mí,
de manera que todos los que me encuentren
sientan tu presencia en mi alma.

Que miren más arriba y ya no me vean a mí
sino sólo a Jesús.

Quédate conmigo, y entonces comenzaré a brillar
como tú brillas; brillar y ser luz para los demás.
La luz, oh Jesús, será toda tuya y no mía;
serás tú quien ilumina a los demás a través de mí.

Que te alabe como a ti te gusta más:
iluminando a los que están en torno a mí.

Que te predique sin andar predicando;
no con mis palabras sino con mi ejemplo:
con la atracción y simpatía de lo que hago,
con la plenitud del amor
que mi corazón siente por ti. Amén.

(Inspirado en *Meditaciones y devociones*
del *Card. Newman*)

Jesús subió al «cielo». Imagínate cómo entra Jesús en el cielo. Todos los ángeles forman el comité de recepción. Quedan espantados al ver las heridas de sus manos y pies. Sintiéndose preocupados de que todo el trabajo de Jesús en la tierra y todos los sufrimientos que pasó puedan resultar inútiles ahora que él no está allí, el arcángel Gabriel le dice a Cristo:

—Señor, ¿estás seguro de que toda la gente del mundo es consciente de que sufriste la Pasión por el gran amor que tienes hacia toda la humanidad?

—Bueno –le respondió Cristo–, por ahora sólo un pequeño grupo de mis discípulos conoce mis sufrimientos y mi misión. Estoy seguro de que ellos se lo comunicarán a los demás.

—No funcionará –protestó Gabriel–. Después de todo, los seres humanos son muy débiles y poco serios. Para la mayor parte de ellos, lo que no ven no lo creen. Las generaciones venideras comenzarán a dudar de ti, incluso te olvidarán. Es demasiado arriesgado fiarse solamente de un puñado de hombres y mujeres que ahora parecen estar muy entusiasmados. ¿No crees que, por si acaso, sería necesario tener un plan de reserva?

—Ya lo había pensado –respondió Jesús–, pero he decidido que no. Tengo fe en los que me quieren. Cuento con *ellos* para difundir la Buena Nueva de generación en generación, ¡hasta el fin de los tiempos!

En su presencia, Jesús se elevó,
y una nube se lo quitó de la vista.
Hechos 1, 9

Sugerencias para la oración ❤

Lee y medita: Mateo 28, 16-20 y Efesios 4, 7-16.

¿De qué manera estás llevando a cabo la misión de Cristo? ¿Puede contar totalmente contigo para difundir la Buena Nueva?

Pide la gracia de estar en disposición y voluntad de utilizar todo el poder que Dios te da para realizar su Reino. ❤ ❤ ❤

**El momento en que nos damos cuenta
de que no somos
más que instrumentos de Dios,
es un bello momento.**
Arzobispo Oscar Romero

31 / 2   **Transmitir la fe**

Resulta muy interesante la historia de cómo comenzó la gran carrera artística de Leonardo de Vinci. Su viejo maestro cayó gravemente enfermo, y pidió al joven Leonardo que terminara una pintura que había dejado sin acabar. Leonardo se opuso, diciéndole que no era capaz de completar una obra del maestro. Pero el maestro insistió y convenció a Leonardo para que aceptase la tarea.

Leonardo aceptó el encargo como un reto, por agradar al maestro a quien apreciaba mucho. Trabajó con todo empeño y, cuando quedó terminado el cuadro, le llovieron alabanzas de todas partes. Su maestro quedó tan impresionado por el trabajo que, lleno de humildad, le dijo a Leonardo: «Hijo mío, desde ahora no hace falta que yo pinte más». Y le traspasó el oficio a Leonardo.

**Recibiréis la fuerza del Espíritu Santo
que vendrá sobre vosotros,
y seréis mis testigos... hasta el confín del mundo.**
Hechos 1, 8

Sugerencias para la oración ❤

Lee y medita: Marcos 16, 19-20 y Hechos 6, 1-7.

Jesús les traspasó el encargo a sus discípulos. A partir de una pequeña semilla, la Cristiandad se ha transformado en un árbol frondoso. Sigue la evolución de la Cristiandad, desde sus humildes comienzos hasta nuestros días. Piensa en tanta gente como hoy conoces, que han entregado toda su vida a la difusión de la Buena Nueva. Recuerda a los que, de muchas maneras, han inspirado a otros a seguir a Cristo, viviendo a partir de las enseñanzas del Evangelio.

443

¿De qué maneras prosigues tú la tarea que Cristo dejó incompleta, debido a su prematura muerte?

Pide valor para cumplir la misión de Cristo en lo grande y en lo pequeño. ❤ ❤ ❤

Quisiera quedar totalmente agotado, cuando muera;
porque cuanto más haya trabajado,
más habré vivido.
La vida no es, para mí, una pequeña vela.
Es una especie de espléndida antorcha
que he de mantener en alto
y que quiero que arda con la mayor luz posible
antes de entregarla a las futuras generaciones.
George Bernard Shaw

31 / 3	Un huracán de amor

Supónte que digo: «Sé que hace viento». Con la palabra «sé» me estoy refiriendo a mi mente; por lo que la frase quiere decir: «Mi mente conoce que hace viento». La mente es la que conoce, por lo que, en realidad, estamos diciendo: «La que conoce sabe que hace viento». Pero decir esto es raro... Nos imaginamos que la que conoce es un ser que existe independientemente de su objeto y que reside en nuestro cerebro, haciendo breves excursiones al «mundo exterior» para ver lo que allí pasa. Como cuando usamos una regla para medir algo...

Cuando decimos: «Sé que está soplando el viento», no pensamos que hay algo que está soplando sobre algo. El «viento» va con el «soplar». Si no sopla, no hay viento... «Conocer» es conocer algo. Aquí el conocer es inseparable del viento. Podemos decir: «Viento», y esto basta. Indica la presencia del conocimiento y la presencia de la actividad de soplar.

Thich Nhat Hanh

De repente vino del cielo un ruido
como de viento huracanado
que llenó toda la casa.
Hechos 2, 2

Sugerencias para la oración ❤

Debiéramos decir que el «Espíritu nos sigue fortaleciendo». Porque la presencia del Espíritu indica la presencia de un poder dentro de nosotros.

Lee y medita: Hechos 2, 1-11. Los discípulos amaban al Señor. Pero los recientes acontecimientos habían congelado ese amor; lo ocultaban por miedo. Con la llegada del Espíritu, los discípulos vuelven a ser lo que eran. Se sienten fortalecidos. Y se lanzan a construir un mundo nuevo.

Revive la escena, sintiéndote presente con los discípulos el día de Pentecostés. Siente que el poder del Espíritu entra dentro de ti llenando, con su amor, cada fibra de tu ser.

Pide al Espíritu que inflame tu corazón con un fuego que se propague y lleve amor a los corazones de toda la humanidad.
❤ ❤ ❤

El amor posee también el poder de transformar,
porque transforma al amante en su Amado,
y hace que viva en él.
Y así sucede que,
cuando el fuego del Espíritu Santo
se apodera realmente del alma,
la inflama completamente
y, por decirlo así, la convierte en fuego,
llevándola a un estado
en la que se asemeja mucho más a Dios.
Richard Rolle

31 / 4   El Dios de las sorpresas

Una abuela tomó, en su regazo, a su nieta de tres años y comenzó a leerle el Génesis. Después de un rato, notando que la pequeña estaba muy quieta, la abuela le preguntó:

—Y bien, ¿te gusta, querida?

—Me gusta muchísimo –respondió, entusiasmada, la niña–. ¡Nunca sabes lo que Dios puede hacer a continuación!

Sabemos que hasta ahora la humanidad entera
está gimiendo con dolores de parto...
Pero nosotros, que poseemos las primicias del Espíritu,
gemimos por dentro aguardando la condición filial,
el rescate de nuestro cuerpo.

Romanos 8, 22-23

Sugerencias para la oración ❤

Nuestro Dios es un Dios de sorpresas. ¡Nos sorprende con la alegría! ¿Has experimentado, en tus relaciones con Dios, ese estremecimiento por el que no sabes qué es lo que va a hacer a continuación con tu vida?

Lee y medita: Hechos 2, 43-47; 3, 1-16; 4, 1-31.

La Venida del Espíritu Santo es como una Segunda Creación.

Observa la transformación que tiene lugar en Pedro, Juan y los demás discípulos. Observa la fe de los recién convertidos.

Pide al Espíritu que te transforme completamente, que te vuelva a crear. ❤ ❤ ❤

Cada vez que decimos: «Creo en el Espíritu Santo»,
manifestamos que hay un Dios vivo
que puede y quiere entrar
en la personalidad humana y cambiarla.

J.B. Phillips

31 / 5	El magnetismo de Jesús

Yo soy una persona muy lógica, con una mente científica. Necesito pruebas para todo. Sin embargo, aquí en la universidad, me ha ocurrido algo que no puedo explicar racional o científicamente, ni tan siquiera psicológicamente.

Me encuentro totalmente obsesionado por Cristo y siento que de alguna manera está él operando dentro de mí... No podría explicar este sentimiento. Me ha sobrevenido, sobre todo, durante estos últimos meses, cuando comencé a leer acerca de los primeros cristianos. Quedé tan asombrado y estupefacto ante esta gente, que llegué a la conclusión de que no es posible cuestionar a Jesús o dudar de que él es: el Hijo de Dios.

Resumiendo: pienso que comencé a creer firme y concienzudamente en lo que me enseñaron desde niño. Comencé a ver lo que los apóstoles veían y amaban. Jesús se me volvió real...

Todavía tengo dudas ocasionales pero, dentro de mí, hay algo inexplicable, incluso en mis dudas. Llamadlo insensato, psicótico o lo que queráis... Yo no puedo explicarlo, no se aparta de mí y no fui yo quien lo busqué. Sencillamente, sucedió *(Robert Rybicki)*.

**Con gran energía, los apóstoles
daban testimonio de la resurrección del Señor Jesús
y eran muy estimados.**
Hechos 4, 33

Sugerencias para la oración ❤

Lee la vida de los primeros creyentes, en Hechos 4, 32-37 y Hechos 5, 1-16.

¿Qué te inspira esa vida?

Pide al Espíritu Santo que te dé el espíritu de los primeros cristianos. ❤ ❤ ❤

**Jesús de Nazaret fue el personaje
más científico que haya pisado este mundo.
Supo penetrar bajo la superficie material de las cosas
para hallar la razón espiritual de las mismas.**
Mary Baker Eddy

31 / 6	Llenos del Espíritu Santo

El Espíritu trajo una nueva vida a los desanimados discípulos de Jesús. Quedaron llenos de *sabiduría, inteligencia, consejo, fortaleza, ciencia, piedad y temor de Dios.* James McKams compara este don septiforme con los criterios que el famoso psicólogo, William Menninger, suponía que había de poseer toda persona emocionalmente madura:

1. *Tener la habilidad de enfrentarse constructivamente con la realidad.* El don de *sabiduría* nos capacita para distinguir la realidad de la fantasía, y vivir en consecuencia.

2. *Tener capacidad de adaptarse al cambio.* La *inteligencia* nos ayuda a aceptar los cambios que se producen para el bien común. A muchos no les gusta cambiar pero son partidarios del progreso. No hay progreso sin cambio.

3. *Ser libre ante los síntomas producidos por tensiones y ansiedades.* El *consejo* nos lleva a indagar bajo lo visible, para descubrir las causas ocultas y los síntomas de las tensiones y los miedos.

4. *Ser capaces de sentir más felicidad en dar que en recibir.* La *piedad* nos protege del egoísmo (ver Hechos 20, 25).

5. *Ser capaces de tratar a la gente de una manera apropiada: colaborando mutua y satisfactoriamente.* La *ciencia* nos da una dirección consistente en nuestras vidas, para no ser perturbados por cualquier emoción pasajera.

6. *Ser capaces de encauzar la energía de nuestros instintos hostiles hacia objetivos creativos y constructivos.* El *temor de Dios* es beneficioso y nos hace realizar obras buenas que, de otra forma, quedarían sin hacer. Este temor es reverencial, como el de un niño que respeta a su querido padre.

7. *Ser capaces de amar.* La *fortaleza* es necesaria para un verdadero amor, pues nos da valor para asumir un compromiso solemne, aun a riesgo de ser rechazados.

No apaguéis el Espíritu.
1 Tesalonicenses 5, 19

Sugerencias para la oración ❤

Reflexiona sobre cada uno de los dones y pide que el Espíritu te llene de aquellos que más necesitas. ❤ ❤ ❤

**«Haz de mí, Señor, un punto de contacto
por donde el Espíritu pueda entrar
en aquellos a los que alcanzo,
ya sea con mis palabras,
con mi oración o con mi vida».**

31 / 7   El amor es libertad

Máximo Gorki nos relata, en su autobiografía, que cuando tenía sólo once años lo lanzaron al mundo para que se abriera paso por sí mismo. La sociedad rusa de aquellos tiempos estaba llena de violencia, miseria y pobreza, pero el libro nos revela a un carácter lleno de valor y optimismo. Gorki no admitió ser doblegado por la adversidad. El segundo volumen de su vida lo concluye con estas palabras: «Ansiaba darle una buena patada a este mundo –y también a mí mismo–, para que todo, incluido yo mismo, comenzara a bailar en un corro festivo, en una alegre danza en la que todos nos amáramos los unos a los otros y amáramos una vida que había comenzado para ser transformada en otra vida más bella, activa y honrada».

**Donde está el Espíritu del Señor
hay libertad.**
2 Corintios 3, 17

Sugerencias para la oración ❤

Los discípulos se habían recluido tras cerrojos después de los trágicos acontecimientos del Calvario. Se sentían rechazados y deprimidos. La presencia del Señor Resucitado les comunicó una fe capaz de mover la roca que tapaba la cueva de sus corazones. El Espíritu los llenó de valor para salir afuera y transformar el mundo.

Toma cada uno de los dones del Espíritu enumerados en Gálatas 5, 22 y mira a ver cuántos de ellos posees.

Pide al Espíritu que te llene con todos sus dones y que te dé la fuerza de usarlos para el establecimiento del Reino de Cristo.
❤ ❤ ❤

**No camines delante de mí,
que no te podré seguir.
No camines detrás de mí,
que no te podré conducir.
Camina, justamente, junto a mí
para, sencillamente, ser mi amigo.**
Albert Camus

Nos dicen que el amor es muy paciente,
Nos dicen que el amor es muy amable,
que no repara en las faltas ajenas,
porque nos dicen que el amor es ciego.

Me ha sacado de mí y de lo mío,
ya no hay más que: nosotros y lo nuestro.
Lo que era tuyo y mío, ahora es nuestro;
que el amor, ante todo, es unidad.

El amor no se gasta con los años
no se estropea ni se desvanece;
pues adquiere más fuerza con el tiempo,
con la risa, el gozo y el dolor.

Es el don mismo de Dios para nosotros,
un regalo que nos llega desde arriba.
Nos da la paz y nos da la alegría
pero, ante todo, lo que nos da es amor.

Anónimo

UNDECIMA ETAPA

En todo amar y servir

En todo amar y servir

> Vengo de ti, Dios, y voy a ti
> todo el día, como fluye la fuente.
> *Gerard M. Hopkins*

Recuerda lo que meditamos durante los primeros días de esta andadura: Dios creó el Universo y todo lo que hay en él. Dios me creó a su imagen y semejanza, poniendo en mi corazón un manantial de amor que fluye como una fuente perenne y que rebosa sobre todo lo que hay en torno a mí.

El místico Eckhart describe a Dios, «como un gran río subterráneo que nadie puede embalsar y nadie puede contener». Dios es el origen de nuestro manantial. Nosotros podremos ser «polvo y ceniza» pero, alimentados por el amor de Dios, daremos fruto que aproveche a los demás.

El amor es la mayor de todas las virtudes (1 Corintios 13, 13). Y quien crea que puede amar a Dios sin amar al prójimo, se engaña a sí mismo (1 Juan 4, 20). En la práctica, si amas a alguien, se lo tienes que *mostrar* –en obras y no sólo en palabras–, pues no basta amar sólo «afectivamente», dándole calor, cercanía y consuelo. Es preciso que el amor afectivo se traduzca en amor «efectivo», *haciendo* lo que necesita o quiere la otra persona. El amor afectivo suele fluctuar bastante, pero el amor efectivo permanece constante. Además, el amor afectivo sin el amor efectivo puede derivar en propio interés y propia desilusión. ¡Amor y servicio están íntimamente unidos!

Por otra parte, el amor consiste en la comunicación mutua entre dos personas. El amante da y comunica al amado lo que él o ella tiene: conocimientos, honores, riquezas... El amado siente gratitud y amor creciente hacia el amante. Reconoce la bondad de quien da y le devuelve, a su vez, lo que por su parte tiene. A través de este amor mutuo, se profundiza su amistad.

Durante estas dos últimas semanas, nos sumergiremos en esta realidad que es el amor. Nos empeñaremos en amar y servir a Dios en todas las cosas.

Como vimos al comienzo de este programa, no podemos presumir de «hallar» un Dios a nuestro gusto. Es él quien tiene que revelarse a nosotros. Dependemos de su iniciativa. Hemos de mantener nuestros corazones abiertos y siempre dispuestos a recibirlo cuando llegue. Esto, hablando con conceptos humanos. Porque Dios está siempre presente en todas partes. Dios está siempre amando. Nosotros hemos de pedir una mayor fe: para abrir nuestros ojos y ver, para abrir nuestros corazones y sentir. *En los ojos de un niño no hay siete maravillas; hay siete millones.*

Pide la gracia de un conocimiento interno de los maravillosos y amorosos dones de la creación de Dios, y un espíritu de gratitud y generosidad para devolverle este amor en una vida de servicio: **en todo amar y servir.**

> Que bien sé yo la fuente que mana y corre
> aunque es de noche.
>
> Aquella eterna fuente está escondida,
> que bien sé yo do tiene su manida,
> aunque es de noche.
>
> Su origen no lo sé, pues no lo tiene,
> mas sé que todo origen de ella viene,
> aunque es de noche.
>
> Sé que no puede ser cosa tan bella
> y que cielos y tierra beben de ella,
> aunque es de noche.
>
> Bien sé que suelo en ella no se halla,
> y que ninguno puede vadealla,
> aunque es de noche.

Su claridad nunca es oscurecida
y sé que toda luz de ella es venida,
aunque es de noche.

Sé ser tan caudalosos sus corrientes,
que infiernos, cielos riegan, y las gentes,
aunque es de noche.

La corriente que nace de esta fuente,
bien sé que es tan capaz y omnipotente,
aunque es de noche.

La corriente que de estas dos procede,
sé que ninguna de ellas le precede,
aunque es de noche.

Bien sé que tres en sola una agua viva
residen, y una de otra se deriva,
aunque es de noche.

Aquesta eterna fuente está escondida
en este vivo pan por darnos vida,
aunque es de noche.

Aquí se está llamando a las criaturas,
y de esta agua se hartan, aunque a oscuras,
porque es de noche.

Aquesta viva fuente que deseo,
en este pan de vida yo la veo,
aunque es de noche.

San Juan de la Cruz

El Señor completará su plan sobre mí.
Tu lealtad, Señor, es eterna;
no abandones la obra de tus manos (Salmo 138).

Estas palabras me consuelan mucho
en estos momentos, Señor.
«El Señor completará su plan sobre mí».
Sé que tienes un plan sobre mí,
sé que has comenzado tu obra en mí
y sé que tú llevas a cabo todo lo que comienzas.
Por eso estoy tranquilo.
Estoy en buenas manos. La obra está en marcha.
No me quedaré a medio camino.
Estoy cierto de que me llevarás hasta el final.
Gracias, Señor...

Tú me diste los deseos;
dame ahora la realización de esos deseos.
Tú me invitaste a asumir compromisos;
dame ahora la fuerza para cumplirlos.
Tú me inspiraste a emprender mi camino hacia ti;
dame ahora la perseverancia de llegar...

Estoy a mitad de camino
y siento las dificultades,
la duda y la fatiga.
Por eso, siento hoy un gran consuelo
al saber que tú estás firme
en tu compromiso, en tu promesa.
«El Señor completará su plan sobre mí».
Esto me da esperanza, cuando fallen mis fuerzas,
y valor, cuando vacile mi fe.
Yo podré fallar, pero tú no.
Tú te has comprometido conmigo,
y vas a cumplir tu compromiso
hasta el final...

¡Señor, no abandones
la obra de tus manos!

Carlos G. Vallés

TRAMO 32
Contemplativos en acción

«Cuando era niño –recordaba Stephen Kovalski–, en mis paseos por el campo me divertía cortando los tallos de las flores con un palo. Más tarde, cuando iba al colegio, me gustaba coger una flor y ponerla en mi mesa. Luego, pensé que las flores eran bellas precisamente allí donde crecían, y dejé de cortarlas, para admirarlas en su lugar natural» (Dominique Lapierre en *La ciudad de la alegría*).

* * *

Has experimentado un crecimiento en tu actitud hacia Dios, durante el curso de este programa. Sabes que la Creación es un don de Dios y que, de una manera muy real, Dios está presente en este don suyo. Todos los regalos auténticos que recibimos de parte de los que nos aman, contienen, de alguna manera, su presencia. Pero Dios no está meramente presente en sus dones, está, activo, conservándolos para nosotros. Se nos está dando constantemente y, a través de nosotros, está construyendo el Reino de Cristo.

Hay un bello relato en el que el profeta Elías es enviado por Dios a una pobre viuda de Sarepta. La viuda le dio al profeta todo lo que le quedaba de sus pocas provisiones, y fue bendecida con un cuenco de harina que nunca se vaciaba y una aceitera que nunca se agotaba (1 Reyes 17). Nosotros somos «vasos de arcilla», y la arcilla húmeda puede ser remodelada por Dios en cualquier momento. Dios derrama constantemente su amor sobre nuestros corazones (Romanos 5, 5) y los llena hasta rebosar.

Esta semana meditaremos sobre los dones de Dios, dentro y en torno a nosotros, haciéndonos más conscientes del Creador que está presente en ellos, dándosenos constantemente, hasta llenarnos con su amor.

Pide la gracia de sentir íntimamente que tu vida es un don, y de ver toda la realidad creada como un don de Dios para ti. Pide devolver a Dios, con gratitud, estos mismos dones transformados en amor y servicio a los demás.

Señor, tú eres Dios.
Señor, tú estás en todas las cosas.
Señor, tú haces todas las cosas.
Nunca retiras tus manos de tus obras
y nunca las retirarás.
Tú conduces todas las cosas
hacia el fin al que las ordenaste,
antes de que existiera el tiempo,
con el mismo poder y sabiduría con que las hiciste.
¿Cómo podría perderse algo?

Juliana de Norwich

32 / 1	El cálido resplandor del amor

Hay una anécdota acerca del padre de una de las grandes poetisas americanas, Emily Dickinson. Cierta tarde, a la hora de la cena, comenzó la campana a tocar a fuego. La gente salió corriendo de sus casas, muchos de ellos llevando aún en sus manos los cubiertos de la cena, y mirando en torno para ver dónde estaba el fuego.

Junto a la campana estaba el señor Dickinson. Vio que era un bellísimo atardecer y no quiso que sus vecinos se lo perdieran. Y tocó a fuego para que ellos lo contemplaran antes de que fuera demasiado tarde.

La mayor parte regresaron a sus casas meneando sus cabezas y diciendo: «Este Dickinson está más loco que un cencerro».

Toda dádiva buena y todo don perfecto
baja del cielo, del Padre de los astros.
Santiago 1, 17

Sugerencias para la oración ❤

Si es posible, realiza este ejercicio al aire libre, a la cálida puesta del sol. O mira, a través de la ventana, cómo brilla el sol sobre los árboles, las peñas, el ganado, los pájaros y los seres humanos.

Imagina qué pasaría si un día no saliera el sol. ¿Y si no hubiera sol?

Reflexiona sobre la bondad y presencia de Dios en el don que nos hace del sol. «El Señor pone el sol para iluminar el día, y la luna y las estrellas para iluminar la noche» (Jeremías 31, 35).

Medita sobre el amor incondicional de Dios. «Vuestro Padre del cielo hace salir su sol sobre malos y buenos» (Mateo 5, 45).

Considera que Dios está presente en todos y en todas las cosas, siempre dando vida. Recibe la cálida caricia del amor de Dios.

Ora con el Salmo 113.

Pide la gracia de «en todo amar y servir» a Dios. ❤ ❤ ❤

Junto a un reloj de sol,
en venta en un mercado de Londres,
estaba este letrero:
«Fabricado en 1747.
¡Todavía marca bien la hora!»

32 / 2	El torrente refrescante del amor

Un discípulo recién iniciado se acercó al gran Maestro junto a la orilla del río, y le pidió que le enseñara cómo «entrar por el Camino».

—¿Oyes el fluir del río? –le preguntó el maestro.

El discípulo inclinó su cabeza, mantuvo un profundo silencio durante un rato, y después replicó:

—Sí, maestro, lo oigo.

—Ese es el camino para entrar –le indicó el maestro.

Me mostró un río de agua viva,
brillante como cristal,
que brotaba del trono de Dios y del Cordero.
Apocalipsis 22, 1

Sugerencias para la oración ❤

Un momento de conciencia profunda nos pone en el camino que lleva al corazón del silencio, hacia Dios. «Dios es un gran río subterráneo». Y tú nadas en él. Una persona iluminada es como «un árbol plantado junto al agua, arraigado junto a la corriente; cuando llegue el bochorno no temerá, su follaje seguirá verde, en año de sequía no se asusta, no deja de dar fruto» (Jeremías 17, 8).

Escucha a Jesús que te dice: «Quien beba del agua que yo le daré no tendrá sed jamás, pues el agua que le daré se convertirá dentro de él en manantial que brota dando vida eterna» (Juan 4, 14).

Detente un rato y profundiza en tu corazón. Busca la fuente del amor. Visualiza arroyos de amor que brotan de tu corazón, llenan tus arterias y se extienden por todo tu cuerpo. Visualiza esta corriente que rebosa fuera de ti hacia el mundo. Mira cómo lleva alivio a los que están cansados y agobiados. Mira cómo alimenta a los sedientos y hambrientos de amor. Mira cómo calma las penas de la gente. Mira a la gente que nada en ella, pesca en ella y hunde sus cántaros en ella para llevar el precioso líquido a otros que lo necesitan.

Ruega para que estas palabras de Jesús penetren en ti: «Quien tenga sed acuda a mí a beber. De sus entrañas manarán ríos de agua viva» (Juan 7, 37-38). ❤ ❤ ❤

**Aun cuando te sientes junto a una límpida corriente...
no te entregues totalmente a la corriente...
Continúa siendo consciente de ti y de tu respirar.
Con el sol de la consciencia brillando en nosotros...
la corriente será más pura.**
Thich Nhat Hanh

---

32 / 3   **El amor en la vida diaria**

Estaba quitando el polvo a la habitación
cuando descubrí a Dios.
Lo había buscado antes, muchas veces,
arriba y abajo, en la alcoba de mi señora...
pero nunca donde lo encontré,
¡el último sitio en que se me habría ocurrido mirar!
¡Y no pienses que te voy a decir en seguida
dónde lo encontré!
Después de todo, a mí me costó cuarenta años;
¿por qué te lo iba a poner a ti tan fácil?
Puedes muy bien esperar
un par de líneas más,
por lo menos.

Bueno, ¿dónde estaba yo?
Ah, sí. En la alcoba,
tratando de descubrir a Dios.

Pues bien, ¿dónde crees tú que estaba?
Te apuesto a que nunca lo sospecharías.
¡Estaba aquí, dentro de mí, todo el tiempo!...
Realmente, tiene gracia.
Parece que no encaja
con mis quehaceres domésticos
que yo vaya de aquí para allá
con Dios dentro de mí.

Brenda Rogers

En él vivimos, nos movemos y existimos.
Hechos 17, 28

Sugerencias para la oración ❤

¿Cuándo has encontrado a Dios?

¿Se te ha mostrado? ¿Cómo?

Lee y medita 1 Corintios 4, 1-13. Te indica cómo un «apóstol» de Cristo vive la vida de Dios y completa la misión de Cristo.

Pide tener fuerzas para ser testigo de Cristo y de sus valores, en todas las circunstancias. ❤ ❤ ❤

¿Tienes un cuerpo?
¡No te sientes bajo el porche!
Sal y camina bajo la lluvia.
Kabir

32 / 4	Ser testigos del amor

En cierta ocasión, San Francisco de Asís invitó a un fraile joven a que le acompañara a la ciudad, para predicar. Se pusieron en camino y anduvieron por las principales calles de la ciudad. Varias personas se volvían hacia ellos para saludarles amistosamente. Devolvían el saludo con una inclinación, una sonrisa o unas palabras amables. De vez en cuando, se detenían para acariciar a un niño o para hablar con alguien. Durante todo el paseo, San Francisco y el fraile mantenían entre ellos una animada conversación. Después de haber callejeado durante un buen rato, el fraile joven pareció inquieto y le preguntó a San Francisco dónde y cuándo iban a comenzar su predicación.

—Hemos estado predicando desde que atravesamos las puertas del convento –le replicó el santo–. ¿No has visto cómo la gente observaba nuestra alegría y se sentía consolada con nuestros saludos y sonrisas? ¿No han advertido lo alegres que conversábamos entre nosotros, durante todo el camino? Si estos no son unos pequeños sermones, ¿qué es lo que son?

Proceded como hijos de la luz:
fruto de la luz es toda bondad.
Efesios 5, 8-9

Sugerencias para la oración ❤

¿Hallas a Dios en las acciones de los demás?

¿Haces que tu luz «brille ante la gente, para que vean tus buenas obras y glorifiquen a tu Padre que está en los cielos»? (Mateo 6, 16).

Pide gracia para ser luz de Cristo ante el mundo. ❤ ❤ ❤

—¿Dime la diferencia
entre uno que predica
y uno que practica?
—Los que predican usan una antorcha
para iluminar el camino;
los que practican
son la antorcha.

32 / 5   **El poder interior**

Aquí yacen, aquí puedo tomarlas,
como si fueran un montón de arena,
como ceniza pálida y oscura,
praderas y jardines en mis manos.
En este polvo sueñan muchas flores.
En este grano yace una camelia
que beberá en las aguas de un arroyo.

De este polvo saldrán las azucenas
aquí encerradas cual si fueran muertas.
De estos granos saldrá un millón de rosas.
Puedo soplar un parque con mi aliento,
mientras un bosque duerme entre mis manos.
La Tienda de las Semillas

**El que provee de semilla al sembrador y de pan para comer,
proveerá y multiplicará vuestra semilla
y hará crecer la cosecha de vuestra limosna.**

2 Corintios 9, 10

Sugerencias para la oración ❤

Reflexiona sobre el misterio de la pequeña semilla.

Recuerda que el Reino de Dios es como una siembra de semillas: Marcos 4, 26-29. ¿Cuál es tu intervención?

Lee y medita 1 Corintios 3, 6-9.

Toma, uno por uno, los pequeños talentos que posees. Deposítalos suavemente en la «tierra» de tu corazón. Mira cómo crecen: al principio, despacio, pero después se extienden y dan mucho fruto, con la gracia de Dios.

Ruega para que tu vida dé mucho fruto. ❤ ❤ ❤

**La gente habla del amor
como si fuera algo que puedes dar,
como un ramo de flores
(algo que descargas ante ti,
un objeto inútil que huele bien).
El amor es una fuerza motivadora:
te capacita para dar fuerza,
poder y libertad a otra persona.
No es un resultado; es una causa.
No es un producto; él produce.
Es una fuerza:
como el dinero, el vapor o la electricidad.
Y es algo sin valor,
a no ser que des algo, gracias a él.**
Anne Morrow Lindberg

Cuando miramos una silla, vemos la madera, pero ya no vemos el árbol, el bosque, el carpintero o nuestra propia mente. Pero cuando meditamos sobre ella, podemos ver el universo entero en todo su entramado de relaciones interdependientes con la silla. La presencia de la madera nos va revelando la presencia del árbol...

Los que meditan pueden ver la unidad en la multiplicidad, y la multiplicidad en la unidad. Aun antes de ver la silla, pueden sentir su presencia en el corazón de la realidad viviente. La silla no es algo separado. Existe sólo en sus relaciones interdependientes con todo el resto del universo. Existe porque todas las demás cosas existen. Si no existe, entonces tampoco todas las demás cosas existen.

Cada vez que usamos la palabra «silla» o formamos en nuestra mente el concepto «silla», la realidad se parte por la mitad. Está la «silla» y está todo lo demás que es «no-silla». Esta manera de separar es violenta y absurda. Funciona así la espada de la conceptualización, porque no nos damos cuenta de que la silla está totalmente hecha de elementos no-silla. Y si los elementos no-silla están presentes en la silla, ¿cómo podremos separarlos? Una persona iluminada ve claramente los elementos no-silla cuando mira la silla, y sabe que la silla no tiene límites ni comienzo ni fin... Negar la existencia de la silla es negar la presencia de todo el universo *(Thich Nhat Hanh).*

**Desde que Dios creó el mundo,
su condición invisible se hace visible
por las cosas que Dios ha hecho.**
Romanos 1, 20

Sugerencias para la oración ❤

Toma un objeto cualquiera y reflexiona sobre él a partir de las ideas antes expuestas.

Repite varias veces la frase: «En él vivimos, nos movemos y existimos» (Hechos 17, 28), hasta que el mensaje arraigue en ti.

Lee y medita: Efesios 2, 19-22.

Pide la gracia de sentir la presencia de Dios en todas las cosas, y de sentir nuestra interdependencia con la naturaleza y con la gente. ❤ ❤ ❤

**Ahora, con tu nuevo corazón,
ves las cosas ocultamente unidas
por un poder inmortal.
Ya no puedes agitar una flor,
hacer temblar a una estrella**
Francis Thompson

32 / 7   Pagarle a Dios nuestra deuda

Un profesor, ya próximo a su jubilación, quiso comenzar el día lo mismo que lo había venido haciendo desde tiempo inmemorial. Se levantó temprano, acudió a la ventana, aspiró una bocanada de puro aire fresco, admiró el paisaje que brillaba a la luz del sol naciente, y exclamó: «Bien; Dios ya ha realizado su parte; ahora me toca a mí».

Dicho esto, se halló dispuesto a enfrentarse alegremente a todas las aventuras que le pudiera traer el nuevo día, confiando que Dios seguiría estando con él, en todo momento y en todas las cosas.

**De él, por él, para él existe todo.
A él la gloria por los siglos. Amén.**
Romanos 11, 36

Sugerencias para la oración ❤

Después de todos estos meses de oración, estaría bien que examinaras hasta qué punto te hallas en contacto con Dios, y qué sentimiento de «libertad» experimentas en su presencia.

Ora con el Salmo 92, 1-8 o con el Salmo 104.

Pide la gracia de una confianza total en el Señor, y de sentir su amorosa presencia en toda tu vida. ❤ ❤ ❤

Acostúmbrate, poco a poco, a orar
durante todas tus ocupaciones diarias.
Habla, muévete, trabaja en paz,
como si estuvieras en oración.
Hazlo todo sin afanes,
dejándote mover por la gracia.
En cuanto adviertas que te turba
tu natural impetuosidad,
retírate despacio a tu interior,
donde está el Reino de Dios.
Escucha los impulsos de la gracia,
y no digas ni hagas más
que lo que el Espíritu Santo
ponga en tu corazón.
Verás cómo tu tranquilidad será mayor,
tus palabras menos abundantes y más efectivas,
y cómo, con mucho menos esfuerzo,
realizarás un bien mayor.
François Fénelon

TRAMO 33
Hallar a Dios en todo

> Hemos de convencernos de que un ser creador,
> nos guste o no, habita dentro de nosotros,
> y que tenemos que dejarle hacer;
> de lo contrario, no tendremos paz.
>
> *Mary Richards*

El Espíritu Creador sigue siempre vivo y activo en nosotros: aliviando, edificando, enriqueciendo. El Espíritu puede cambiar los corazones pétreos más duros y transformarlos en corazones de carne. El Espíritu puede «reparar» los corazones destrozados. El Espíritu puede reunir los corazones en una fructífera unidad.

> Entre hombre y hombre hay un abismo infinito
> que sólo Dios puede llenar
>
> *(Tagore).*

Nuestro cometido de co-creadores es construir la creación, nosotros incluidos. Hemos de colaborar a establecer la paz, la justicia y la libertad, de forma que Dios pueda reinar, como soberano, en todos los corazones.

> El místico, no sólo experimenta la majestad divina
> dentro de sí, sino que se halla él mismo inmerso
> en la presencia divina que le rodea por fuera.
> Se siente como una esponja en el mar
>
> *(Thomas Dubay, S.M.)*

Esta semana, reflexiona sobre los diversos aspectos de tu vida, y siente la presencia de Dios en todas partes.

Pide la gracia de ver a Dios en todas las cosas, y a todas las cosas en Dios, cooperando con el Espíritu Santo en edificar el Reino del amor. ❤ ❤ ❤

> Cuando contemplo el cielo
> de innumerables luces adornado,
> y miro hacia el suelo
> de noche rodeado,
> en sueño y en olvido sepultado;

el amor y la pena
despiertan en mi pecho un ansia ardiente;
despiden larga vena
los ojos hechos fuente,
hasta que digo al fin con voz doliente:

¡Morada de grandeza,
templo de claridad y hermosura!,
el alma que a tu alteza
nació, ¿qué desventura
la tiene en esta cárcel baja, oscura?

¿Qué mortal desatino
de la verdad aleja así el sentido
que, de tu bien divino
olvidado, perdido,
sigue la vana sombra, el bien fingido?

Fray Luis de León

33 / 1   Hallarle dentro de nosotros

«Tomé la lámpara y, dejando la zona de mis ocupaciones y mis relaciones diarias, donde todo parece estar claro, me introduje en lo más profundo de mí, en ese abismo del que siento que emana todo mi poder de actuar. Pero, según me alejaba, más y más, de las certezas convencionales que iluminan superficialmente la vida social, me daba cuenta de que iba perdiendo contacto conmigo mismo. A cada paso que bajaba, se revelaba dentro de mí una persona nueva de cuyo nombre no estaba seguro y que ya no me obedecía. Y, cuando tuve que detener mi exploración porque el camino desaparecía bajo mis pasos, encontré a mis pies un abismo sin fondo del que fluía –sin saber dónde manaba– la corriente a la que me atrevo a llamar: mi vida» *Teilhard de Chardin.*

**He venido para que tengáis vida;
y la tengáis en abundancia.**
Juan 10, 10

Sugerencias para la oración ❤

Lee y medita Romanos 8, 31-39. Repite varias veces el último versículo: «Ninguna criatura nos podrá separar del amor de Dios manifestado en Cristo Jesús, Señor nuestro».

Enfoca, en tu corazón –el centro de tu ser–, el «tesoro» de tu amor. Es el mayor don que Dios te ha hecho. Pon tu mano sobre tu corazón. Siente sus latidos, siente que la «vida» y el «amor» van siendo bombeados hacia cada fibra de tu ser.

Haz, de corazón, un ofrecimiento de toda tu vida a Dios. Pide la gracia de sentir la presencia de Dios en las profundidades de tu ser, y pide fuerza para que tu vida dé frutos de amor y de servicio. ❤ ❤ ❤

**Todos tienen, dentro de sí,
una buena noticia.
La buena noticia
es que, realmente, no sabes**

> **lo grande que puedes ser,**
> **lo mucho que puedes amar,**
> **todo lo que puedes realizar,**
> **y hasta dónde llegan tus posibilidades.**
> **¿Qué noticia puede haber mejor que ésta?**
> *Ana Frank*

33 / 2   Hallarle en su Palabra

El novelista ruso, Fedor Dostoievski, era joven cuando Rusia condenaba a la gente a las prisiones de Siberia. Resultó estar implicado en un complot contra el gobierno, por lo que fue arrestado y llevado ante el pelotón de fusilamiento. Sin embargo, en el último momento, el zar le perdonó la vida y lo condenó a cuatro años de prisión en Siberia.

Ante la puerta de la prisión se encontró con las esposas de los deportados, una de las cuales puso en sus manos un libro y le susurró que lo leyera cuidadosamente. Al entrar en su celda, descubrió que era una Biblia. Hojeó sus páginas y, entre ellas, descubrió un billete de 25 rublos. Esto le procuraría algún alivio.

Pero Dostoievski descubrió más que dinero. Al ser la Biblia el único libro que tenía, descubrió a Dios. Todos los libros que después escribió están llenos de la Buena Nueva.

> **La palabra que sale de mi boca**
> **no regresa a mí vacía.**
> *Isaías 55, 11*

Sugerencias para la oración ❤

Lee y medita Isaías 55, 10-11 y Hebreos 4, 12-13.

Después, lee tus trozos favoritos de la Biblia. Repítelos una y otra vez, para que penetren en tu corazón.

¿Hay algunas citas que te hayan inspirado especialmente durante diferentes épocas o situaciones o crisis de tu vida? Anótalas. Ruega a Dios que te dé alegría y fortaleza a partir de su Sagrada Palabra.

Pide la gracia de estar alerta y de recurrir con frecuencia a la Palabra de Dios en la Escritura. ❤ ❤ ❤

Todo el mundo y todas las criaturas
no serán para ti más
que un libro abierto y una Biblia viva,
en donde, sin que nadie te enseñe,
podrás estudiar la ciencia de Dios
y conocer su voluntad.
Sebastián Franck

---

33 / 3   **Saborear a Dios**

Estaban dos amigos tomando unas tazas de té en una cafetería, cuando uno de ellos tomó un sorbo, chasqueó sus labios y exclamó:

—¡Amigo, la vida es como una taza de té!

El otro le miró en silencio. Después dirigió la vista a su propia taza, y dijo:

—¿Por qué? ¿Por qué dices que la vida es como una taza de té?

—¿Cómo podría saberlo? –replicó–. ¡No soy un filósofo!

¡Qué inapreciable es tu lealtad, oh Dios!...
Nos das a beber del torrente de tus delicias;
porque en ti está la fuente viva
y a tu luz vemos la luz.
Salmo 36, 7-9

Sugerencias para la oración ❤

A través de todos estos Ejercicios hemos insistido en la necesidad de sentir más que pensar en Dios. ¿Eres sensible a la presencia divina?

Las «cosas ordinarias» de la vida, ¿te recuerdan su presencia? Precisa las cosas y las personas que te ayudan a ponerte fácilmente en contacto con Dios.

Ora con el Salmo 36, 5-9.

Pide la gracia de sentir más y más a Dios que está presente siempre y en todas las cosas. ❤ ❤ ❤

> Vino a mí y me tomó de la mano
> para llevarme ante un rosal.
> No me dijo qué quería,
> pero me dio una rosa.
> No le pedí
> que me revelara su misterio.
> Me bastó con el aroma celestial de la rosa,
> y con poder ver Su propio rostro.
> *Ralph Hodgson*

33 / 4   Hallarle en nuestras ocupaciones

No sé cómo decirlo,
pero siento que estamos
donde Dios quiere que estemos;
que nací para estar donde ahora estoy,
que vine al mundo para hacer lo que hago.
De no ser así,
Dios me hubiera hecho diferente,
más grande o más pequeño.
El Dios que sabe todo lo que existe
es que me quiere aquí donde me ha puesto.
A veces se me ocurre, al ver lo que hago,
que podría haber hecho algo más grande.
Pero, si reflexiono, me convenzo
de que me ha puesto Dios donde él quería.
Y cumplo mi tarea, convencido
de cumplir lo que Dios me ha encomendado.
Ahora sé que cumplir estas tareas
es la razón por la que yo he nacido.

Anónimo

Somos colaboradores de Dios.
1 Corintios 3, 9

Sugerencias para la oración ❤

Reflexiona sobre las líneas anteriores. ¿Hasta qué punto te convences de estar donde Dios quiere y de hacer lo que Dios quiere? ¿Crees que Dios está presente en tus quehaceres?

Lee y reflexiona 2 Corintios 6, 1-10: trabajar por el Reino.

Pide la gracia de hallar a Dios en todo lo que haces. ❤ ❤ ❤

> **Pero podría añadir con mayor satisfacción:**
> **«He descubierto mucho más de lo que he inventado.**
> **Este ha sido para mí un inesperado encuentro con Dios».**
> **Si, en el pasado, la naturaleza**
> **fue la intermediaria entre El y la mente humana,**
> **¿por qué no va a serlo hoy la tecnología?**
> *Pablo VI*

33 / 5	El Dios en quien yo creo

No, nunca creeré en

un Dios incapaz de dar una respuesta a los graves proble mas de una persona sincera que exclama, entre lágrimas: ¡No puedo más!

un Dios que quiere el dolor,

un Dios que se hace temer...

un Dios que no perdona algunos pecados,

un Dios que «causa» el cáncer o «hace» que una mujer sea estéril,

un Dios que no salva a los que no le han conocido, aunque lo hubieran deseado o lo han intentado,

un Dios que no sale al encuentro del que, una vez, lo abandonó,

un Dios incapaz de renovarlo todo,

un Dios que no tenga una palabra distinta, personal e individual para cada persona,

un Dios que nunca ha llorado por los hombres,

un Dios que no pueda hallarse a sí mismo en los ojos de un niño o en las lágrimas de una madre,

un Dios que destruye la tierra y las cosas que ama el hombre, en lugar de transformarlas,

un Dios que acepta como amigo a quien va por el mundo
sin hacer feliz a nadie...
un Dios que no es amor y que no sabe transformar en amor
todo lo que toca,
un Dios que no se hubiera hecho hombre, con todo lo que
esto supone,
un Dios que no hubiera dado a los hombres incluso a su
propia madre,
un Dios en quien no pueda esperar contra toda esperanza.
Sí, mi Dios es otro Dios.

Juan Arias

Porque Dios no quiere la anarquía, sino la paz.
1 Corintios 14, 33

Sugerencias para la oración ❤

Lee despacio el pasaje anterior. Después redacta tu propio
Credo, pero con afirmaciones positivas. Puedes comenzar cada
frase con: «*Creo en un Dios que...*» , y vas anotando áreas de la
vida en las que hallas a Dios presente y activo.

Lee y ora con el Salmo 107.

Pide una confianza total en Dios que siempre está presente
en todas las cosas. ❤ ❤ ❤

Cuando he orado, ocurren coincidencias,
cuando no he orado, no ocurren.
Arzobispo William Temple

---

33 / 6   **Presencia unificadora**

El Maestro de Zen, Doc The, redactó un pequeño manual
titulado *Prácticas esenciales para cada día*. Inculca la importancia de estar «siempre conscientes» en todas nuestras actividades
ordinarias. ¿Eres consciente de tu andar, de tu calzarte, de tu vestirte? El Maestro Doc The compuso unos versos cortos para ayudarte a ser consciente mientras realizas cualquier actividad. Por
ejemplo, al vestirte:

Mientras me abrocho la chaqueta,
espero que todos tengan caliente el corazón
y no dejen desatada su vida.

Rezad unos por otros...
Mucho puede la oración solícita del justo.
Santiago 5, 16

Sugerencias para la oración ❤

¿Hasta qué punto te arraigas en el *ahora*?

Cultivas la práctica de transformar todas las actividades del día en «ejercicios espirituales»?

Reflexiona sobre la muchas maneras con las que puedes estar «siempre consciente» de la presencia de Dios, y de tu interdependencia e interés por los demás.

Pide la gracia de un «amor universal», y un fuerte deseo de buscar y hallar a Dios en todas las cosas. ❤ ❤ ❤

Cada pensamiento, cada acción se hace sagrada,
a la luz de la consciencia.
Para esta luz no hay fronteras
entre lo sagrado y lo profano...
Si soy incapaz de lavar los platos alegremente,
si quiero terminarlos cuanto antes
para ir a tomarme una taza de té,
también seré incapaz de tomarme el té alegremente;
con la taza en la mano, estaré pensando
en lo que voy a hacer a continuación;
y se perderán:
la fragancia y el sabor del té,
juntamente con el placer de beberlo.
Siempre me arrastraré tras el futuro,
sin ser capaz de vivir el momento presente.
Thich Nhat Hanh

Dios está presente en todas partes,
especialmente en la gente.

Su alegría está en la sonrisa de un bebé.
Su amor por nosotros, en el afecto de un niño.
Su vigor, en la energía de un adolescente.
Su poder, en las fuerzas de un atleta.
Su belleza, en el rostro de una joven.
Su interés, en la devoción de unos padres.
Su sabiduría, en la prudencia de los ancianos.

Cada persona tiene, dentro de sí,
algo de la bondad de Dios.
Es una vergüenza que cerremos los ojos
a la presencia de Dios, para vivir
en la oscuridad y la tristeza,
cuando no tenemos más que abrir
los ojos de la fe para verlo.

**Yo estaba junto a él, como artesano,
yo estaba disfrutando cada día,
jugando todo el tiempo en su presencia,
jugando con el orbe de su tierra,
disfrutando con los hombres.**

Proverbios 8, 30-31

Sugerencias para la oración ❤

Toma, una por una, todas las personas con las que estás en contacto, comenzando por los que más quieres, y fíjate en las cualidades divinas que encuentras en cada una de ellas. Alaba y da gracias a Dios porque se te manifiesta a través de estos hijos suyos. Lee y medita: 1 Juan 4, 7-16.

Pide la gracia de ver a Dios en el rostro de cada ser humano.
❤ ❤ ❤

Padre de todos,
tu sabiduría no hace distinciones
y tu interés por nosotros no repara en colores.
Y no es que no te importe el color de nuestra piel;
es que todos los hombres y mujeres de todas las razas
son igualmente preciosos para ti.
Danos ojos que vean tu belleza en cada matiz
y oídos que capten tu voz en cada acento.
Danos la intuición para descubrir las huellas de tu paso
en las tradiciones de cada credo y de cada nación.
Eleva nuestras miradas a tus cielos:
Así como el arco iris resultaría incompleto
si le faltara uno sólo de sus colores,
así nuestro mundo sería mucho más pobre
si le faltara un sólo elemento
de su maravillosa diversidad. Amén.

John Catoir

¡Tomad, Señor!
Aunque, verdaderamente, el dar
no es normal en mí, como lo es en ti.
Dame tu gracia, y toma lo que tanto me cuesta dar.
Tómalo; ya era tuyo; tú me lo diste todo.
Tómalo, porque yo quiero dártelo;
quiero que todo lo que me has dado
pueda, a mi vez, dártelo a ti,
como un don, una ofrenda, una entrega total
que, desde ahora, la administres tú en mí,
para que dispongas de todo para ti,
y sólo para ti.

Fuera de tus dones, nada tengo que darte.
Día llegará en que, aunque no quiera,
todo me será quitado.
Tal vez muera despacio, poco a poco:
infarto, parálisis, pérdida del habla, coma;
cuando mi vida luche en el último rincón
de una nublada consciencia,
moralmente anulada, una piltrafa humana.

Pero ahora que estoy plenamente consciente,
mientras mis facultades están aún intactas,
te las quiero ofrecer todas a ti.
Te las ofrezco mientras siguen en vigor,
mientras aún pueden ser utilizadas,
mientras puedes tú aún servirte de ellas.

Toma todo, Señor, recíbelo.
Te lo doy con todo afecto y voluntad;
acrecienta, Señor mi amor a ti.
Me basta con tu amor y con tu gracia.
Cuanto tengo o poseo tú me diste.
Cuando muera me reclamarás el préstamo
y volverás a recobrar las facultades
que, en depósito, quisiste confiarme.
Quiero ahora dártelas a ti todas,
para poder decir, con tus discípulos:
«Mira cómo lo hemos dejado todo
y hemos seguido tras de ti» (Mateo 19, 27).

Toda mi vida me he quedado o he retenido algo,
pero ahora quiero dártelo todo, íntegramente;
darte todo mi haber y poseer.
¡Toma todo, Señor, recíbelo!

T.F. Doody, S.J.

* * *

Estamos en los cruces de la vida
viendo lo que creemos que es el fin;
pero, lo que parece que es el fin,
es una curva más en el camino.
Porque el camino sigue, y es más suave.
El silencio, en el canto, es un descanso;
y el trozo aún no cantado y no acabado
es el más dulce y rico: es el mejor.

Helen Steiner Rice

APENDICE

Los Ejercicios Espirituales
(Esquema para el director)

1. Anotaciones ➤ notas, etapa 12
2. Modos de orar ➤ notas, etapa 12
3. Principio y fundamento ➤ tramos 1-5
4. Primera semana ➤ tramos 6-9
5. El reino ➤ tramo 10
6. Segunda semana ➤ tramos 11-24
   Encarnación ➤ tramo 11
   Nacimiento ➤ tramo 12, 1-5
   Presentación ➤ tramo 12, 6
   Huída a Egipto ➤ tramo 12, 7
   Vida oculta ➤ tramo 13
   Dos banderas ➤ tramo 14
   Tres binarios ➤ tramo 15
   Bautismo ➤ tramo 16, 1-2
   Tentaciones ➤ tramo 16, 3-7
   Ministerio público ➤ tramos 17-22
   Tres grados de humildad ➤ tramos 23-24
7. Tercera semana ➤ tramos 25-28
8. Cuarta semana ➤ tramos 29-31
9. Contemplación para alcanzar amor ➤ tramos 32-33

Adaptación a 8 días de Ejercicios

Este libro puede, también, ser útil para una tanda de Ejercicios en *retiro*. Para los *Ejercicios Espirituales* tradicionales, San

Ignacio recomendaba cinco ratos de una hora de oración formal, al día. A continuación van unas sugerencias para un retiro de 8 días.

Día Primero: Dios como centro

Día Segundo: Hacerle sitio a Dios

Día Tercero: Hacia el objetivo

Día Cuarto: Elecciones vitales

Día Quinto: De tú a tú

Día Sexto: Respuesta al Amor

SUMARIO